하나님의 웅장하고 거대한 계획

영원한 크리스천들

나동원 지음

기독교문서선교회

기독교문서선교회(Christian Literature Crusade: 약칭 **CLC**)는
1941년 영국 콜체스터에서 켄 아담스에 의해 시작되었으며
국제 본부는 영국의 쉐필드에 있습니다.

국제 CLC는 59개 나라에서 180개의 본부를 두고, 약 650여 명의
선교사들이 이동도서차량 40대를 이용하여 문서 보급에 힘쓰고 있으며
이메일 주문을 통해 130여 국으로 책을 공급하고 있습니다.

한국 CLC는 청교도적 복음주의 신학과 신앙서적을 출판하는
문서선교기관으로서, 한 영혼이라도 구원되길 소망하면서
주님이 오시는 그날까지 최선을 다할 것입니다.

Marvellous and Immense Work of God
Everlasting Christians

by
Dong Won Na

Korean Edition
Copyright © 2012 by Christian Literature Crusade
Seoul, Korea

추천사

박영호 박사
한국성서대학교 교수, CLC 대표

이 책은 믿음의 현장의 상황에서 나온 책입니다. 저자는 사역, 특히 전도하면서 부딪히는 여러 가지 문제, 사람들이 구원에 대하여 가지고 있는 궁금증을 성경을 통해 해답을 제시하고자 하였습니다.

창세 전에 있었던 영원한 하나님의 계획에 대해 생각만 하는 것으로도 인간의 존재를 크게 하고 확장시킵니다. 그 하나님의 계획을 알게 해 주는 것이 바로 성경이고, 우리는 성경에서 '영생'을 얻는 줄 생각하고 성경을 상고하며, '구원에 이르는 지혜'를 얻습니다.

청교도 신학자 존 라일은 그의 책, 『옛 길』(Old Paths, CLC, 2012)에서 성경은 매우 분명하고 명확하게 두 가지 점을 가르친다고 하였습니다. 하나는 불경건한 자들에 대한 두려운 위험이며, 다른 하나는 의로운 자들에 대한 완전한 안전입니다. 전자는 회개하지 않은 사람들의 불행이고, 후자는 회개한 사람들의 행복이며, 전자는 지옥으로 향하는 불쌍한 자들이고, 후자는 천국으로 향하는 축복받은 자들이라 할 수 있습니다. 이런 후자가 바로 본서가 말하는 영원한 크리스천들입니다.

　따라서 이 책을 통해 멸망받는 것에 대해 염려하던 모든 이들이 예수 그리스도 안에서 안전함을 얻게 될 것입니다. 이 모든 것은 인간에게 영원한 생명을 주시는 하나님의 사랑에 근거를 두고 있습니다. 그 하나님의 사랑을 믿고, 하나님의 웅장하고 거대한 계획 아래 살아가며, 그렇게 살고자 소망하는 모든 이들이 '영원한 크리스천'으로 이 땅을 빛나게 살아가기를 소망합니다.

프롤로그

창세기 1:1 태초에 하나님이 천지를 창조하시니라.

성경을 펼치면 가장 먼저 읽게 되는 말씀은 창세기 1:1입니다. 한 번 찬찬히 읽어 보시기 바랍니다.

"태초에 하나님이 천지를 창조하시니라."

이 한 구절에 얼마나 신비하고 놀라운 비밀이 숨어 있는지 생각해 보셨나요? 태초에 하나님은 왜 천지를 창조하셨을까요?

신앙생활을 하고 있는 이 시간에도 많은 크리스천들이 여러 의문들 속에서 갈증을 해결하기 위해 고민하고 있음을 보게 됩니다. 그러나 성경은 부분적으로 이해할 수 없는 방대한 하나님의 대서사시와 같아서 깊이 파고들면 파고들수록 더욱 어렵고 힘든 것이 사실입니다.

창세 전에는 무슨 일이 있었는가? 하나님은 왜 에덴동산에 선악과와 마귀를 두셔서 죄를 지을 수 있는 여지를 두셨는가? 마귀는 왜 구원을 못 받는가? 구원받을 사람이 예정되어 있는가? 아니면 누구든지 믿으면 구원받는가?

예수님이 말씀하신 "만일 네 오른 눈이 너로 실족하게 하거든 빼어 내 버리라 네 백체 중 하나가 없어지고 온 몸이 지옥에 던져지지 않는 것이 유익하며(마 5:29)"란 말씀의 뜻은 무엇인가? 무슨 의도로 하신 말씀인가?

성령훼방죄란 무엇인가? 예수님을 믿다가도 지옥에 갈 수 있는가? 율법은 끝났는가? 지금도 율법이 유효한가? 유대인들의 구원은 특별히 관리되는가? 왜 사탄은 예수님을 믿어 구원을 못 받는가? 평생에 예수란 말을 한 번 못 들어도 지옥을 가는가? 어떤 것이 성령의 역사이고 무엇이 악령의 역사인가?

이 책은 하나님이 예수 그리스도를 통해서 어떻게 전 우주와 인류 역사를 세세히 준비하셨고 또한 웅장하고 거대한 계획 하에 영원한 크리스천들을 간절히 얻으시고자 하였는지를 성경의 일관된 맥락을 통해 풀어 갈 것입니다.

이 책을 통해 지금까지 어렴풋이 보이던 성경과 하나님의 세계가 이제 선명히 이해되어지는 기쁨이 있을 것을 확신합니다. 그리고 신앙생활 중에 바른 신앙관을 흐트러트리게 하는 각종 미혹들로부터 하나님의 바른 길이 무엇인지를 정확히 분별하는 데 도움이 되기를 바랍니다.

이 책은 교회론이나 청지기관이나 기타 특정한 부분을 깊이 있게 다루지는 않았습니다. 기존에 나와 있는 좋은 양서들이 많이 있습니다. 그러나 이 한 권의 책이 창세 전 하나님이 천지를 창조하시고 인간을 구원하실 계획을 세우신 이유로부터 출발해서 우리가 품고 있는 많은 의문들을 풀어주고 바른 진리를 붙드는 데 큰 힘이 되기를 소원합니다.

또한 분명히 힘주어 말씀드릴 수 있는 것은 이 책의 마지막 장을 덮을 즈음 하나님에 대한 궁금함과 성경의 의문들과 지나온 기독교 역사의 수

많은 일들이 입체적으로 이해되고 열려지는 기쁨을 체험케 될 것입니다. 그리고 우리는 중요한 한 가지 사실을 확실히 붙들게 될 것입니다. 그것은 지난 2,000여 년 동안 기독교에서 변함없이 추구해 왔던 진리와 교리의 수호들이 바른 것이었다는 확신입니다.

처녀작이라서 그런지 책을 쓴다는 것이 참으로 어려운 일이란 것을 절감합니다. 그러나 쓰는 중간 중간에 성령께서 이끄시고 계시다는 것을 느낄 때가 많았습니다. 부족한 제가 한 것이 아니기에 더욱 당당하고 기쁜 것 또한 사실입니다. 분명 이 책의 모든 영광은 하나님께 있습니다. 하나님께 영광을 올려 드립니다.

이 책을 쓰면서 되도록 신학적인 용어나 어려운 부분이 없이 쉽게 쓰려고 노력을 많이 했습니다. 그러나 안고 있는 주제의 특성상 약간의 난해한 부분이 일부 있더라도 다 읽으신 후에는 전체적으로 선명히 이해되고 하나님의 뜻과 하나님의 세계가 열리는 축복이 있으리라 확신합니다.

그리고 이 자리를 빌어서 부족한 저와 함께 순례의 길을 걷고 있는 본 교회 성도들과 아내, 누리와 승리 두 아이들, 항상 기도로 함께 해주고 계신 부산초대교회 성도들과 최병국 목사님에게도 감사의 인사를 드립니다. 또한 이 책이 출판 되도록 크게 수고해 주신 CLC의 박영호 목사님과 편집부의 여러분들에게도 고마움의 인사를 드리며, 이 책에서 직접 언급은 하지 않았더라도 선한 영향을 주셨던 바른 진리에 선 많은 목사님들의 설교와 각종 자료, 서적들의 저자들에게도 개인적인 마음의 감사를 전합니다. 다시 한 번 하나님께 모든 영광을 올려드립니다.

2012년 4월 부산 안디옥비전교회에서
나 동 원 목사

추천사 5

프롤로그 7

제1장 창세 전 하나님의 계획 13

    1. 의문을 푸는 열쇠 : 에베소서 1:3-14 15

    2. 창세 전 무슨 일이? 17

    3. 하나님의 웅장하고 거대한 계획 22

제2장 영원한 크리스천들 31

    1. 회개하고 예수님을 믿은 후 버림받을 수 있는가? 32

    2. 누구든지 예수님을 믿으면 구원받는 것이 아닌가? 50

    3. 일평생 복음을 한 번도 듣지 못하고 죄가 죄인 줄도 모르는
       사람도 심판을 받아야 하는가? 57

    4. 성경에 보여주신 영원한 크리스천을 얻기 위한 하나님의
       계획 59

제3장 구원! 과거와 현재와 미래   65

    1. 과거의 구원   69

    2. 현재의 구원   75

    3. 미래의 구원   111

    4. 성경에 나타난 '과거와 현재와 미래의 구원   118

제4장 성령훼방죄   127

    1. 배교 (背敎)   128

    2. 성령훼방죄   130

제5장 율법(律法) : 하나인가? 셋인가?   157

    1. 율법 속의 세 가지 법   160

    2. 율법과 구약시대의 구원   168

    3. 구약시대의 이스라엘 민족   176

    4. 이제 이스라엘 민족의 역할은 완전히 끝났는가?   181

제6장 복음(福音)   191

    1. 율법과 복음   194

    2. 십자가와 부활   196

    3. 사도신경   213

제7장 십자가와 부활 그 이후   217

    1. 하나님의 말씀인 성경의 완성이 갖는 의미   219

    2. 성령의 계시와 은사   221

    3. 성령의 역사와 은사의 주의점   227

    4. 미혹의 영   236

    5. 승리하는 교회   240

에필로그   251

제1장

창세 전 하나님의 계획

1. 의문을 푸는 열쇠 : 에베소서 1:3-14
2. 창세 전 무슨 일이?
3. 하나님의 웅장하고 거대한 계획

우리가 성경을 보면서 혹은 믿음의 길로 나아가면서 수많은 의문들을 만나게 됩니다. 이러한 의문들은 마치 안개 속을 거니는 듯한 답답함을 주게 되고, 때로는 그것이 우리의 신앙의 열정을 꺾기도 하고 혼란을 주기도합니다.

예전에 저는 종이로 된 쌀 포대를 풀지를 못해서 계속 칼이나 가위로 잘랐었습니다. 그런데 어느 날 우연히 쌀 포대에 나와 있는 실밥 하나를 당기게 되었는데, 너무나도 쉽게 풀리는 것이었습니다.

"이렇게 쉬운 것이었구나!"

모든 일에는 원리가 있고 바르고 쉬운 길이 있기 마련입니다. 성경과 하나님의 세계를 이해하는 데도 이와 마찬가지입니다. 전체를 쉽게 보고 이해할 수 있는 길이 있습니다. 성경의 경우 그 길은 먼저 하나님의 마음을 알고 읽는 것입니다. 그러면 분명 실타래가 풀리듯 쉽게 풀리는 기쁨을 맛보게 될 것입니다.

지금 우리에게는 수많은 의문들이 있습니다. 성경에 기록된 하나님의 대서사시의 주제는 무엇일까? 하나님은 왜 인간을 창조하게 되셨을까? 인간을 창조한 그곳에는 왜 마귀란 존재가 함께하고 있었을까? 하나님은 인간을 왜 죄에 물들게 그냥 두셨는가? 왜 하나님은 피조물인 인간을 만드시고 일련의 성장과정을 겪게 하시고 예수님을 십자가의 길로 인도하셨는가?

왜 하나님은 이 일들을 하셔야만 되었을까요?

우리가 하나님의 마음을 알게 되면 성경을 통해 하나님의 계획이 정확히 보이기 시작합니다. 그럴 때 많은 의문들이 자신도 모르게 해결되어 있다는 것을 스스로 발견하게 될 것입니다.

1. 의문을 푸는 열쇠: 에베소서 1:3-14

3. 찬송하리로다 하나님 곧 우리 주 예수 그리스도의 아버지께서 그리스도 안에서 하늘에 속한 모든 신령한 복을 우리에게 주시되
4. 곧 창세 전에 그리스도 안에서 우리를 택하사 우리로 사랑 안에서 그 앞에 거룩하고 흠이 없게 하시려고
5. 그 기쁘신 뜻대로 우리를 예정하사 예수 그리스도로 말미암아 자기의 아들들이 되게 하셨으니
6. 이는 그가 사랑하시는 자 안에서 우리에게 거저 주시는 바 그의 은혜의 영광을 찬송하게 하려는 것이라
7. 우리는 그리스도 안에서 그의 은혜의 풍성함을 따라 그의 피로 말미암아 속량 곧 죄 사함을 받았느니라
8. 이는 그가 모든 지혜와 총명을 우리에게 넘치게 하사
9. 그 뜻의 비밀을 우리에게 알리신 것이요 그의 기뻐하심을 따라 그리스도 안에서 때가 찬 경륜을 위하여 예정하신 것이니
10. 하늘에 있는 것이나 땅에 있는 것이 다 그리스도 안에서 통일되게 하려 하심이라
11. 모든 일을 그의 뜻의 결정대로 일하시는 이의 계획을 따라 우리가 예정을 입어 그 안에서 기업이 되었으니
12. 이는 우리가 그리스도 안에서 전부터 바라던 그의 영광의 찬송이 되게 하려 하심이라
13. 그 안에서 너희도 진리의 말씀 곧 너희의 구원의 복음을 듣고 그 안에서 또한 믿어 약속의 성령으로 인치심을 받았으니
14. 이는 우리 기업의 보증이 되사 그 얻으신 것을 속량하시고 그의 영광을 찬송하게 하려 하심이라.

위의 내용을 보면 우리가 가진 의문점을 푸는 단서를 발견하게 됩니다.

5. 그 기쁘신 뜻대로 우리를 예정하사 예수 그리스도로 말미암아 자기의 아들들이 되게 하셨으니
6. 이는 그가 사랑하시는 자 안에서 우리에게 거저 주시는 바 그의 은혜의 영광을 찬송하게 하려는 것이라.

5-6절을 보면 하나님이 인간을 창조하시게 된 이유가 우리 인간들이 하나님께 은혜의 영광을 찬송키 위함이라고 말씀하십니다. 이어서 12, 14절에서도 계속해서 이러한 내용을 강조하고 있습니다. 우리는 여기서 '왜' 라는 의문을 가지게 됩니다. 왜 하나님은 우리에게서 '영광의 찬송'을 받으시려 하실까요? 성경을 보면 하나님은 천사들로부터도 쉼 없이 '영광의 찬송'을 받고 계시지 않습니까?(계 4:8-9)

이와 관련하여 문제해결의 중요한 단서를 위의 6절에서 발견하게 됩니다. 다름이 아닌 '은혜의 영광의 찬송' 입니다. 하나님을 향한 '영광의 찬송'은 천사든 인간이든 누구든 부를 수 있습니다. 아니 마땅히 불러야 합니다. 그런데 '은혜의 영광의 찬송'만큼은 천사들은 결코 부를 수 없습니다.

은혜(grace)란 무엇입니까? 절대적 주권자가 그의 신민에게 베푸는 무조건적 사랑을 말합니다. 인간에게 자신이 도저히 해결할 수 없는 너무나도 심각한 문제인 죄로 인한 영원한 죽음과 형벌을 하나님은 어떠한 대가도 없이 예수님의 십자가 대속의 사랑으로 해결해 주셨습니다. 이것이 바로 은혜입니다.

한 번 생각을 해보시기 바랍니다. 찾아도 찾아도 방법은 전혀 없고 오직 죽음밖에 없는 우리에게 예수님의 십자가 보혈로 죄를 씻어 주시고 하나님의 자녀로 삼아 주셨습니다. 그런 우리가 하나님 앞에서 부르는 찬송이 천사들과 같을 수 있겠습니까?

너무나도 감사하고, 너무나도 고마워서 그 무엇으로도 감격을 표현할 수 없을 것입니다. 그래서 고개를 들 수도 없고, 감격의 눈물이 멈춰지지 않을 것입니다. 왜인가요? 영원토록 죄로 인해 죽을 수밖에 없던 우리를 오직 하나님의 은혜로 용서하시고, 자녀까지 삼아 주신 하나님 앞에 두 손 들고 '은혜의 영광의 찬송'을 감격하며 드릴 수밖에 없기 때문입니다. 천사들은 '영광의 찬송'을 하나님께 올려드릴 수는 있어도 '은혜의 영광의 찬송'은 결코 올려드릴 수 없는 것입니다. 창세 전 하나님은 영원토록 '은혜의 영광의 찬송'을 받으시기 위해 영원한 크리스천을 만드실 웅장하고 거대한 계획을 준비하셨던 것입니다.

2. 창세 전 무슨 일이?

이 우주가 만들어지기 전, 천하도 인간도 없던 그때에 천상(영의 세계)에서는 무슨 일이 있었을까요?

많은 이들은 이런 말을 합니다. "아! 그때 루시엘 천사장이 하나님께 반역해서 사탄이 되고 그를 따르던 천사들도 악한 영들이 되는 것 아닙니까?"

그렇습니다. 분명 그런 일이 창세 전 천상에서 있었습니다. 그런데 중요한 점은 그 일이 갑자기 일어나서 하나님을 당황케 하고 천상의 세계를 뒤흔드는 대 반역의 사건으로 번졌느냐는 것입니다.

우리가 아는 절대 진리가 있습니다. 그것은 하나님은 전지전능하시다는 사실입니다. 하나님이 전혀 인지하시지 못하는 가운데 그런 일이 발생할 수 있을까요? 그것은 도저히 불가능한 일입니다.

그렇다면 무엇이겠습니까? 우리는 그 또한 하나님의 크신 계획의 한 부분이었음을 알아야 합니다. 앞서 하나님이 '은혜의 영광의 찬송'을 받으시려고 영원한 크리스천들을 만들 계획을 준비하였다고 말하였습니다. 그 일을 위해서는 반드시 죄와 죄로 물든 존재의 방해가 필요한 것입니다.

만약에 사탄의 반역이 오직 사탄 스스로에 의한 것이라면 성경 전체에서 말하는 것에 심각한 오류가 발생합니다. 왜냐하면 앞으로도 제이, 제삼의 사탄이 얼마든지 나올 수 있기 때문입니다. 그것은 절대자이며 모든 능력의 근원이신 하나님에 대한 강력한 모독이 되고 맙니다. 하나님이 영원한 크리스천을 만드시기 위한 일의 시작은 이렇게 창세 전 천상으로부터 시작되었습니다. 이와 관련된 성경의 내용들을 한 번 살펴보겠습니다.

창세기로부터 요한계시록까지의 성경을 읽다보면 창세 이전과 관련된 내용이 매우 드문 것을 보게 됩니다. 그러나 하나님의 이런 거대한 계획을 이끌어 냈다고 여겨지는 대목은 에스겔 28:13-16과 이사야 14:12-15를 통해 윤곽이 드러납니다. 에스겔 28:13-16의 내용은 두로왕이 받을 심판에 대해서 쓰고 있으며, 이사야 14:12-15의 내용은 바벨론왕의 심판에 대한 내용입니다.

구약시대의 이방 나라 왕의 심판과 창세 전 사탄의 반역과 무슨 관계가 있는 것일까요? 내용은 이렇습니다. 두로왕과 바벨론왕에 대한 심판을 설명하시면서 비유로 든 내용이 사탄이 왜 심판을 받았냐는 것입니다. 너희 왕도 지금 저지르고 있는 죄로 인해서 사탄처럼 심판을 받을 것이라는 경고의 말씀을 하고 있는 것입니다.

이 것을 보면, 창세 전에 하나님과 사탄과 관련된 큰일이 있었음을 알 수 있습니다. 먼저 에스겔 28:13-16을 보겠습니다.

13. 네가 옛적에 하나님의 동산 에덴에 있어서 각종 보석 곧 홍보석과 황보석과 금강석과 황옥과 홍마노와 창옥과 청보석과 남보석과 홍옥과 황금으로 단장하였음이여 네가 지음을 받던 날에 너를 위하여 소고와 비파가 준비되었도다
14. 너는 기름 부음을 받고 지키는 그룹임이여 내가 너를 세우매 네가 하나님의 성산에 있어서 불타는 돌들 사이에 왕래하였도다
15. 네가 지음을 받던 날로부터 네 모든 길에 완전하더니 마침내 네게서 불의가 드러났도다
16. 네 무역이 많으므로 네 가운데에 강포가 가득하여 네가 범죄하였도다. 너 지키는 그룹아 그러므로 내가 너를 더럽게 여겨 하나님의 산에서 쫓아냈고 불타는 돌들 사이에서 멸하였도다

위의 성경구절을 읽으면서 먼저 해결해야 할 것이 있습니다. 지금 다루고 있는 내용이 창세 전, 하나님이 우주를 만드시기 전의 일을 얘기하고 있는데 왜 에덴동산이 나옵니까?

그러나 우리를 혼란케 하는 내용 같지만 전혀 그렇지 않습니다. 13절의 "하나님의 동산 에덴" 과 14절의 "하나님의 성산" 과 16절의 "하나님의 산" 은 본문의 흐름을 보아서 같은 곳을 말씀하고 있음을 알 수 있습니다.

'에덴'의 뜻이 무엇인가요? 기쁨, 행복, 복락이란 의미입니다. 위의 에덴은 창세기 2장의 에덴의 의미보다는 기쁨과 행복이 있고 복락이 있는 하나님의 동산, 하나님이 거하시는 하나님의 성산, 바로 하나님이 거하시는 천국도성을 의미하고 있습니다. 그러면 이제 창세 전 하나님이 거하시는 천국도성에서 도대체 무슨 일이 있었는지를 살펴보겠습니다.

13. 네가 옛적에 하나님의 동산 에덴에 있어서 각종 보석 곧 홍보석과

황보석과 금강석과 황옥과 홍마노와 창옥과 청보석과 남보석과 홍옥과
황금으로 단장하였음이여 네가 지음을 받던 날에 너를 위하여 소고와
비파가 준비되었도다.

위의 내용을 보면 하나님이 한 그룹(천사)을 만드셨음을 알 수 있습니다. 이 그룹은 좋은 특별한 복장으로 단장을 했고 찬양으로 하나님께 쓰임 받는 존재임을 알 수 있습니다.

14. 너는 기름 부음을 받고 지키는 그룹임이여 내가 너를 세우매 네가 하나님의 성산에 있어서 불타는 돌들 사이에 왕래하였도다.

더구나 이 그룹은 기름부음을 받고 지키는 그룹이란 것으로 보아 일반 천사가 아닌 매우 특별한 천사장이었으며 하나님의 곁에 항상 함께 있었음을 알 수 있습니다. 불타는 돌들 사이에 왕래했다는 것은 특별한 지위까지도 누리고 있었음을 암시합니다. 이러한 내용을 미루어 볼 때 어떻습니까? 우리의 주변에서도 흔히 볼 수 있는 경우입니다. 상사의 인정을 받는다든지 특별한 지위를 가졌을 때 그 권리를 남용해서 분별력을 잃고 문제를 일으키는 것을 보게 됩니다. 이 그룹도 그와 같은 상황을 연출하고 맙니다.

15. 네가 지음을 받던 날로부터 네 모든 길에 완전하더니 마침내 네게서 불의가 드러났도다
16. 네 무역이 많으므로 네 가운데에 강포가 가득하여 네가 범죄하였도다 너 지키는 그룹아 그러므로 내가 너를 더럽게 여겨 하나님의 산에서 쫓아냈고 불타는 돌들 사이에서 멸하였도다.

하나님으로부터 특별한 지위를 누리던 이 천사장이 끝내 불의를 드러내고 천계에서 최초로 죄를 범하게 되고 쫓겨나게 됩니다.

그러면 무슨 일을 했기에 하나님이 불의가 드러나고 죄를 범했다고 하시는 것일까요? 이사야 14:12-15를 보겠습니다.

12. 너 아침의 아들 계명성이여 어찌 그리 하늘에서 떨어졌으며 너 열국을 엎은 자여 어찌 그리 땅에 찍혔는고
13. 네가 네 마음에 이르기를 내가 하늘에 올라 하나님의 뭇 별 위에 내 자리를 높이리라 내가 북극 집회의 산 위에 앉으리라
14. 가장 높은 구름에 올라가 지극히 높은 이와 같아지리라 하는도다
15. 그러나 이제 네가 스올 곧 구덩이 맨 밑에 떨어짐을 당하리로다.

'계명성'(Lucifer, 빛을 가져오는 자) 곧 루시퍼[1]'는 하나님의 특별한 축복을 감사하고 찬양으로 영광을 돌리기보다는 천사들 위에 군림하면서 하나님과 같은 영광을 자신이 받으려 했습니다.

이것을 우리는 교만이라 부릅니다. 이에 하나님은 이것이 '불의'요, '범죄'라고 진노하시면서 사탄을 어둠의 장소요, 부패의 장소에 가두게 됩니다. 하나님은 이렇게 영원한 크리스천을 얻기 위한 사전 작업을 천상에서 시작하셨고 준비를 끝내셨습니다. 이 계획은 실로 엄청난 계획이요 웅장하고 거대한 것으로 하나님이 아니면 도저히 이룰 수 없는 것을 우리의 상상을 초월하여 하나님 자신에 의해서 준비되었습니다. 다시 한 번 말하지만 실로 말로는 표현할 수 없는 계획을 우리 하나님이 준비하셨습니다.

---

[1] '루시퍼'라는 말은 원래 원어에는 없는 말입니다. 로마교회의 라틴어성경(불가타역)에서 처음 사용하였습니다. 그러나 지금은 보통명사화하여 사탄을 그렇게 부르고 있으므로 이렇게 표기를 하겠습니다.

3. 하나님의 웅장하고 거대한 계획

하나님의 이 엄청난 계획과 관련하여 에베소서 1:4-6의 말씀을 다시 보겠습니다.

4. 곧 창세 전에 그리스도 안에서 우리를 택하사 우리로 사랑 안에서 그 앞에 거룩하고 흠이 없게 하시려고
5. 그 기쁘신 뜻대로 우리를 예정하사 예수 그리스도로 말미암아 자기의 아들들이 되게 하셨으니
6. 이는 그가 사랑하시는 자 안에서 우리에게 거저 주시는 바 그의 은혜의 영광을 찬송하게 하려는 것이라.

위의 말씀을 통해 보면 하나님이 '은혜의 영광의 찬송'을 받으시려는 대상에게 어떤 신분을 부여하실지, 그들의 영육을 어떤 상태로 만드시려는지 그리고 이 큰 계획의 성취를 누구를 통하여 이루시려 하시는지를 분명하게 들여다 볼 수 있습니다.

하나님의 가장 크신 속성이 무엇일까요? 바로 '거룩하신 하나님'입니다. 거룩하신 하나님이 이 특별한 계획 하에 피조물을 하나님 자신처럼 거룩하고 흠도 점도 없게 하시겠다는 계획을 세우셨습니다. 이것은 실로 이 계획의 수준이 어느 정도인지를 바로 짐작케 합니다.

거기에 더해 하나님이 무엇이라고 말씀하시는가요? 너무나 충격적인 것은 하나님의 아들이 되게 하시겠다고 말씀하십니다. 피조물로서 어느 정도 최상의 신분이 아닌 바로 하나님의 아들이 되게 하겠다는 것입니다. 그런 연유로 삼위 하나님은 하나님 자신의 형상대로 사람을 만드셨음을 창세기 1: 26에서 말씀하고 계십니다.

창세기 1:26 하나님이 이르시되 우리의 형상을 따라 우리의 모양대로 우리가 사람을 만들고.

그리고 에베소서 1: 4-6의 말씀들을 다시 한 번 보겠습니다.

4. 곧 창세 전에 그리스도 안에서…
5. 그 기쁘신 뜻대로 우리를 예정하사 예수 그리스도로 말미암아…
6. 이는 그가 사랑하시는 자 안에서….

위의 말씀을 보면 우리가 거룩하게 되는 것도, 하나님의 아들들이 되는 것도, 그래서 '은혜의 영광의 찬송'을 부르게 되는 것도 모두가 다 예수 그리스도를 통해서 이루어짐을 알 수 있습니다. 이것은 매우 중요한 의미를 내포합니다. 하나님이 창세 전에 영원한 크리스천을 만드실 이 계획은 하나님이 기획자로서만 참여하시는 것이 아니라 이 계획에 직접 참여하시고 그것도 가장 중요한 부분을 친히 담당하셔서 일을 완성하겠다는 것입니다.

왜 그렇게 하실까요? 이 일은 하나님의 아들을 태어나게 하는 일입니다. 단순한 어떤 피조물이나 천사 정도를 만드는 일이 아닙니다. 그리고 또 한 가지 중요한 사실은 하나님의 창세 전 계획의 이유입니다. '은혜의 영광의 찬송'을 받으시는 하나님은 바로 은혜를 베푸신 하나님입니다. 가장 고귀한 은혜는 바로 하나님의 아들 예수 그리스도께서 우리를 위한 대속물이 되신 것입니다. 우리는 이러한 하나님께 '은혜의 영광의 찬송'을 진심으로 영원토록 올려드릴 수밖에 없는 것은 너무도 당연합니다. 이렇게 하나님은 이 일을 실행하시기 위해 거대한 계획들을 준비하셨습니다. 그리고 세부적인 것 또한 완벽하게 준비하였습니다.

■ 먼저는 불의하고 범죄한 루시퍼와 천사들을 흑암에 가두셨습니다

> 유다서 1:6 또 자기 지위를 지키지 아니하고 자기 처소를 떠난 천사들을 큰 날의 심판까지 영원한 결박으로 흑암에 가두셨으며.

하나님은 범죄한 이들의 심판을 이 계획이 온전히 이루어지는 때로 정하셨습니다.

> 베드로후서 2:4 하나님이 범죄한 천사들을 용서하지 아니하시고 지옥에 던져 어두운 구덩이에 두어 심판 때까지 지키게 하셨으며.

하나님은 마귀를 이 계획을 이루는 데 죄악의 도구로 사용하였습니다.

> 창세기 3:13 여호와 하나님이 여자에게 이르시되 네가 어찌하여 이렇게(선악과를 먹게) 하였느냐 여자가 이르되 뱀이 나를 꾀므로 내가 먹었나이다.

■ 그리고 이 엄청난 계획의 수혜자인 창세 전에 예정된 이들과 관련된 하나님의 세부계획입니다

한 번 생각해 보기를 바랍니다. 하나님의 아들이 되는 축복 받은 이들, 이들은 도대체 어떻게 해야 영광의 찬송, 오직 '은혜의 영광의 찬송'을 하나님께 올려드릴 수 있습니까? 영원토록 쓰고 써도 다함이 없는 재물을 준다면 그런 찬송을 올려드릴 수 있나요? 피조물을 하나님의 아들이 되게 했다는 이유만으로 그런 찬송을 올려드릴 수 있을까요?

앞에서도 말씀드린 것처럼 아래와 같은 이유 때문입니다. 천국 가는 것은 고사하고, 오히려 영원히 죽어야 되는 상황에서 오직 하나님의 은혜로 죽음에서 구원을 받고, 하나님의 아들이 되는 자리까지 오른다면 이들이 어찌 하나님께 '은혜의 영광의 찬송'을 영원토록 올려드리지 않겠습니까? 그리고 이런 은혜의 자리까지 오게 하신 예수 그리스도께 '은혜의 영광의 찬송'을 어찌 영원토록 올려드리지 않겠습니까?

이렇게 창세기로부터 이야기가 시작되는 것입니다. 아담과 하와의 창조, 이들의 죄로 인해 쫓겨나는 이야기입니다. 먼저 하나님은 우주와 천하만물을 준비하였습니다. 이것이 창세기 1장의 기록이며 우리는 이 때를 태초라 부릅니다. 6일 동안 인간과 천하 만물을 창조하시고 7일째 되는 날 안식하셨습니다. 이렇게 해서 모든 준비가 마무리 됩니다. 우리는 이 7일간의 일정만으로도 하나님의 전체 계획을 짐작할 수 있습니다. 6일간 창조하신 하나님이 7일째 안식하시고 이후 다시 6일간 무엇인가를 하셨나요? 전혀 그렇지 않습니다. 이 7일간의 모습이 보여주는 대로 하나님의 계획이 다 마무리 된 후 우리는 하나님과 함께 새 하늘과 새 땅에서 영원토록 안식을 하게 될 것입니다. 7일은 이에 대한 귀중한 의미를 담고 있습니다.

이 태초와 관련된 부분을 좀 더 자세하고 깊이 들여다 볼 필요가 있습니다. 왜냐하면 그래야 창세 전 죄로 인한 사탄의 결박과 흑암에 가두었던 이 일과 성경의 창세기 1장의 말씀이 명료하게 연결되고 또한 보이기 때문입니다. 먼저 하나님이 천지를 창조하시는 말씀을 한 번 보겠습니다.

첫째 날, 하나님은 빛을 만드시고 어둠과 빛을 나누셨습니다.

창세기 1:3-5 [3]하나님이 이르시되 빛이 있으라 하시니 빛이 있었고 [4]빛이 하나님이 보시기에 좋았더라 하나님이 빛과 어둠을 나누사 ⁵하나님이 빛을 낮이라 부르시고 어둠을 밤이라 부르시니라 저녁이 되고 아침이 되니 이는 첫째 날이니라.

둘째 날, 하나님은 물이 있는데 그 사이에 궁창을 만드시고 궁창을 하늘(대기권)이라 칭합니다.

창세기 1:6-8 ⁶하나님이 이르시되 물 가운데에 궁창이 있어 물과 물로 나뉘라 하시고 ⁷하나님이 궁창을 만드사 궁창 아래의 물과 궁창 위의 물로 나뉘게 하시니 그대로 되니라 ⁸하나님이 궁창을 하늘이라 부르시니라 저녁이 되고 아침이 되니 이는 둘째 날이니라.

셋째 날, 하나님은 물로 뒤덮인 땅이 있는데, 물이 모여 바다를 이루고 물이 걷힌 뭍을 땅이라 칭합니다.

창세기 1:9-10 ⁹하나님이 이르시되 천하의 물이 한 곳으로 모이고 뭍이 드러나라 하시니 그대로 되니라 ¹⁰하나님이 뭍을 땅이라 부르시고 모인 물을 바다라 부르시니 하나님이 보시기에 좋았더라.

창세기 1:13 저녁이 되고 아침이 되니 이는 셋째 날이니라.

이후 하나님은 해와 달과 별, 징조와 계절과 날, 동식물과 사람을 만드십니다.

위의 말씀들을 보면 이해가 좀 안 되는 부분이 있습니다. 하나님이 첫째 날부터 여섯째 날까지 만드신 것 중에는 땅(지구)과 물이 있던 상태에서 창조가 진행된 것으로 묘사되고 있습니다. 이는 하나님이 창조의 대략을 설명한 것으로 일부는 생략을 하고 있다고 이해할 수 있습니다. 그러나 말씀을 조금 더 살펴보겠습니다. 이를 더 자세히 보여주는 창세기 1:2의 말씀을 보겠습니다.

창세기 1:2 땅이 혼돈하고 공허하며 흑암이 깊음 위에 있고 하나님의 영은 수면 위에 운행하시니라.

위 내용 중에 "흑암이 깊음 위에 있고"는 히브리어 원문에 보면 '어둠이 깊은 물의 표면 위에 있었다'로 되어 있습니다. 위의 말씀을 다시금 정리를 해보면 이렇습니다. '땅위에 물이 덮여 있고 성령께서 물위를 운행하시고 계십니다. 그리고 물위는 어둠으로 가득하며, 땅은 물이 덮고 있어 보이지를 않으니 마치 없는 것 같습니다.' 어떻습니까? 왜 생략된 것 같은지 이유를 알 수 있습니다.

창세기 1:1에 분명히 태초에 하나님이 천지를 창조하셨다고 말씀하십니다. 태초가 무엇인가요? 하나님이 이 엄청난 계획을 준비하시고 이제 막 이 우주로 시작을 하려던 때를 말합니다. 우리는 창세 전 하나님께 반역했던 사탄과 타락한 천사들이 결박을 당해 갇힌 일을 기억합니다. 그러나 우리가 반드시 알고 있어야 할 것이 있습니다. 하나님이 천지를 창조하시기 전에는 그들이 갇힐 수 없다는 사실입니다. 왜냐하면 이 우주와 흑암이 존재하기 전이기 때문입니다. 그리고 이제 하나님이 세상을 창조하기 시작한 태초를 들여다보면서 이 두 사건을 연결할 수 있는 절묘한 상황을 발견하게 됩니다. 그것은 창조 첫 날, 즉 하나님의 웅장하고 거대한 계획을 실행하시는 첫 날, 흑암으로 덮인 우주공간을 만드시고 그곳에 범죄한 사탄의 세력을 가두시는 일이 있었음을 짐작케 합니다.

유다서 1:6 또 자기 지위를 지키지 아니하고 자기 처소를 떠난 천사들을 큰 날의 심판까지 영원한 결박으로 흑암에 가두셨으며.

사탄을 가두신 흑암은 태초에 하나님이 만드신 이 천지임을 우리는 성경과 우리의 영적 삶의 도전들을 통해서 잘 알 수 있습니다. 천지창조와 함께 하나님은 먼저 첫날에 흑암으로 덮인 우주공간을 만드시고 사탄의 세력을 결박하시고, 빛을 만드시면서 이를 첫째 날이라 칭하셨습니다.

창조 첫 날 하나님은 빛을 만드시고 좋아하셨습니다. 우리는 분명 하나님이 좋아하신 것에 사탄이 포함되지 않는다는 사실을 잘 압니다. 하나님이 기뻐하신 내면에는 이 위대한 일의 결과로 얻게 될 영원한 크리스천이 있음을 우리는 잊지 말아야 합니다. 이렇게 계획의 도구로 사탄까지 포함해서 세세한 모든 것이 준비되고, 하나님의 웅장하고 거대한 계획이 실행되기 시작하였습니다.

- 창세기 1장에서 천지를 창조하신 삼위 하나님은 2장에서 창조 여섯째 날을 자세히 기술을 하면서 에덴동산을 만드시고 아담과 하와가 관리 하는 중에 죄를 범하는 이야기를 기록하고 있습니다(아담과 하와의 원죄에 대한 부분은 이 책의 4장에서 자세히 다룰 것입니다).

그런데 하나님은 이것을 준비하시면서 참으로 중요한 점 한 가지를 고려하였습니다. 먼저 예를 한 가지 들겠습니다. 인간이 만드는 로봇이 있습니다. 로봇은 스스로 판단하거나 감정의 영향을 받는 것이 아니라 만들면서 명령한 대로만 움직이고 반응을 하게 됩니다. 이처럼 우리를 만드신 하나님이 우리에게 죄를 명령하셨거나 억지로 죄를 짓게 하셨다면, 그래서 받으시는 찬송이라면 그것이 '은혜의 영광의 찬송'이 될 수 있을까요? 찬송을 올려 드리는 이들의 마음에 은혜의 생각이 들겠습니까? 그리고 하나님도 받으시면서 기뻐하실까요?

당연히 그렇지 않을 것입니다. 그래서 하나님은 크신 계획의 세부사항으로 우리를 범죄로 미혹하는 마귀는 두셨지만, 그 미혹을 따를 것인가 않을 것인가는 우리가 스스로 결정할 수 있게 하셨습니다.

> 창세기 2:16-17 ¹⁶여호와 하나님이 그 사람에게 명하여 이르시되 동산 각종 나무의 열매는 네가 임의로 먹되 ¹⁷선악을 알게 하는 나무의 열매는 먹지 말라 네가 먹는 날에는 반드시 죽으리라 하시니라.
>
> 창세기 3:4 뱀이 여자에게 이르되 너희가 결코 죽지 아니하리라.
>
> 창세기 3:6 여자가 그 나무를 본즉 먹음직도 하고 보암직도 하고 지혜롭게 할 만큼 탐스럽기도 한 나무인지라. 여자가 그 열매를 따먹고 자기와 함께 있는 남편에게도 주매 그도 먹은지라.

이렇게 하나님은 창세 전에 계획하신 대로 또한 영원한 크리스천을 얻으시려는 목적대로 착착 일을 진행해 나가셨습니다. 이러한 모든 일과 관련해서 하나님은 계획하셨고 계획의 중심을 예수님이 담당하셨습니다. 직접 언급은 안했으나 성령께서 계획대로 이루어지게 주관을 하셨습니다. 그리고 크리스천, 선한 천사, 사탄과 그의 무리, 이러한 등장인물과 함께 그 배경환경 또한 하나님은 세세하게 준비하셨습니다. 이렇게 해서 하나님의 웅장하고 거대한 계획이 진행되는 것입니다.

Marvellous and Immense Work of God, Everlasting Christians

제2장

영원한 크리스천들

1. 회개하고 예수님을 믿은 후 버림받을 수 있는가?
2. 누구든지 예수님을 믿으면 구원받는 것이 아닌가?
3. 일평생 복음을 한 번도 듣지 못하고 죄가 죄인 줄도 모르는 사람도 심판을 받아야 하는가?
4. 성경에 보여주신 영원한 크리스천을 얻기 위한 하나님의 계획

지금까지 1장에서는 창세 전에 무슨 일이 있었는지에 대해서 알아봤습니다. 이제는 하나님이 예수 그리스도를 통해서 예정하셨고, 그래서 '은혜의 영광의 찬송'을 받으시려고 준비하셨던 크리스천에 대해서 알아보고자 합니다. 실제 성도들에게는 매우 중요한 관심사가 아닐 수 없습니다. 그러다보니 많은 주장과 다양한 견해들이 우리 주변에서 때로는 놀라움으로, 때로는 두려움으로, 어느 때는 혼돈으로 궁금증을 자아내게 합니다.

크리스천, 이들은 어떤 사람들일까요? 회개하고 예수님을 믿은 사람은 이후 반드시 구원을 받는 것인가요? 아니면 믿는 중에 버림을 받을 수도 있는 것인가요? 구원과 관련해서 '이미 택함을 받은 사람만이 구원을 받는다'는 말은 잘못된 것이 아닌가요? 하나님은 사랑의 하나님이신데, 누구든지 예수님을 믿는 사람은 다 구원을 받아야 하는 것이 아닌가요? 평생 살면서 복음을 한 번도 듣지를 못해서 믿지를 못했고 죄가 죄인 줄도 모르는데 심판을 받아야 하는가요? 그런데도 심판을 받는다면 공의롭지가 않은 것이 아닌가요? 신앙생활을 하면 할수록 초신자도 아닌 데 때로는 꼬리를 무는 의문에 의문들이 있습니다. 어찌 보면 우리의 가장 큰 궁금증이 아닐 수 없습니다.

1. 회개하고 예수님을 믿은 후 버림받을 수 있는가?

교파에 따라서 다양하게 쓰이는 말이 있습니다. "예수 믿습니까? 회개하고 예수를 믿었습니까?" 또는 "중생(거듭남)했습니까? 성령 받았습니까?" 물론 약간의 의미의 차이점은 있지만 이것을 쉽게 말하면, 죽어도 분명 천국에 가는 하나님의 자녀입니까? 그것을 당신은 믿습니까? 이것을 묻는 것입니다. 그리고 이 물음에 대해서 하나님의 은혜로 믿음을 가지고 "그렇다"고 답을 하는 사람의 종국의 결과는 어떨 것 같습니까? 이 사람이 천국을 못갈 수 있을까요? 다들 그렇지 않다는데 동의를 하실 것입니다. 이들은 분명 죽어도 천국에 가는 창세 전에 하나님이 예정한 크리스천이 분명합니다.

사도행전 2:38 베드로가 이르되 너희가 회개하여 각각 예수 그리스도의 이름으로 세례를 받고 죄 사함을 받으라 그리하면 성령의 선물을 받으리니.

로마서 8:9 만일 너희 속에 하나님의 영이 거하시면 너희가 육신에 있지 아니하고 영에 있나니 누구든지 그리스도의 영이 없으면 그리스도의 사람이 아니라.

분명 회개하여 예수님을 믿고 성령을 받은 사람은 그리스도의 사람입니다. 그런데 이렇게 거듭나서 그리스도의 영이 있는 그리스도의 사람도 이후에 하나님께 버림을 받을 수 있을까요? 또는 버림받지 않기 위해 열심히 무엇이든 노력을 해야 하는 것인가요?

이 문제는 크리스천이라면 신앙생활 중에 중대한 고민거리 중의 하나가 아닐 수 없습니다. 덮어두자니 궁금하고 불안합니다. 여기저기서 중도에 버림받을 수도 있다는 말을 듣게 되면 불안이 가중되기도 합니다. "혹시 나는 해당되지 않겠지? 반면에 결코 버림받지 않는다는 말을 듣게 되면 안도는 되지만 그러면 신앙생활 몇 사람이나 똑바로 할까"하는 의문이 남기도 합니다. 중도에 버림을 받게 되기도 할까요? 미리 정답을 얘기하자면 '아니요, 절대로 버림받지 않습니다'입니다. 이와 관련된 하나님의 말씀을 가지고 과연 그러한가에 대해서 우리에게 의문을 주었던 말씀과 두려움을 주고 혼란케 했던 부분을 다루려 합니다.

■ 오직 하나님이 열어주신 성경말씀을 통해서 우리가 확증을 받게 되는 것은 창세 전에 택정한 자녀들에 대한 구원계획은 단 한 명의 낙오자 없이 예수 그리스도를 통해 완벽하게 이루십니다.

> 요한복음 6:38-39 ³⁸내가 하늘에서 내려온 것은 내 뜻을 행하려 함이 아니요 나를 보내신 이의 뜻을 행하려 함이니라 ³⁹나를 보내신 이의 뜻은 내게 주신 자 중에 내가 하나도 잃어버리지 아니하고 마지막 날에 다시 살리는 이것이니라.
>
> 사도행전 13:48 이방인들이 듣고 기뻐하여 하나님의 말씀을 찬송하며 영생을 주시기로 작정된 자는 다 믿더라.
>
> 사도행전 18:9-10 ⁹밤에 주께서 환상 가운데 바울에게 말씀하시되 두려워하지 말며 침묵하지 말고 말하라 ¹⁰내가 너와 함께 있으매 어떤 사람도 너를 대적하여 해롭게 할 자가 없을 것이니 이는 이 성중에 내 백성이 많음이라 하시더라.

위의 말씀들은 항상 우리에게 구원에 대한 기쁨의 확신을 줍니다. 우리 주님은 분명코 아버지 하나님이 주신 자들을 하나도 버리지 않고 반드시 구원하십니다. 그리고 하나님의 은혜로 택정된 자들은 반드시 믿게 될 것입니다. 이 말의 의미는 그가 처한 상황이 수 대째 내려오는 유교집안의 종손이라 해도 혹은 회교국가의 골수 회교도들로 둘러 쌓여있다 해도 하나님의 예정된 자녀라면 반드시 구원받게 된다는 것입니다.

일례로 사도 도마는 주후 50년경 인도의 남부 캐랄라(Kerela)주의 마라바르(Marabar)에서 복음을 전했고 일곱 개의 교회를 세웠습니다. 비록 그

지역 왕이 카스트제도의 붕괴를 두려워하여 도마는 순교를 당하였습니다. 하지만 당시 힌두교와 불교의 땅인 인도에 복음이 전해졌고 크리스천이 있었고, 지금까지 그 지역에 수많은 크리스천이 남아있다는 것은 시대와 지역을 떠나서 택정된 크리스천은 반드시 구원을 받는다는 좋은 사례일 것입니다.

■ 성경을 보면 우리에게 구원의 확신을 주는 말씀이 있는 반면에 혼돈케 하는 말씀도 있습니다. 먼저 성경말씀 중에서 우리를 매우 당혹케 하는 요한복음 15:2의 말씀을 보겠습니다

> 요한복음 15:2 무릇 내게 붙어 있어 열매를 맺지 아니하는 가지는 아버지께서 그것을 제거해 버리시고 무릇 열매를 맺는 가지는 더 열매를 맺게 하려 하여 그것을 깨끗하게 하시느니라.

위의 말씀을 보면 거듭난 성도 즉 크리스천에 대한 말씀임을 알 수 있습니다. 왜냐하면 예수님께 붙어있는 상태이기 때문입니다.

> 요한복음 15:2 무릇 내게 붙어 있어…

그런데 이런 크리스천이 열매를 맺지 못하면 제거해 버리신다고 말씀하고 있습니다. 그렇다면 거듭난 이후라도 열매 맺는 삶을 살지 못하면 버림을 받는다는 분명한 말씀이 아닌가요?

독일은 루터에 의한 종교개혁이 일어났던 나라이고 지금도 신학을 공부하려고 많은 이들이 이곳으로 유학을 갑니다. 그런데 독일의 신학을 알아주는 중요한 이유 중의 하나가 바로 『킷텔사전』때문입니다. 성경 원어

에 대한 방대한 자료가 『킷텔사전』에 수록되어 있습니다. 이 사전에 보면 위의 본문에 나오는 "제거해 버리시고"의 어원은 αἴρω(아이로)인데 그 의미가 두 가지로 기록되어 있습니다. 하나는 '제거하다'이고, 다른 하나는 '들어 올리다'입니다. 우리나라의 성경은 영어성경이 번역한 대로 '제거하다'로 되어 있습니다.

이것은 제대로 된 번역일까요? 바른 번역을 위해서는 그 나라와 그 당시의 문화를 알게 되면 보다 정확히 번역을 할 수 있게 됩니다. 이와 관련하여 류모세 선교사가 쓴 『열린다 성경』에 좋은 예로 설명하고 있습니다.

요즘 포도밭을 가보면 철사를 팽팽하게 늘어뜨린 것에 포도넝쿨이 타고 자라면서 열매를 맺고 있는 것을 볼 수 있습니다. 예수님 당시의 시대에도 철사가 있기는 했지만 너무 귀하고 구하기도 힘들었습니다. 그런데 넝쿨로 타고 자라는 포도나무는 땅에 닿는 부분에서는 열매를 맺지 못하는 특성을 지니고 있습니다. 그래서 당시의 포도밭에는 포도가지를 들어 올리고 군데군데 높다란 돌을 받쳤습니다. 그렇게 해주면 포도가지가 정상적으로 열매를 맺을 수 있었습니다.

하나님 아버지는 자신이 예정하신 자들을 열매가 없다고 막 잘라버리실까요? 아니요. 결코 그렇지 않습니다. 하나님은 자신이 택정한 자녀를 어떻게 해서든지 특상품의 포도를 맺게 하십니다. 이 점은 자식에 대한 이 땅의 모든 부모의 심정이 그러하듯 하나님도 마찬가지입니다. 위의 말씀에 적용되어야 할 바른 표현은 '제거하다'가 아닌 '들어 올리다'입니다. 수정된 말씀을 다시 보면 이렇습니다.

요한복음 15:2 무릇 내게 붙어 있어 열매를 맺지 아니하는 가지는 아버지께서 그것을 들어 올리시고 무릇 열매를 맺는 가지는 더 열매를 맺게 하려 하여 그것을 깨끗하게 하시느니라.

예수 그리스도께 붙어 있는 가지, 즉 크리스천은 열매가 없다고 버리시는 것이 아니라 열매 없는 신앙을 보시고 긍휼히 여기셔서 열매를 맺도록 들어 올리시면서까지 택정된 크리스천들을 도우시는 하나님이신 것입니다. 이것은 부모로서 자식에 대한 하나님의 진정한 사랑이요 마음입니다. 요한복음 15장의 말씀을 조금 더 살펴보도록 하겠습니다.

요한복음 15:5 나는 포도나무요 너희는 가지라 그가 내 안에 내가 그 안에 거하면 사람이 열매를 많이 맺나니 나를 떠나서는 너희가 아무 것도 할 수 없음이라.

위의 말씀처럼 예수 그리스도를 믿는 사람은 열매를 맺게 됩니다. 물론 사람에 따라서 열매의 많고 적음의 차이는 있습니다. 그래서 충성해야 하는 것이며 상급과 면류관의 차이도 있는 것입니다.

요한복음 15:6 사람이 내 안에 거하지 아니하면 가지처럼 밖에 버려져 마르나니 사람들이 그것을 모아다가 불에 던져 사르느니라.

우리는 위의 말씀을 오해하면 안 됩니다. 위의 말씀은 2절의 말씀과는 다른 의미입니다. 2절에서는 나무에 붙어 있는 가지에 대한 말씀이었습니다. 열매를 맺지 못하면 불 속, 즉 지옥에 간다는 의미가 아니라고 말씀드렸습니다. 그러나 6절은 가지(사람)가 나무(예수)에 붙어 있지 않는 불신자인 가지를 말씀하는 것입니다. 성도와 마찬가지로 불신자들도 하나님의 형상대로 지음을 받은 가지였습니다. 그러나 불신자는 예수님을 믿지 않는, 즉 나무에 붙어 있지 않은 가지로써 당연히 불 속에 들어가는 것입니다. 2절과 6절의 의미를 같은 것으로 오해하면 안됩니다.

> 요한복음 15:16 너희가 나를 택한 것이 아니요 내가 너희를 택하여 세웠나니 이는 너희로 가서 열매를 맺게 하고 또 너희 열매가 항상 있게 하여…
>
> 요한복음 15:19 너희가 세상에 속하였으면 세상이 자기의 것을 사랑할 것이나 너희는 세상에 속한 자가 아니요 도리어 내가 너희를 세상에서 택하였기 때문에 세상이 너희를 미워하느니라.

위의 말씀에서 보듯이 예수님께 붙어 있는 사람은 반드시 열매를 맺게 됩니다. 그리고 이들은 주께서 택하여 주신 자입니다.

- 요한계시록의 2-3장은 사도 요한이 유배 중에 요한계시록을 썼던 밧모섬 근처의 일곱 도시에 있는 교회들에게 성령이 하시는 말씀을 기록하고 있습니다.

말씀을 읽어 보면 주요 요지가 이기는 자에게는 구원이 있고, 이기지 못하면 구원이 없는 것 같은 인상을 줍니다. 이것은 어찌된 것일까요? 이기지 못하면 구원이 없는 것일까요?

우리가 성경을 읽을 때 그 말씀을 이해하는 절대 기준은 '창세기부터 요한계시록까지의 성경이 말씀하시는 바가 무엇인가?'하는 것입니다. 분명 주제와 방향은 일정하기 마련입니다. 성경을 읽다가 어느 부분의 말씀이 전혀 상반된 견해를 보인다면 그것은 분명히 하나님의 의도하심과는 다르게 내가 오해했기 때문임이 분명합니다.

그러면 요한계시록 2-3장의 말씀에 앞서 요한계시록이 의미하는 바와 하시고자 하는 말씀의 주제와 방향은 무엇일까요? 요한계시록은 하나님의 자녀들에게 겁주고자 하시는 말씀이 결코 아닙니다. 심판을 받는 것은 교회가 아닌 마귀에 속한 이 세상이며, 오히려 하나님의 택정된 교회는 반드시 지키시고 보호하셨다가 주의 재림으로 구원을 완성하시는 것입니다.

따라서 요한계시록을 통해서 하나님이 우리에게 말씀하시는 것은 과거 애굽의 노예였던 이스라엘 백성을 구원하시면서 애굽에 10가지 재앙을 내렸듯이, 예수 그리스도의 재림으로 구원을 완성하시면서 사탄에 속한 세상에 재앙을 내릴 것입니다. 그러나 하나님께 속한 너희는 겁먹지 말고 담대히 믿음으로 승리하라는 것을 알려주시는 내용입니다.

요한계시록 7:2-3 ²또 보매 다른 천사가 살아 계신 하나님의 인을 가지고 해 돋는 데로부터 올라와서 땅과 바다를 해롭게 할 권세를 받은 네 천사를 향하여 큰 소리로 외쳐 ³이르되 우리가 우리 하나님의 종들의 이마에 인치기까지 땅이나 바다나 나무들을 해하지 말라 하더라.

위의 말씀처럼 하나님은 행여나 택정한 자녀에게 무슨 변고가 있을까 싶어서 세상을 심판할 것을 멈추고서까지 구원의 도장을 찍는 귀한 장면이 나오는 것입니다.

그러면 요한계시록 2-3장의 표현은 무엇일까요? 창세 전에 하나님의 택정한 자들, 이들은 다른 표현으로 하면 크리스천이요 곧 교회입니다. 교회의 다른 표현으로는 성도, 제자, 신부 그리고 이긴 자입니다.

교회는 반드시 이기게 되어 있습니다. 요한계시록 2-3장에서 하시는 말씀의 의미는 분명 승리할 하나님의 교회임에도 첫사랑을 잃어버리고 있고, 우상을 숭배하고, 미지근한 신앙으로 안주하고 있다는 것입니다. 그래서 도우시는 성령께서 안타까워하시며 회개하고 힘을 내라고 책망하고 권면하는 말씀입니다. 그리고 잘하고 있는 교회는 더욱 분발하여 상급과 면류관을 받으라고 칭찬하는 내용입니다.

> 요한계시록 3:15-16 ¹⁵내가 네 행위를 아노니 네가 차지도 아니하고 뜨겁지도 아니하도다 네가 차든지 뜨겁든지 하기를 원하노라 ¹⁶네가 이같이 미지근하여 뜨겁지도 아니하고 차지도 아니하니 내 입에서 너를 토하여 버리리라.

라오디게아교회에 주님은 책망하면서 주님의 입에서 토해 버리겠다고 말씀하셨습니다. 이것이 진짜로 토해버리시겠다는 의미일까요? 아닙니다. 뒤의 말씀이 이렇게 이어집니다.

> 요한계시록 3:19 무릇 내가 사랑하는 자를 책망하여 징계하노니 그러므로 네가 열심을 내라 회개하라.

가정에서 때로 부모가 말을 듣지 않는 자식에게 그럽니다. "너 한 번만 더 말 안 듣고 못된 짓하면 다시는 집에 못 들어오게 내쫓아 버린다." 부모의 속마음은 결코 그렇지 않다는 것을 다 아실 것입니다. 이런 충격적인 말에 혹 자식이 정신차릴까 하는 부모의 사랑에 대한 반어적 표현입니다.

주님도 사랑하는 자인 교회가 미지근한 것이 안타까워 회개하고 분발하라고 촉구하시는 사랑의 말씀인 것입니다. 교회는 이겼으면 좋겠다가 아니라 반드시 이기게 되어 있습니다. 재차 강조하지만 창세 전에 하나님은 계획을 한 치의 오차도 없이 완벽하게 준비하였고 또한 완전하게 시행하고 계시고 또한 그렇게 이루실 것입니다. 이기는 자가 누구입니까?

요한일서 5:5 예수께서 하나님의 아들이심을 믿는 자가 아니면 세상을 이기는 자가 누구냐.

주를 믿는 자, 곧 택정된 백성은 반드시 이기게 되어 있는 것입니다. 그런데 한 가지 질문을 하겠습니다. 믿는 자는 반드시 이기는데, 어떻게 이길 수 있을까요? 무엇으로 이길 수 있을까요?

요한일서 4:4 자녀들아 너희는 하나님께 속하였고 또 그들을 이기었나니 이는 너희 안에 계신 이가 세상에 있는 자보다 크심이라.

위의 말씀처럼 크리스천은 하나님께 속해 있습니다. 그런 크리스천들에게는 그들 안에 그리스도의 영이신 성령이 거하십니다. 마귀가 아무리 우는 사자 같다할지라도 우리 안에 계신 성령 앞에 아무것도 아닌 것입니다. 바로 성령께서 이기시므로 크리스천 또한 당연히 이길 수밖에 없습니다. 이를 달리 표현하면 마귀의 어떠한 훼방에도 주님의 교회는 반드시 승리하는 것입니다.

■ 구원 받은 이후에도 버림을 받을 수 있는가? 이 물음에 대해 혼돈을 넘어 두려움을 주는 말씀이 있습니다. 바로 산상수훈(마 5-7장)인데 예수님이 직접 하신 말씀으로 일부를 인용하면 아래와 같습니다.

마태복음 5:29-30 ²⁹만일 네 오른 눈이 너로 실족하게 하거든 빼어

내버리라 네 백체 중 하나가 없어지고 온 몸이 지옥에 던져지지 않는 것이 유익하며 ³⁰또한 만일 네 오른손이 너로 실족하게 하거든 찍어 내버리라 네 백체 중 하나가 없어지고 온 몸이 지옥에 던져지지 않는 것이 유익하니라.

위의 말씀을 보면 어떤 생각이 납니까? "그러면 그렇지 까딱 잘못하면 지옥불로 직행하는 것 아닌가?" 이렇게 절망하며 낙담할 수도 있습니다. 물론 구원 받지 못한 사람이라면 당연히 손과 발을 다 잘라내도 지옥행입니다. 그러나 거듭난 하나님의 자녀도 과연 그럴까요? 분명 "아니오!"입니다. 거듭 말씀드리지만 택함을 받고 거듭난 하나님의 자녀는 결코 도중에 구원에서 탈락하지 않습니다.

그러면 탈락하지 않기 위해서 손을 잘라야 할 사람은 다 손을 자르고, 눈을 빼야 할 사람들은 모두 눈 빼라고 미리 알려주신 말씀일까요? 당연히 말도 안 되는 이야기입니다. 그러면 도대체 예수님이 산상수훈에서 하신 말씀은 무엇이란 말인가요?

예수님이 산상수훈을 말하실 때 그곳에 모인 사람들은 제자들과 많은 무리들이었습니다. 그런데 이 산상수훈은 당시 모여 있는 모든 무리들에게 주신 것이 아닙니다. 무리들 속에는 제자들도 있고, 아직 미심쩍어하는 사람도 있었을 것이고, 단순한 호기심으로 모인 이도 있었을 것입니다.

산상수훈의 내용 전반에 걸쳐서 예수님은 '너희' 또는 '너희들'이란 말씀을 계속 반복하시면서 말씀을 하십니다. 그런데 여기서 '너희' 또는 '너희들'이 의미하는 바는 바로 복 받을 자인 제자들입니다. 혹 이렇게 반문할 사람이 있을지 모르겠습니다. "산상수훈은 마태복음 초반부인데 제자들이 있어봐야 몇이나 있겠습니까?" 마태복음은 시간순서로 기록된 성경이 아닙니다. 마태복음 전체를 읽어보면 마치 일주일 정도 예수님이 하신 일을 기록한 것 같습니다. 누가복음은 예수님에 대해서 시간 순서대로 잘 기록한 복음서이지만 마태복음은 그렇지 않습니다. 아래는 제자들에게 주는 말씀입니다.

> 마태복음 5:11 나로 말미암아 너희를 욕하고 박해하고 거짓으로 너희를 거슬러 모든 악한 말을 할 때에는 너희에게 복이 있나니.
>
> 마태복음 5:13 너희는 세상의 소금이니.
>
> 마태복음 5:14 너희는 세상의 빛이라.

예수님을 믿는 것 때문에 핍박을 받는 자는 당연히 제자요, 교회입니다. 하나님의 자녀는 분명 세상의 소금이요 빛입니다. 이들에게 하신 말씀이 산상수훈입니다. 아니 그러면 더욱 이상합니다. 불신자에게 눈을 빼고 손을 자르라면 몰라도 거듭난 하나님의 자녀에게 눈을 빼고 손을 안 자르면 지옥불에 떨어진다니, 더 이상한 거 아닙니까? 이 말은 거듭난 이후에도 말씀대로 살지 않으면 중도에 탈락할 수 있다는 것 아닙니까?

우리는 산상수훈을 통해서 매우 중요한 두 가지를 이해하고 있어야 합니다. 그렇지 않으면 우리를 매우 혼돈과 불안 속으로 빠지게 할 수 있습니다. 앞에서도 계속 이야기하는 것이지만, 택함 받은 자녀는 결코 중도에 탈락하지 않습니다.

첫째, 예수 그리스도의 십자가 복음입니다. 갑자기 십자가 복음이 왜 나오는지 반문이 됩니까? 당연히 쉼 없이 나와야 합니다. 예수 그리스도의 십자가 대속으로 우리의 모든 죄와 허물이 사함을 받았기 때문입니다. 하나님의 계획 중심이 바로 예수 그리스도의 십자가 복음이기 때문입니다.

한 번 생각해 보십시오. 우리가 예수님을 믿는 것이 아니면 그 어떤 것으로도 왜 구원을 받지 못합니까? 다른 방법으로는 왜 되지 않습니까? 그것은 그리스도의 십자가 보혈에만 그 위대한 능력이 있기 때문입니다.

이제 한 가지 묻겠습니다. 거듭난 하나님의 자녀들 중에 단 한 명이라도 산상수훈의 내용을 온전히 빠짐없이 지키며 살고 있습니까? 결단코 아무도 없습니다. 그러면 할 수도 없는 내용을 주님이 하라고 하신 것입니까? 그래서 손과 발을 다 잘라내라 하신 것입니까?

거듭난 하나님의 자녀는 항상 마음 아파하는 것이 있습니다. 하나님을 아버지라 부르면서도, 예수님을 구주라 부르면서도 쉼 없이 죄로 물들고 있는 자신을 보면서 아파하고 괴로워합니다. 그리고 빠르고 늦고의 시간 차는 있지만 분명 회개의 길로 나아갑니다. 거듭났어도 죄 짓고 그로 인해서 눈을 빼고 손을 잘라야 할 때에도, 그렇게 빼내고 잘라내야 마땅함에도 하나님은 바로 예수 그리스도께서 십자가에 죽으신 그것을 보시고 "네가 당해야 할 것을 그리스도가 이 모든 것을 대신했다"하는 것입니다. 바로 예수 그리스도께서 나를 대신해서 눈을 빼셨습니다. 바로 예수 그리스도께서 나를 대신해서 오른 손을 찍으셨습니다. 예수님이 이미 십자가로 이루셨습니다. 이것이 복음입니다.

> 요한일서 5:12 아들이 있는 자에게는 생명이 있고 하나님의 아들이 없는 자에게는 생명이 없느니라.

아니 그러면 거듭난 이후에는 마음대로 해도 된다는 것입니까? 결코 그렇지 않습니다.

둘째, 예수님이 산상수훈에서 하신 말씀은 제자들, 바로 이미 예수 믿고 있는 사람들을 대상으로 하고 있습니다. 신앙이 무엇인가요? 거듭남,

구원은 신앙의 문을 이제 막 통과한 시작에 불과합니다. 그러한 하나님의 자녀들에게 앞으로 어떤 방향으로 살아야 할 것인가를 말씀하신 것이 산상수훈입니다. 예수님은 당시까지 잘못 알고 지키고 있던 율법에 대해서 외형뿐만 아니라 율법의 중심을 알려주시면서 그리스도의 장성한 분량의 신앙으로 나아갈 것을 말씀하고 계신 것입니다.

이렇듯 산상수훈은 우리에게 두려움을 주는 말씀이 아니라 도리어 우리의 부족하고 할 수 없는 것을 주께서 십자가 보혈로 담당하셨으니 담대히 성화의 귀한 길을 달려가라는 것입니다. 산상수훈은 크리스천이라면 마땅히 피워야 할 꽃에 대한 말씀이요 열매에 대한 말씀입니다. 산상수훈은 크리스천에게 주시는 참으로 귀한 거룩의 말씀인 것입니다.

■ 산상수훈에 나오는 말씀 중에 고민 되는 말씀이 하나 더 있습니다

마태복음 7:21-23 ²¹나더러 주여 주여 하는 자마다 다 천국에 들어갈 것이 아니요 다만 하늘에 계신 내 아버지의 뜻대로 행하는 자라야 들어가리라 ²²그 날에 많은 사람이 나더러 이르되 주여 주여 우리가 주의 이름으로 선지자 노릇 하며 주의 이름으로 귀신을 쫓아 내며 주의 이름으로 많은 권능을 행하지 아니하였나이까 하리니 ²³그때에 내가 그들에게 밝히 말하되 내가 너희를 도무지 알지 못하니 불법을 행하는 자들아 내게서 떠나가라 하리라.

성경을 해석할 때의 가장 기본이 되는 원칙이 있는데 그것은 점점 범위를 넓혀서 바라보는 것입니다. 단어에서 구절로, 장으로, 권으로 넓은 시각에서 바라보고 해석하는 것이 기본입니다. 위의 구절만을 놓고 본다면 예수님이 말씀하신 의도를 정확히 알기가 힘들고 수많은 오류를 낳게 됩

니다. 그러나 조금만 범위를 넓혀서 본다면 쉽게 이해할 수 있는 내용입니다. 마태복음 7:15부터 시작되는 말씀을 통해 예수님이 전하시고자 하는 의도는 분명합니다.

마태복음 7:15-20 [15]거짓 선지자들을 삼가라 양의 옷을 입고 너희에게 나아오나 속에는 노략질하는 이리라 [16]그들의 열매로 그들을 알지니 가시나무에서 포도를, 또는 엉겅퀴에서 무화과를 따겠느냐 [17]이와 같이 좋은 나무마다 아름다운 열매를 맺고 못된 나무가 나쁜 열매를 맺나니 [18]좋은 나무가 나쁜 열매를 맺을 수 없고 못된 나무가 아름다운 열매를 맺을 수 없느니라 [19]아름다운 열매를 맺지 아니하는 나무마다 찍혀 불에 던져지느니라 [20]이러므로 그들의 열매로 그들을 알리라.

예수님은 하나님의 자녀에게 거짓 선지자들에 대한 주의와 관련된 귀한 당부의 말씀을 하고 계십니다. 참 선지자, 즉 거듭난 하나님의 자녀이며 동시에 주님의 일에 쓰임 받는 목자가 아닌, 거듭나지도 않았을 뿐더러 택정된 백성도 아닌 거짓 목자들을 조심하라는 내용입니다.

일부에서는 위의 해석과 관련해서 15-20절까지를 거짓 선지자들에 대한 경계의 말씀으로 보고, 이후 21절부터는 행함이 있는 믿음에 대한 말씀으로 나누기도 하지만, 21절 이후의 말씀도 15절부터 이어지는 거짓 선지자들을 조심하라는 말씀임이 분명합니다. 왜냐하면 22절에 "…우리가 주의 이름으로 선지자 노릇 하며…" 라고 자신의 신분을 분명히 밝히고 있기 때문입니다. 거짓 선지자들과 참 선지자들에 관해서 15절 이하에서 예수님은 반드시 좋은 나무가 아름다운 열매를 맺고, 못된 나무가 나쁜 열매를 맺는다고 말씀을 하십니다. 그러면서 그 열매를 보면 나무를 알 수 있다고 말씀을 하십니다. 이어서 21절에 "주여 주여 하는 자마다 다 천국에 들어가는 것이 아니라 하나님의 뜻대로 행하는 자가 들어가리라"고 말씀합니다.

주의 뜻대로 행하는 '선한 열매'를 맺은 나무는 어떤 나무입니까? 당연히 '좋은 나무'입니다. 그런데 22절에서 선지자 노릇했던 많은 거짓 선지자들이 주께 그럽니다. "그 날에 많은 사람이 나더러 이르되 주여 주여 우리가 주의 이름으로 선지자 노릇 하며 주의 이름으로 귀신을 쫓아 내며 주의 이름으로 많은 권능을 행하지 아니하였나이까 하리니" 이러한 거짓 선지자들의 주장에 이어서 예수님은 "…내가 너희를 도무지 알지 못하니 불법을 행하는 자들아 내게서 떠나가라 하리라"고 말씀을 하십니다. 주님이 알지 못하는 자들, 불법을 행하는 자들은 이러한 '나쁜 열매'를 맺었던 '못된 나무들'인 것입니다. 위의 22절에서 거짓 선지자들은 주의 이름으로 선지자 노릇했던 자들입니다. 이들이 주의 이름으로 귀신을 쫓아내고 행한 많은 권능들은 무엇일까요? 주의 이름으로 선지자 노릇했던 이들이 바르게 주의 이름을 사용했을까요? 실질적으로는 주의 이름으로 자신의 배를 불리고 자신의 이름을 높이는 데 사탄의 도구로 쓰임 받았을 뿐입니다. 이러한 자들이 주의 이름으로 귀신을 쫓아내고 많은 권능을 행했을까요? 이들은 단지 선지자 노릇을 했듯이 주의 이름을 빙자해서 귀신을 쫓아내고 거짓권능을 행했음은 자명한 것입니다. 사도행전 19:13-14에 보면 아래의 내용이 나옵니다.

> 사도행전 19:13-14 ¹³이에 돌아다니며 마술하는 어떤 유대인들이 시험삼아(망령되이) 악귀 들린 자들에게 주 예수의 이름을 불러 말하되 내가 바울이 전파하는 예수를 의지하여 너희에게 명하노라 하더라 ¹⁴유대의 한 제사장 스게와의 일곱 아들도 이 일을 행하더니.

이렇게 마술하는 유대인들이나 스게와의 일곱 아들처럼 망령되이 예수의 이름을 빙자했던 자들이 또한 거짓 선지자들인 것입니다. 못된 나무는 나쁜 열매를 맺을 수밖에 없습니다. 그런데 말씀의 내용에서 거짓 선지자들과 관련하여 참으로 흥미로운 점을 발견하게 됩니다.

> 마태복음 7:22 그 날에 많은 사람이 나더러 이르되 주여 주여 우리가 주의 이름으로 선지자 노릇 하며 주의 이름으로 귀신을 쫓아 내며 주의 이름으로 많은 권능을 행하지 아니하였나이까 하리니.

"그날" 주님의 심판의 날에 많은 거짓 선지자들이 심판을 받게 되는 것을 보게 되는데, 이들이 당당히 하는 말 속에서 그들의 현주소를 읽을 수 있습니다.

우리가 흔히 대비해서 말하는 교인과 성도의 차이가 무엇일까요? 다시 말해서 종교인과 크리스천의 차이가 무엇일까요? 거듭나지 못한 종교인들도 열심을 낼 수 있습니다. 거짓 선지자들은 거짓 능력, 거짓 은사, 귀신의 방언 등을 행하면서도 때로는 그것이 잘못된 것인 줄 전혀 모른다는 사실입니다. 아니 전혀 이해를 못한다는 것입니다. 왜냐하면 이들은 거듭나지 못한 관계로 성령에 의한 역사와 참된 능력을 이해하지 못합니다. 사탄에 의한 거짓된 은사와 능력을 행하고도 그것을 당당히 자신들이 한 일로 판단하라고 요구합니다. "내가 이 정도로 일을 많이 했는데 왜 구원을 못 받습니까?" 당당히 주장합니다.

거듭남을 경험하지 못한 이들은 거듭난 사람들이 주님의 심판대에서 구원에 대한 크신 은혜와 사랑 앞에 감히 고개도 들지 못하는 그 마음을 전혀 알 길이 없습니다. 알고 싶어도 영원히 알 수 없을 것입니다. 거짓 선지자들은 자신들이 한 헛된 일로 교만했을 것이고 자신들을 높였을 것입니다. '선지자 노릇'하는 것이 마치 세상의 직장에서 직위가 높아지고 사장의 자리에 오르는 것이 최종 목적이요 큰 성공이듯이 '선지자 노릇' 하는 것 자체를 큰 영광으로 착각을 했습니다.

산상수훈에서 예수님은 신앙의 나아가야 할 방향을 제시하시고 있습니다. 그것은 거룩케 그리스도의 수준에 이르기 위해 나아가는 것입니다. 거짓 선지자, 이들은 거듭난 하나님 자녀들의 신앙의 길을 혼란케 하고 다른 방향을 제시하고 다른 목적을 품게 했을 뿐만 아니라 이들의 생각 중심은 항상 "'내가' 능력을 행했고, '내가' 기적을 나타냈는데, '내가' 큰 일을 하고 있는데…." 오직 자신의 영광을 드러낼 뿐입니다. 이에 대한 아래 유다서의 말씀을 보겠습니다.

> 유다서 1:11-16 ^{11}화 있을진저 이 사람들이여, 가인의 길에 행하였으며 삯을 위하여 발람의 어그러진 길로 몰려 갔으며 고라의 패역을 따라 멸망을 받았도다 ^{12}그들은 기탄 없이 너희와 함께 먹으니 너희의 애찬에 암초요 자기 몸만 기르는 목자요 바람에 불려가는 물 없는 구름이요 죽고 또 죽어 뿌리까지 뽑힌 열매 없는 가을 나무요 ^{13}자기 수치의 거품을 뿜는 바다의 거친 물결이요 영원히 예비된 캄캄한 흑암으로 돌아갈 유리하는 별들이라 ^{16}이 사람들은 원망하는 자며 불만을 토하는 자며 그 정욕대로 행하는 자라 그 입으로 자랑하는 말을 하며 이익을 위하여 아첨하느니라.

이들은 거듭난 하나님의 자녀가 아니기 때문에 하나님께 영광을 돌릴 줄도 모르며 돌릴 수도 없습니다. 오히려 이들은 교회를 혼란케 하면서 오직 사탄의 도구로 쓰임 받을 뿐인 것입니다.

반면에 참 선지자들은 어떻습니까? 예수님 이름의 권세와 능력을 통해서 주님의 크신 일을 이루는 데 도구로 사용해 주신 것에 감사하면서도 혹여나 이 일로 인해서 교만이나 자신의 의가 드러날까 주 앞에 항상 엎드릴 수밖에 없습니다. 그리고 부족한 자신을 목자로 사용해 주심에 감사할 수밖에 없습니다. 항상 "주님이 하셨습니다. 주님이 이루셨습니다. 주님께 영광 돌립니다"하고 주님만을 높이게 됩니다.

> 마태복음 7:21 나더러 주여 주여 하는 자마다 다 천국에 들어갈 것이 아니요 다만 하늘에 계신 내 아버지의 뜻대로 행하는 자라야 들어가리라.

거듭난 하나님의 자녀들은 반드시 하나님의 뜻대로 행할 수밖에 없습니다. 그들 안에 성령이 거하시고 그 성령께서 하나님의 뜻대로 살지 않는 이들에게 쉼 없이 회개할 마음을 주십니다. 그리고 하나님의 뜻대로 행하는 이들에게는 기쁨과 감격을 주셔서 더욱 행하게 하시기 때문입니다. 거듭난 하나님의 자녀는 결코 중도에 버림받을 수 없으며 거짓 선지자들은 처음부터 택정된 하나님의 자녀들이 아닌 것입니다.

2. 누구든지 예수님을 믿으면 구원을 받는 것이 아닌가?

이 책을 읽으면서 한편으로 계속된 고민과 의문을 가지고 있는 사람이 있을 것입니다. 내용이 한편으로는 인정이 되면서도 대치되는 것 같은 말씀들이 떠오르기 때문입니다. 꼭 예정된 사람만 구원을 받게 되는가? 하나님은 사랑의 하나님이신데 아래의 말씀을 어떻게 설명하겠는가? 이렇게 의문을 제기할 분이 있을 것입니다.

요한복음 3:16 하나님이 세상을 이처럼 사랑하사 독생자를 주셨으니 이는 그를 믿는 자마다 멸망하지 않고 영생을 얻게 하려 하심이라.

예수님이 분명히 하신 말씀 아닌가요? 사랑의 하나님이 독생자 예수 그리스도를 믿는 자마다 멸망치 않고 영원한 생명을 얻는다고 분명히 말씀을 하지 않았나요?

요한일서 4:15 누구든지 예수를 하나님의 아들이라 시인하면 하나님이 그의 안에 거하시고 그도 하나님 안에 거하느니라.

사도행전 16:31 이르되 주 예수를 믿으라 그리하면 너와 네 집이 구원을 받으리라 하고.

누구든지 예수님을 믿기만 하면 하나님의 자녀가 되는 것이 아닌가요? 정답은 맞는 말이면서 또 틀린 말도 됩니다. 분명 하나님은 자신의 형상대로 창조한 모든 인간들을 사랑합니다. 그리고 예수 그리스도의 십자가 사건은 모든 인류를 구원하기 위한 온 우주의 중심사건입니다. 그런데 우리는 매우 중요한 한 가지를 알아야 합니다. 누구든지 분명 예수님을 믿으면 구원을 받습니다. 그래서 주님은 온 천하에 다니며 복음을 전하라고 말씀하셨습니다. 그런데 분명한 것은 아래의 말씀처럼 영생을 주시기로 작정된 사람만이 결국에는 믿는다는 사실입니다.

사도행전 13:48 …영생을 주시기로 작정된 자는 다 믿더라.

그렇다면 이것이 의미하는 바가 무엇일까요? 예를 하나 들겠습니다. 어떤 사람이 한 번도 가보지 못했던 친척집을 한 번 방문하기로 하였습니다. 이야기를 들으니 친척이 사는 곳이 부산이라고 합니다. "아! 부산에 살고 있구나! 그곳에 가면 되겠네!"라며 출발하여 부산역에 도착 합니다. 그리고 친척집에 전화를 겁니다. "제가 지금 막 부산역에 도착을 했습니다. 이제 어디로 가면 되나요?" 이 사람이 부산에 있는 친척에게 왔지만 좀 더 구체적인 위치를 알아야 정확하게 찾아갈 수 있습니다. 이 친척이 사는 곳이 부산이라고 해도 맞는 말입니다. 하지만 정확히 사는 곳은 부산 안의 특정한 곳입니다.

누구든지 예수님을 믿으면 구원을 받는다는 말씀은 분명 맞습니다. 틀린 것이 아닙니다. 그러나 하나님은 모두가 구원을 받기를 원하시지만 특별히 은혜를 베풀어 준 사람들만이 믿게 되고 구원이 임한다는 사실입니다. 어떤 이들은 그래도 강하게 이렇게 주장합니다. "사랑의 하나님이 어찌 구원받을 사람을 미리 예정한단 말인가? 예정에 포함되지 않은 사람은 지옥인데…." 따라서 이들은 의문을 제기합니다. "예정을 주장하는 사람들은 사랑의 하나님을 모독하는 것이 아닌가? 사랑으로 이 땅에 예수 그리스도를 보내 주셨으니, 복음을 듣고 믿고 안 믿고는 사람들 자신의 자유의지에 달린 것이지, 하나님이 예정해서 구원 받을 사람과 버림 받을 사람을 미리 정한다는 것이 말이 되는가?" 이렇게 강하게 부정하는 것을 보게 됩니다. 왜냐하면 사랑의 하나님이기 때문입니다. 이러한 견해가 타당해 보입니까?

그런데 이 주장은 사실 자기모순에 빠져있습니다. 왜냐하면 복음을 듣고 믿고 안 믿는 것이 사람의 자유의지에 달린 것이고, 모든 사람이 구원받는 것이 하나님의 뜻이라면 기본적으로 어느 시대 어느 지역에 살던지 복음을 최소한 한 번은 들을 기회가 주어져야 합니다. 천 년 전에 아프리카의 오지에 살다가 단 한 번도 예수란 말도 못 듣고 죽은 사람이 지옥을

갔다면 사랑의 형평성이 틀린 것이 됩니다. 이 사람은 자신의 자유의지로 지옥을 간 것이 아니기 때문입니다. 복음을 듣고도 자유의지대로 지옥에 간 사람과는 형평성에 맞지 않습니다. 이것은 위의 주장을 펼치는 이들의 논리에 어긋나는 것입니다. 지금까지의 인류 역사에서 수많은 사람들이 복음을 전혀 들어보지도 못한 채 그렇게 지옥에 갔습니다.

하나님의 말씀은 예정을 분명 나타내고 있습니다. 주께서는 온 천하에 다니면서 만민에게 복음을 전하라고 하셨습니다. 그리고 믿는 자는 구원을 받으리라고 말씀하셨습니다.

> 마가복음 16:15-16 [15]또 이르시되 너희는 온 천하에 다니며 만민에게 복음을 전파하라 [16]믿고 세례를 받는 사람은 구원을 얻을 것이요 믿지 않는 사람은 정죄를 받으리라.

천하의 모든 사람에게 복음을 전하는 것을 우리는 '전도'라고 말합니다. 그런데 이것을 신학적인 용어로 '외적 소명'이라고 합니다. 모든 하나님의 자녀들은 때를 얻든지 못 얻든지 쉼 없이 모든 이들에게 복음을 전해야 합니다. 왜냐하면 그것은 주님의 명령이기 때문입니다. 크리스천들이라면 복음증거는 너무나 당연한 것입니다. 이렇게 외적으로 하나님은 이 세상의 모든 사람을 전도를 통해서 부르고 계십니다. 하나님께 무한한 사랑을 받은 크리스천으로서 전도는 당연한 일입니다. 그것은 예수님의 명령인 이웃 사랑을 실천하는 그 자체이기 때문입니다.

그런데 중요한 점은 그렇게 복음을 전했을 때, 어떤 사람은 회개하며 하나님께 나아오지만, 어떤 이들은 무시하거나 오히려 핍박을 하면서 예수님을 끝까지 부인하고 대적합니다.

왜 이런 차이가 발생합니까? 그것은 바로 '내적 소명'의 차이 때문입니다. 하나님에 대해 들었을 때 창세 전에 택정된 자들은 하나님이 '은혜'를 베푸시고 '내적으로 부르신다'는 것입니다. 이렇게 은혜로 구원의 선물을 받은 이들만이 믿게 됩니다.

하나님은 '전도'를 통해 천하 만민에게 복음을 전하십니다. 이것이 '외적 소명'입니다. 그러나 구원은 하나님의 은혜로 '내적 소명'을 받은 이들만이 믿고 구원을 받습니다. 만약에 택정 받지 않은 사람이 '외적 소명'인 전도를 통해 회개하고 믿는다면 분명 구원을 받을 수 있습니다. 분명 자신의 자유의지로 믿으면 구원을 받습니다.

그런데 그렇게 되지 못하는 중요한 이유가 있습니다. 바로 죄로 물든 인간은 자신의 의지만으로 은혜 가운데 나오지 못한다는 사실입니다. 바로 이것이 결정적으로 타락한 인간의 문제요 한계입니다.

요한계시록 9:20-21 [20]이 재앙에 죽지 않고 남은 사람들은 손으로 행한 일을 회개하지 아니하고 오히려 여러 귀신과 또는 보거나 듣거나 다니거나 하지 못하는 금, 은, 동과 목석의 우상에게 절하고 [21]또 그 살인과 복술과 음행과 도둑질을 회개하지 아니하더라.

위의 요한계시록의 말씀처럼 아무리 큰 재앙이 와도 택정 받지 않은 자들은 끝까지 회개를 하지 않고 오히려 이 세상의 우상을 붙들고 그것에게로 나아가고 맙니다.

■ 예수님의 혼인잔치 비유

다시 한 번 예수님이 비유를 통하여 하신 아래의 말씀을 통해 누가 구원을 받게 되는지 알아보고자 합니다.

마태복음 22:1-14 ¹예수께서 다시 비유로 대답하여 이르시되 ²천국은 마치 자기 아들을 위하여 혼인 잔치를 베푼 어떤 임금과 같으니 ³그 종들을 보내어 그 청한 사람들을 혼인 잔치에 오라 하였더니 오기를 싫어하거늘 ⁴다시 다른 종들을 보내며 이르되 청한 사람들에게 이르기를 내가 오찬을 준비하되 나의 소와 살진 짐승을 잡고 모든 것을 갖추었으니 혼인 잔치에 오소서 하라 하였더니 ⁵그들이 돌아보지도 않고 한 사람은 자기 밭으로 한 사람은 자기 사업하러 가고 ⁶그 남은 자들은 종들을 잡아 모욕하고 죽이니 ⁷임금이 노하여 군대를 보내어 그 살인한 자들을 진멸하고 그 동네를 불사르고 ⁸이에 종들에게 이르되 혼인 잔치는 준비되었으나 청한 사람들은 합당하지 아니하니 ⁹네거리 길에 가서 사람을 만나는 대로 혼인 잔치에 청하여 오라 한대 ¹⁰종들이 길에 나가 악한 자나 선한 자나 만나는 대로 모두 데려오니 혼인 잔치에 손님들이 가득한지라 ¹¹임금이 손님들을 보러 들어올새 거기서 예복을 입지 않은 한 사람을 보고 ¹²이르되 친구여 어찌하여 예복을 입지 않고 여기 들어왔느냐 하니 그가 아무 말도 못하거늘 ¹³임금이 사환들에게 말하되 그 손발을 묶어 바깥 어두운 데에 내던지라 거기서 슬피 울며 이를 갈게 되리라 하니라 ¹⁴청함을 받은 자는 많되 택함을 입은 자는 적으니라.

이 비유는 두 가지 측면에서 이해를 해야 합니다. 첫째, 당시 성전에 있던 대제사장들과 장로들에게 그들의 불신앙에 대해서 예수님이 책망을 하시는 것입니다. 바로 청함을 받은 너희들은 합당하지 않은 자들이라는 것입니다. 바로 예수님을 인정하고 믿지 않기 때문입니다. 그리고 '예복'이란 말에 주의를 기울일 필요가 있습니다. 특별히 회개와 예수 그리스도에 대한 믿음을 상징하는 '예복'을 강조함으로서 구원의 절대 기준이 회개와 믿음에 있음을 밝히고 있습니다.

둘째, 시대를 초월한 모든 이들에게 말씀하시는 것으로 누가 구원을 받게 되는가하는 것입니다. 주님은 그 종들을 통해서 유대인에게도 복음을 전하셨고 또 다른 모든 이들에게도 복음을 전해서 청했습니다. 14절의 말씀을 보면 결론적으로 그렇게 된 이유를 잘 설명해주고 있습니다.

마태복음 22:14 청함을 받은 자는 많되 택함을 입은 자는 적으니라.

여기서 말씀하는 '청함'은 예수 믿고 구원의 길로 나오라는 전도를 의미합니다. 그러나 결국 택함을 입게 되는 자는 글자 그대로 창세 전에 택함을 받은 자들이 구원을 받게 됨을 알 수 있습니다.

요한복음 6:65 또 이르시되 그러므로 전에 너희에게 말하기를 내 아버지께서 오게 하여 주지 아니하시면 누구든지 내게 올 수 없다 하였노라 하시니라.

하나님이 창세 전에 택정하신 자들은 예정된 때에 은혜를 베푸시고 부르십니다. 오직 이렇게 하나님이 부르시는 자만이 구원의 길로 나아오게 되는 것입니다.

3. 일평생 복음을 한 번도 듣지를 못하고 죄가 죄인 줄도 모르는 사람도 심판 받아야 하는가?

앞에서 전도를 왜 해야 하는지, 전도를 했을 때 누구는 믿게 되고 누구는 끝까지 부인하게 되는 이유를 알아봤습니다. 그런데 여기서 또 다른 의문이 생깁니다. 복음을 듣고도 믿지 않는 자는 복음을 듣기라도 했으니 심판대에서 할 말이 없을 것입니다. 그런데 일평생 살면서 하나님에 대해서 예수님에 대해서도 전혀 들어보지도 못하고 죄가 죄인 줄도 모르는 사람들은 어떻게 되는 것입니까?

"왜? 나에게는 복음을 한 번도 들을 기회조차 주지를 않았습니까? 죄가 죄인 줄도 모르는 사람에게 심판하시면 공의가 아니지 않습니까?" 이와 같은 물음에 하나님은 무엇이라고 답하실 것 같은가요? 과거 우리나라만을 놓고 보아도 고조선, 삼국, 고려, 조선시대에 살던 사람들은 어떻게 되는 것입니까? 우리들의 판단 기준으로는 분명 문제가 있는 것이 아닌가요? 이와 관련하여 하나님은 로마서를 통해서 이렇게 말씀합니다.

로마서 2:12-16 ¹²무릇 율법 없이 범죄한 자는 또한 율법 없이 망하고 무릇 율법이 있고 범죄한 자는 율법으로 말미암아 심판을 받으리라 ¹³하나님 앞에서는 율법을 듣는 자가 의인이 아니요 오직 율법을 행하는 자라야 의롭다 하심을 얻으리니 ¹⁴(율법 없는 이방인이 본성으로 율법의 일을 행할 때에는 이 사람은 율법이 없어도 자기가 자기에게 율법이 되나니 ¹⁵이런 이들은 그 양심이 증거가 되어 그 생각들이 서로 혹은 고발하며 혹은 변명하여 그 마음에 새긴 율법의 행위를 나타내느니라) ¹⁶곧 나의 복음에 이른 바와 같이 하나님이 예수 그리스도로 말미암아 사람들의 은밀한 것을 심판하시는 그 날이라.

하나님은 이스라엘 백성에게 모세를 통해 율법을 주셨습니다. 하나님이 법을 세우셨다는 의미는 법을 지키며 법대로 살라는 것입니다. 하나님은 자신의 백성이 정해진 법을 어기게 되면 그 법을 기준으로 해서 심판하겠다고 말씀하셨습니다.

에스겔 18:20-21 [20]범죄하는 그 영혼은 죽을지라 아들은 아버지의 죄악을 담당하지 아니할 것이요 아버지는 아들의 죄악을 담당하지 아니하리니 의인의 공의도 자기에게로 돌아가고 악인의 악도 자기에게로 돌아가리라 [21]그러나 악인이 만일 그가 행한 모든 죄에서 돌이켜 떠나 내 모든 율례를 지키고 정의와 공의를 행하면 반드시 살고 죽지 아니할 것이라.

그런데 하나님의 율법을 모르는 이방인에 대해서 성경은 무엇이라 하실까요? 비록 이방인에게 율법은 없지만 또한 율법을 모르지만, 양심이란 것이 있어서 자신이 짓고 있는 죄가 죄임을 스스로 안다는 것입니다. 비록 율법이 주어지지는 않았지만 스스로 죄에 대해서 느끼는 마음이 곧 율법이 된다는 것입니다. 이스라엘 백성은 율법을 지키지 못해서 심판을 받는 것이고, 이방인은 자신의 양심이 율법이 되어 끝내는 죗값을 해결 받지를 못하고 심판을 받게 되는 것입니다.

오직 예수 그리스도가 아니고서는 죄로부터 자유로울 수 없습니다. 이로 인해서 예수 그리스도가 하나님의 창세 전 계획의 중심이 되는 것입니다. 그리고 택정된 자로서 오직 은혜로 내적으로 부르심을 받은 자들만이 구원에 들어가게 됩니다.

위의 로마서 2:12-16의 말씀을 보면서 한 가지 중요한 점을 알 수 있습니다. 먼저 구원받은 하나님의 택정된 자녀가 없는 곳에는 구원받기로 예정된 자녀가 없다는 것입니다. 다시 말씀드려서 삼국시대와 고려시대에 예수님을 믿었던 사람이 없는 상태에서는 이후 믿어 구원받을 사람도 없다는 것입니다. 반대로 지금 하나님에 의해 구원 받은 자녀가 있는 곳이라면 그 주변에는 분명 택정된 자녀가 있다는 의미입니다. 이는 지금 우리 주변에 있는 수많은 십자가 불빛을 보면서 앞으로도 하나님께 나와야 할 자녀들이 얼마나 많을까를 유추해 볼 수 있습니다.

하나님의 심판대 앞에서 그 누구도 자신을 변론할 수 없습니다. 그 이유는 평생에 그리스도의 복음을 들어보지도 못했다고 해도 자신 스스로는 자신의 죄를 알고 부인할 수 없기 때문입니다.

4. 성경에 보여주신 영원한 크리스천을 얻기 위한 하나님의 계획

하나님의 창세 전 구원계획은 창세기로부터 요한계시록까지의 66권의 성경이 한 방향으로 묵묵히 증거하고 있는 사실입니다. 그럼에도 성경의 방대한 양(量)을 대하는 개인이 이를 파악하는 것은 좀처럼 쉬운 일이 아닙니다. 이는 마치 울창한 숲속을 들어가서 우리가 목적지를 찾아가는 것과 같습니다. 그런데 창세기에 보면 하나님의 전반적인 계획을 이해할 수 있는 내용이 있습니다.

야곱의 아들 요셉이 형들의 시기로 미디안 상인들에 팔려 애굽으로 가게 됩니다(창 37장). 바로의 친위대장 보디발의 종으로 있으면서 인정을 받지만 보디발 아내의 유혹이 있고 이를 뿌리치자 그녀의 간계로 감옥에 갇히고 맙니다(창 39장). 감옥에 있을 때 바로왕의 술 맡은 관원장의 복권될 꿈을 맞힌 것이 계기가 되어 술 맡은 관원장의 추천으로 바로왕의 꿈인 7년의 대풍년과 연이은 7년의 대흉년을 해석하게 되고 이러한 환란을 해결할 적임자인 애굽의 총리로 임명이 됩니다(창 40-41장). 이 후 요셉이 해석한 꿈대로 7년의 대풍년이 있고 이어서 대흉년이 애굽과 인근의 나라에 닥치게 됩니다. 야곱의 식솔에게도 흉년의 고통이 찾아오고 애굽으로 식량을 구하러 간 것이 계기가 되어 요셉과 그의 형제가 다시 만나게 됩니다(창 42-45장). 이 후 요셉은 그 형제들에게 아직 흉년이 5년이나 남았으니 야곱과 가족들을 데려와서 고센땅에 거할 것을 권합니다. 야곱을 태우러 온 수레를 보고 야곱은 요셉이 살아 있음을 믿고 힘을 얻게 됩니다. 그런데 막상 야곱이 가나안땅을 떠나 애굽으로 식솔들을 이끌고 가려 하자 두려움이 생겼습니다. 그것은 하나님이 자신의 할아버지 아브라함을 인도하여 가나안땅으로 오게 하셨고 조부에게 주신 땅이기 때문입니다. 그 땅을 떠나는 것이 영 편치 않았습니다. 그런데 그때 하나님이 나타나셔서 야곱에게 말씀하십니다.

창세기 46:2-4 ²그 밤에 하나님이 이상 중에 이스라엘에게 나타나 이르시되 야곱아 야곱아 하시는지라 야곱이 이르되 내가 여기 있나이다 하매 ³하나님이 이르시되 나는 하나님이라 네 아버지의 하나님이니 애굽으로 내려가기를 두려워하지 말라 내가 거기서 너로 큰 민족을 이루게 하리라 ⁴내가 너와 함께 애굽으로 내려가겠고 반드시 너를 인도하여 다시 올라올 것이며 요셉이 그의 손으로 네 눈을 감기리라 하셨더라.

하나님이 하신 위의 말씀을 들은 야곱은 곧바로 애굽으로 출발을 하게 됩니다. 이후 애굽의 고센땅에 정착한 야곱의 식솔 70명은 점점 불어나 큰 수를 이룹니다. 그런데 이렇게 애굽에 살면서도 목축업을 가증스럽게 여기는 애굽인들(창 46:34) 때문에 하나님을 섬기는 이스라엘 민족과 애굽은 섞이지를 않고 따로 독립적으로 삶을 살게 됩니다. 그러한 과정에서 세월이 흐르고 요셉을 모르는 애굽의 왕은 큰 수효로 불어난 히브리인들을 두려워하여 박해하고 노예로 부리게 됩니다. 야곱이 애굽에 와서 정착한 지 430년이 흐른 후 하나님은 애굽에서 고통을 당하는 이스라엘 백성에게 모세를 보냅니다. 그리고 출애굽하여 다시 가나안땅으로 인도합니다.

우리는 출애굽에 대한 이야기를 많이 하고, 많이 듣습니다. 왜냐하면 출애굽은 중요하기 때문입니다. 광야생활을 거쳐 가나안으로 들어가는 이야기는 성경의 중요한 위치를 차지합니다. 이것이 뜻하는 영적 의미는 너무나도 중요합니다. 그러나 하나님의 창세 전 계획의 전 과정을 이해하기 위해서는 출애굽하기 전의 애굽생활과 애굽에 들어가기 전의 이스라엘 상황에 대해 살펴볼 필요가 있습니다.

앞서 살펴보았던 야곱 일가의 이야기는 하나님의 창세 전 계획의 전반적인 것을 잘 보여주고 있습니다. 야곱 일가는 원래 가나안에 살았습니다. 하지만 하나님은 야곱 일가를 애굽으로 이끕니다. 겉으로 보기에는 흉년 때문인 것 같지만 실상은 하나님이 야곱에게 말씀하신대로(창 46:3) 이스라엘의 큰 민족을 이루기 위해서입니다. 애굽에서 사는 동안에 이스라엘 민족의 수효는 늘어나 큰 민족을 이루게 되는데, 이러한 인구 증가는 애굽사람을 변화시켰다거나 애굽인과의 혼인으로 자손을 비약적으로 늘린 것이 아닙니다. 오히려 애굽은 늘어나는 이스라엘을 두려워하여 남자아이들을 죽이려 했습니다(출 1:22).

창세 전 하나님에 의해서 택정된 크리스천의 원래 본향은 애굽인 이 세상이 아닙니다. 크리스천들의 본향은 하나님이 거하시는 영적 가나안인 천국입니다. 왜냐하면 창세 전에 이미 택정하셨기 때문입니다. 그런 그들을 이 세상으로 다시 보내신 뜻은 출애굽시 이스라엘 백성을 어린 양의 피로 죽음에서 건지셨듯이 그리스도 보혈의 은혜를 입히시기 위함입니다.

원래부터 하나님의 구원계획에 속하지 않은 존재들이 있습니다. 이 땅 애굽의 왕인 마귀와 그의 군사들인 악한 영들, 애굽의 백성인 하나님께 택정되지 못한 불신 영혼입니다. 잠시 마귀와 택정되지 못한 불신자들에 대한 예수님의 말씀(요 8:44-47)을 보겠습니다.

44. 너희는 너희 아비 마귀에게서 났으니 너희 아비의 욕심대로 너희도 행하고자 하느니라 그는 처음부터 살인한 자요 진리가 그 속에 없으므로 진리에 서지 못하고 거짓을 말할 때마다 제 것으로 말하나니 이는 그가 거짓말쟁이요 거짓의 아비가 되었음이라
45. 내가 진리를 말하므로 너희가 나를 믿지 아니하는도다
46. 너희 중에 누가 나를 죄로 책잡겠느냐 내가 진리를 말하는데도 어찌하여 나를 믿지 아니하느냐
47. 하나님께 속한 자는 하나님의 말씀을 들나니 너희가 듣지 아니함은 하나님께 속하지 아니하였음이로다.

위의 47절 말씀처럼 하나님께 속하지 않은 원래부터 마귀의 자녀인 이들에게는 결코 하나님의 말씀이 들어가지를 않습니다. 오히려 자신의 아비 마귀의 뜻대로 크리스천을 핍박합니다.

그러나 이러한 핍박 속에서도 우리는 어떻습니까? 하나님으로 인해 항상 기뻐하며 소망을 갖습니다. 그 이유는 이 땅에서 마귀와 악한 권세의 박해가 쉼 없이 계속되지만 끝내 하나님은 모든 크리스천을 예수 그리스도를 통하여 이 땅에서 출애굽시킬 것이기 때문입니다. 다시금 가나안 땅으로 인도해 가실 것입니다. 이것은 온전한 하나님의 계획입니다.

영원한 크리스천들, 오직 하나님의 사랑으로 창세 전에 택정되고 그리스도의 은혜로 구원받은 이들, 그래서 하나님이 영을 보내주시고, "너는 내 것이라!" 인을 쳐주신 이들은 하나님의 웅장하고 거대한 계획의 소중한 열매입니다. 그리스도를 믿고 구원받은 그날부터 영원토록 변함없이 하나님께 '은혜의 영광의 찬송'을 올려드릴 것입니다.

　영원한 크리스천들, 크고 작은 체험의 차이는 있지만 그 중에 많은 분이 이런 간증을 합니다. 어느 날 갑자기 예배 중에 혹은 기도 중에 혹은 찬송 중에, 말씀을 보는 중에 지금껏 알지 못했던 내 죄가 얼마나 크고 무거운 지 그것이 느껴지는 순간, 그리스도의 십자가 사랑이 얼마나 귀한지 느꼈습니다. 이럴 때 어떤 이들은 하염없이 눈물을 흘리며 주께 감사하고, 기뻐하며 무엇이라 표현할 수없는 평안 속에서 행복해 합니다. 바로 영원한 크리스천들입니다.

Marvellous

and Immense Work of God,

Everlasting Christians

제3장

구원! 과거와 현재와 미래

1. 과거의 구원
2. 현재의 구원
3. 미래의 구원
4. 성경에 나타난 '과거와 현재와 미래의 구원'

이 책을 읽는 분이 만약 구원 받은 사람이라면 이 책의 마지막까지 다 읽고 나면 분명 나를 창세 전에 택정하시고 구원하신 주님 앞에 기도와 찬송으로 영광을 돌릴 것입니다.

앞서 창세 전에 예정된 자녀는 결코 중도에 버림을 받지 않는다는 것과 구원은 결코 내 의지와 노력의 결과로 주어지는 것도 아님을 말씀드렸습니다. 구원은 오로지 하나님이 주시는 은혜의 선물입니다.

에베소서 2:8 너희는 그 은혜에 의하여 믿음으로 말미암아 구원을 받았으니 이것은 너희에게서 난 것이 아니요 하나님의 선물이라.

위의 말씀에서 분명 하나님의 은혜에 의해서 믿음으로 구원을 받았다고 말씀합니다. 그럼에도 혼란스럽게 하는 많은 말씀들로 인해 아직도 고민이 있을 것입니다. 성경을 읽다보면 아래의 말씀을 읽을 수 있습니다.

빌립보서 2:12 그러므로 나의 사랑하는 자들아 너희가 나 있을 때뿐 아니라 더욱 지금 나 없을 때에도 항상 복종하여 두렵고 떨림으로 너희 구원을 이루라.

위의 말씀에서는 구원을 두렵고 떨림으로 이루라고 합니다.

로마서 13:11 또한 너희가 이 시기를 알거니와 자다가 깰 때가 벌써 되었으니 이는 이제 우리의 구원이 처음 믿을 때보다 가까웠음이라.

이 말씀에서는 처음 믿을 때보다 구원이 가까웠다고 말씀하고 있습니다. 회개하고 예수님을 구주로 믿으면 구원을 받은 것이 아닌가요? 두렵고 떨림으로 구원을 이루어야 된다니 무슨 말씀입니까? 믿을 때 구원을 받은 것이지 가까웠다니 이것은 무슨 의미인가요? 이제 이러한 의문을 정리할 것이고 더욱 하나님의 은혜에 감격하게 될 것입니다.

신앙생활을 하다보면 많은 믿는 사람을 만나게도 되고, 때로는 기독교 TV, 인터넷, 기독서적 등을 통해서 다음과 같이 말하는 것을 보고 듣게 됩니다.

> "천국 가려면 신앙생활 잘해야 됩니다. 지금 열심히 믿음으로 살고 있어야 합니다. 혹시 잘못하면 엄청난 불행을 당할 수도 있습니다. 불행이 무엇인지 알지요?"

이런 말을 한두 번은 들어보셨을 것입니다. 그럴 때 뭐라고 답변을 했는지요? 아니면 긴장하며 속으로 두려워 하기만 떨기만 했는지요?

회개하고 예수 믿은 사람은 구원을 받은 것인가? 아니면 현재 믿음으로 살고 있어야 구원을 받는 것인가? 그도 아니면 믿고는 있지만 앞으로 구원을 받을 것인가?

300여 년 전에 씌어져 지금도 우리의 신앙관을 바로 세우는 데 중요한 기준이 되고 있는『웨스트민스터 신앙고백서』에는 예수 믿는 것을 구원으로, 신앙이 성숙되는 과정을 성화로 분류를 하였습니다. 별도로 의롭게 되는 것이 무엇이고, 하나님이 양자 삼으시는 것과 성도의 견인, 구원의 확신이 무엇인지에 대해서 기록했습니다.

이후 세월이 흐르면서 구원에 대한 더욱 구체적인 기준들이 제시되었고 최근 수십 년간 보다 분명한 틀이 확립되었습니다. 구체적으로 말씀드리면 구원은 셋으로 나누어 볼 수 있는데, 이 세 부분을 제대로 이해하지 않으면 구원뿐만 아니라 성경 전체를 왜곡해서 이해하는 위험성도 있습니다.

먼저 '과거의 구원'이 있습니다. 이는 소명, 중생, 회심, 연합, 칭의, 양자 삼으심을 말합니다. 이 '과거의 구원'은 우리가 통상 말하는 회개하고 예수님 믿을 때 받은 구원(거듭남)입니다. 다음으로 '현재의 구원'이 있습니다. 성화, 성도의 견인, 구원의 확신을 말합니다. 이 '현재의 구원'은 이미 하나님의 영원한 자녀이지만 이 땅에 사는 동안 그리스도의 성품인 거룩성을 이루어 가는 과정으로 상(賞)이 주어지는 성화의 과정을 말합니다. 끝으로 '미래의 구원'이 있는데 이는 영화를 의미합니다.

회개하고 예수님을 믿었을 때 '과거의 구원'으로 죽어있던 영은 살아나서 영원한 생명을 이미 얻습니다.

그러나 사는 동안 육은 병들고 늙고 죽는 데서 자유롭지 못합니다. 그럼에도 하나님은 자신의 택한 자녀들이 이 세상을 사는 동안에 거룩하게 살기 원하고, 하나님이 기뻐하는 일을 하기를 원합니다. 구원 받은 이후 하나님의 자녀로 이 땅에 사는 동안에 하나님의 뜻대로 행하며 순종하고 살 때 상급과 각종 고난 등으로부터 구원을 받고 건강한 신앙생활을 하게 됩니다. 이것이 '현재의 구원'이며 성화라고 합니다.

예수 그리스도의 재림으로 영과 함께 육이 신령한 몸으로 변화되어 썩지 않을 것으로 완성 되는데 그때 하나님의 자녀는 완전한 구원의 단계에 들어갑니다. 이것이 '미래의 구원'이며 영화라고 합니다.

1. 과거의 구원

창세 전에 택정된 하나님의 자녀는 정해진 때에 반드시 구원의 길로 인도를 받습니다. 그래서 예수님의 한 지체로 교회의 구성원이 됩니다. 어떤 한 명의 택정된 사람이 구원을 받아 하나님의 자녀가 되기까지를 살펴보겠습니다.

이 사람은 하나님의 계획된 시대, 나라, 예정된 가정에 태어나 자랍니다. 이후 외적으로 복음을 듣게 되는데 직접적으로 누군가에게 복음을 전해 듣던지, 신앙서적, 전도지, TV 등 다양한 방법으로 복음에 대해 접하게 됩니다. 혹은 신앙의 가정에서 태어나 자연스럽게 복음을 접할 수도 있습니다. 이러한 외적(外的)인 전도는 택정된 사람이든 그렇지 않은 사람이든 모든 사람들에게 전해집니다.

그런데 어떤 사람은 이러한 전도에 대해서 반응을 보이고 어떤 사람은 무시하든지 끝까지 부정을 합니다. 그중에 예수님을 믿는 경우는 바로 택정된 사람입니다. 이 사람에게는 내적(內的)으로 그 마음에 믿을 수 있도록 하나님이 은혜를 베푸시기 때문입니다. 하나님의 은혜를 받은 이 사람은 반드시 하나님 앞으로 나오게 됩니다.

물론 부르시는 과정이 사람에 따라서 수년에서 수십 년이 걸리기도 합니다. 질병의 고통을 통해서 부르기도 하고, 때로는 사업실패나 자녀, 부모문제 등을 통해서 부르기도 합니다. 어떤 사람은 특정종교에 심취한 후 참 진리에 갈급하다가 부르심을 받기도 하고 어느 경우에는 부르심이 그 사람의 생의 마지막 순간일 때에 이루어지기도 합니다.

이러한 부르심으로 이제는 영원히 죄로 인한 영벌의 심판은 떠나게 되고 하나님의 성령께서 내주하게 되며, 이 사람은 이제 새롭게 태어난 거듭난 하나님의 자녀가 되는 것입니다. 이제부터 이 사람은 구원받은 사람, 영생이 보장된 사람, 하나님의 자녀, 영원한 크리스천이 되었습니다.

로마서 8:39 높음이나 깊음이나 다른 어떤 피조물이라도 우리를 우리 주 그리스도 예수 안에 있는 하나님의 사랑에서 끊을 수 없으리라.

창세로부터 택정되어 예수 그리스도로 말미암아 구원받은 이 사람은 이제는 결코 그 무엇으로도 하나님으로부터 떼어낼 수 없습니다. 다시 한 번 강조하지만 이 사람은 창세 전에 이미 하나님의 자녀로 예정된 사람이기 때문입니다.

사도행전 13:48 …영생을 주시기로 작정된 자는 다 믿더라.

이것이 바로 '과거의 구원'입니다.

1) 거듭남(중생)과 구원

'과거의 구원'에서 우리가 제대로 이해하고 있어야 할 것이 거듭남(중생)의 의미입니다. 보통 너무나 많이 듣고 다루는 내용이지만 이것을 바로 이해해야 성경 전체를 정확히 볼 수 있고 쉽게 하나님의 뜻을 알게 됩니다. 거듭남과 관련된 말씀은 요한복음 3장에서 예수님과 니고데모의 대화에서 잘 설명되고 있습니다.

우리가 예수님을 믿으면 거듭난다고 말합니다. 그리고 그런 사람을 크리스천이라 부릅니다. 예수님은 니고데모에게 사람이 거듭나지 아니하면 하나님의 나라를 볼 수 없다고 말씀하셨습니다.

> 요한복음 3:3 예수께서 대답하여 이르시되 진실로 진실로 네게 이르노니 사람이 거듭나지 아니하면 하나님의 나라를 볼 수 없느니라.

여기서 '거듭난다'는 의미를 우리는 잘 알고 있습니다. 예수님을 믿음으로 다시 태어난다는 것입니다. 그런데 '거듭난다'는 뜻에는 중요한 의미 한 가지가 내포되어 있습니다. '거듭나다'에서 '거듭'은 헬라어로 ἄνωθεν(아노덴)인데 뜻이 '다시'란 의미와 함께 '위에서부터'란 뜻도 지니고 있습니다. 이것은 중요한 의미를 내포합니다. 거듭나서 구원을 받게 되는 것은 자신에 의한 것이 아닌, 하늘로부터 임해야 가능하다는 의미입니다. 이는 오직 하나님의 은혜로 믿어 구원을 받는다는 말씀과 일치합니다.

"거듭나야 하나님 나라에 들어간다"는 예수님의 말씀에 니고데모는 "모태에서 다시 나와야 하느냐"고 묻습니다. 이에 예수님은 "사람이 물과 성령으로 나지 아니하면 하나님의 나라에 들어갈 수 없다"고 답을 하십니다.

그런데 여기서 물과 성령의 의미는 무엇일까요? 요한복음 3:1-15의 예수님과 니고데모의 대화의 주제는 거듭남입니다. 즉 다시 태어나는 것, 두 번 태어나는 것에 관한 대화입니다. 이것을 견지하고 있으면 쉽게 풀리게 됩니다. 요한복음 3:4-7의 말씀을 한 번 보겠습니다.

> 4. 니고데모가 이르되 사람이 늙으면 어떻게 날 수 있사옵나이까 두 번째 모태에 들어갔다가 날 수 있사옵나이까
> 5. 예수께서 대답하시되 진실로 진실로 네게 이르노니 사람이 물과 성령으로 나지 아니하면 하나님의 나라에 들어갈 수 없느니라
> 6. 육으로 난 것은 육이요 영으로 난 것은 영이니

7. 내가 네게 거듭나야 하겠다 하는 말을 놀랍게 여기지 말라.

니고데모는 두 번의 의미를 육신으로 두 번 태어나는 것으로 오해를 하였습니다. 이에 예수님은 물과 성령으로 태어나는 것이라고 답을 하십니다. 물은 육신으로 태어나는 것이고 이어서 두 번째는 성령으로 태어나야 한다는 뜻입니다. 사람은 뱃속에서 양수라는 물속에서 태어납니다. 양수가 터지고 아기가 태어나는 것은 마치 물속에서 태어나는 것과 같습니다. 예수님의 말씀에서도 그러한 흐름은 지속됩니다. 먼저 태어나는 것인 육으로 난 것은 육이고, 두 번째 태어나는 것은 영으로 나는 것이라고 재차 강조를 하십니다.

그런데 놀라운 것은 니고데모는 이스라엘의 지도자인 산헤드린의 공회원일 정도로 하나님에 대한 지식이 뛰어난 사람입니다. 그런 그에게 이렇게 예수님이 말씀을 하셔도 거듭나는 것을 전혀 이해하지 못한다는 사실입니다. 그래서 예수님은 다시금 예를 들어 설명을 하십니다.

요한복음 3:8 바람이 임의로 불매 네가 그 소리는 들어도 어디서 와서 어디로 가는지 알지 못하나니 성령으로 난 사람도 다 그러하니라.

예수님이 예로 든 위의 말씀이 무슨 뜻인가요? 지금 예수님과 니고데모의 대화의 주제는 거듭남에 대해서 계속 이야기를 하고 있습니다. 니고데모는 지금 육으로 난다는 의미는 알지만 두 번째로 태어나는 것인 성령으로 나는 것을 이해하지 못했습니다. 왜냐하면 육으로 나는 것은 눈으로 보아 알 수 있지만 성령으로 거듭나는 것은 눈에 보이지 않기 때문입니다. 예수님은 니고데모가 알 수 있는 이해의 한계를 아시고 말씀을 이어가십니다. 소리로 바람이 불고 있는 것은 알 수 있지만 눈에 보이지 않아서 어디로 부는지 모르듯이, 성령으로 거듭나는 것이 분명 있지만 네가 볼 수 없어 이해를 못할 뿐이라는 것입니다.

위의 말씀과 관련하여 일부 사람들은 오해를 합니다. 바람이 보이지 않고 어디서 어디로 부는지 모르듯이 자신은 성령을 받았기 때문에 성령께서 언제 어떻게 이끄실 줄을 모르며, 따라서 성령께서 인도하시는 데로 그때그때 행동하고 따른다는 것입니다.

그러나 위의 말씀은 전혀 그런 뜻이 아닙니다. 우리는 성경을 통해 성령께서 무엇을 원하시는지, 우리가 어떻게 하길 성령께서 바라시는지 정확히 알 수 있습니다. 이것을 잘 견지하지 못하면 심각한 신비주의로 빠지거나 하나님의 뜻과는 다른 곳에서 헤매게 되고 말 것입니다.

니고데모가 정확히 이해를 했는지는 모르지만 예수님은 니고데모에게 거듭남에 대해서 예를 들며 자세히 설명을 하셨습니다. 그런데 이후의 말씀의 내용으로 보아서는 니고데모가 이해를 못한 것 같습니다.

요한복음 3:9,12 [9]니고데모가 대답하여 이르되 어찌 그러한 일이 있을 수 있나이까…[12]내가 땅의 일을 말하여도 너희가 믿지 아니하거든 하물며 하늘의 일을 말하면 어떻게 믿겠느냐.

그런 이후 이렇게 중요한 거듭남과 관련해서 예수님은 어떻게 해야 거듭날 수 있는지 말씀합니다.

요한복음 3:13-15 [13]하늘에서 내려온 자 곧 인자 외에는 하늘에 올라간 자가 없느니라 [14]모세가 광야에서 뱀을 든 것 같이 인자도 들려야 하리니 [15]이는 그를 믿는 자마다 영생을 얻게 하려 하심이니라.

거듭나야 하나님의 나라에 들어 갈 수 있는데, 거듭나는 방법은 바로 십자가에 달리신 예수님을 믿는 것이라고 말씀을 합니다. 이스라엘 백성들은 광야에서 불뱀에 물려 죽게 되었을 때 모세가 장대에 매단 놋뱀을 단지 보기만 하면 살았습니다. 자신의 어떠한 노력이나 댓가에 의한 것이 아니었습니다. 그냥 보기만 하면 모두가 살았습니다. 이것은 진실로 내가 죽게 되었는데 예수님만 믿으면 산다는 것을 나타냅니다. '과거의 구원'은 예수님을 믿으면 받는 것입니다. 바로 예수님을 믿으면 거듭난다는 것입니다.

2) 교회를 이루는 여러 부류의 사람

그런데 여기서 한 가지 짚고 넘어가야 할 것이 있습니다. 교회에 나오는 모든 사람이 구원을 받은 사람이냐는 것입니다. 무조건 다 받지 못했다고도 할 수 없지만 그렇다고 다 구원을 받았다고도 할 수 없습니다. 개중에는 아직 구원을 향해 나가는 사람도 있을 것이고, 거듭나 구원받은 사람도 있을 것입니다. 어떤 이는 단순히 종교의 한 방편으로 교회를 다니는 사람도 있습니다. 그리고 어떤 사람은 택정된 하나님의 자녀가 아니지만 하나님의 계획을 이루기 위한 방편으로 마치 예수님을 팔았던 가룟 유다처럼 양이 아닌 염소의 역할을 하는 사람도 있을 것입니다.

염소 이야기에 갑자기 두려워지는 사람은 없습니까? 생각해 보니 내가 종교의 한 방편으로 다니는 것 같기도 하고, 혹시나 염소이면 어쩌나 알곡이 아닌 가라지면 어쩌나 하는 두려움이 있는 사람도 있는지요?

그러면 여기서 한 가지 확인하고 가야 할 것이 있습니다. 거듭난 사람은 자신이 거듭난 사실을 알 수 있을까요? 거듭남(중생)의 체험은 개인에 따라 매우 큰 차이를 보일 수 있습니다. 어떤 사람은 큰 체험 속에서 눈물, 콧물을 흘리며 회개하고 예수님을 믿게 되는 경우를 보게 됩니다. 그러나 어떤 사람은 회개하고 예수님을 믿게 되었지만 별다른 큰 기억이 없는 경우도 있습니다. 이 말은 어느 사람은 구원받았음을 강하게 확신하지만 어떤 사람은 때로는 불안하고 구원을 받아 거듭났는지에 대해서 의구심이 들 수도 있다는 것을 의미합니다. 그러면 모든 거듭난 하나님의 자녀들이 거듭났음을 알거나 느낄 수 있는 때는 언제일까요? 또 무엇으로 알 수 있을까요?

> 로마서 8:16 성령이 친히 우리의 영과 더불어 우리가 하나님의 자녀인 것을 증언하시나니.

이 물음에 대한 답은 '현재의 구원'에서 확실히 얻을 수 있습니다. 또한 하나님의 자녀들에게 주시는 상급의 기회도 '현재의 구원'에서 주어지게 됩니다.

2. 현재의 구원

앞에서 언급한 '과거의 구원'은 애굽에서 종살이하던 이스라엘 백성들이 홍해를 건넜던 것이나, 성막이나 성전의 문을 들어가는 것처럼 하나님의 자녀가 되는 극히 짧은 시간을 의미합니다. 그러나 '현재의 구원'은 일단 하나님의 자녀가 하나님이 부르시는 순간까지 이 땅에서 사는 생애를 말합니다. 그러니 당연히 하나님이 자신의 자녀가 된 크리스천에게 원하는 것도 많을 것입니다.

이제 막 태어난 자신의 자녀에게 먹이고 교육시키고 잘못한 것에는 회초리를 들면서까지 진정한 하나님의 아들, 딸로 만들어 갑니다. 그리고 이 과정에서 하나님을 기쁘게 하는 것에는 상을 주시고, 신앙생활을 해나가는 과정에서 크고 작은 체험을 하게 하는데, 이를 통해서 자신이 진정 구원을 받은 하나님의 자녀임을 확신케 하고, 하나님이 반드시 도우시며 선한 길로 인도해 가심을 자녀로 알게 합니다.

크리스천은 하나님의 자녀로서 살아가는 동안에 현재의 삶에서 일어나는 질병이나 각종 문제들과 환란 등으로부터 구원을 받기도 하고 연단을 받기도 하면서 하나님의 성품을 닮아가며 좋은 열매를 맺어가게 되는데, 이를 '성화의 과정' 또는 '현재의 구원'이라 합니다.

성경의 내용 중에는 하나님의 자녀로 부르시는 전도에 관한 내용도 있지만, 거의 대다수의 내용이 이미 하나님의 자녀가 된 크리스천이 어떻게 살며, 무엇을 추구하며, 어떻게 되어가야 하는지에 대한 내용이 있습니다. 또한 하나님의 자녀들이 삶 속에서 당하는 문제에 대해 구원하는 내용을 기록하고 있습니다.

1) 이미 받은 구원을 두렵게 하는 말씀들

'현재의 구원'과 관련된 성경의 구절들임에도 이미 받은 '과거의 구원'으로 혼돈을 주는 말씀이 있습니다. 그러나 그 의미를 제대로 분별하게 되면 우리의 신앙을 더욱 세워주는 귀한 말씀임을 알게 됩니다.

빌립보서 2:12 그러므로 나의 사랑하는 자들아 너희가 나 있을 때뿐 아니라 더욱 지금 나 없을 때에도 항상 복종하여 두렵고 떨림으로 너희 구원을 이루라.

디모데후서 4:7-8 ⁷나는 선한 싸움을 싸우고 나의 달려갈 길을 마치고 믿음을 지켰으니 ⁸이제 후로는 나를 위하여 의의 면류관이 예비 되었으므로 주 곧 의로우신 재판장이 그 날에 내게 주실 것이며 내게만 아니라 주의 나타나심을 사모하는 모든 자에게도니라.

위의 말씀을 보면 항상 복종하여 두렵고 떨림으로 구원을 이루고 있어야 하고, 믿음을 끝까지 지켜야 의의 면류관을 주실 것이라고 합니다. 이 말씀이 과연 그러한 의미일까요?

특별히 '현재의 구원'을 제대로 이해를 하지 못하게 되면 성경의 전반을 왜곡하게 되고 항상 두려움 속에서 구원의 길을 찾아 헤매게 됩니다. 그 결과 무엇이든 행위가 있어야 '구원받는 데 이상이 없겠지'라고 안도를 하게 됩니다. 이런 사람을 '행위 구원론자'라 칭합니다. 이것은 마치 구약시대에 혹시나 율법을 범할까봐 노심초사했던 유대민족을 보는 것과 같습니다.

■ 그러면 먼저 빌립보서 2:12의 의미는 무엇일까요?

빌립보서 2:12 그러므로 나의 사랑하는 자들아 너희가 나 있을 때뿐 아니라 더욱 지금 나 없을 때에도 항상 복종하여 두렵고 떨림으로 너희 구원을 이루라.

이 말씀이 두렵고 떨림으로 구원을 이루지 못하면 거듭난 이후에라도 구원에서 제외될 수 있다는 말씀일까요? 결코 그렇지 않습니다. 그러면 무엇일까요? 바로 뒤에 나오는 빌립보서 2:13을 보면 해답이 나옵니다.

빌립보서 2:13 너희 안에서 행하시는 이는 하나님이시니 자기의 기쁘신 뜻을 위하여 너희에게 소원을 두고 행하게 하시나니.

12-13절의 말씀을 보면 이런 의미입니다. 사도 바울은 빌립보 성도들에게 "…항상 복종하여 두렵고 떨림으로 너희 (현재의) 구원을 이루라"고 말씀하고 있는 것입니다. 말씀에서 강한 표현을 사용하고 있지만, 현재의 구원을 이루기 위해서는 순종과 노력과 충성이 반드시 요구되기 때문에 군대식 용어를 사용하고 있습니다. 그리고 사도 바울이 빌립보 성도들에게 명령조로 쓰고 있지만, 13절에서 보듯이 실질적으로 이제 하나님의 자녀가 된 성도들에게 하나님은 자신의 기쁘신 뜻인 '성화'를 이루기 위해서 소원을 두고 행하신다는 것입니다. 실질적으로는 성도들 안에 계신 성령께서 '현재의 구원'을 이루도록 이끄신다는 것입니다. 그래서 예수님도 말씀하시길 생명을 얻는 것뿐만이 아니라 더 풍성히 얻게 하시겠다고 말씀합니다.

요한복음 10:10 …내가 온 것은 양으로 생명을 얻게 하고 더 풍성히 얻게 하려는 것이라

이렇게 이미 구원을 받은 크리스천들에게 성령께서 행하시는 일의 과정을 '성화'라 하며, 이 일에 성도의 입장에서는 성령께서 일하시게 자신을 내어 드려야 하며 순종하는 삶으로 (현재의) 구원을 이루어가야 하는 것입니다.

거듭나기 전의 사람은 성령이 거하지 않습니다. 따라서 그가 일하는 모든 것에는 육체의 열매만이 주렁주렁 맺힙니다. 그러나 이제 거듭난 사람은 성령이 거하시고 성령이 일하시기 때문에 성령의 열매를 맺게 됩니다. 사람이 태어나서 계속해서 자라가듯이 거듭난 성도는 성령 안에서 계속 성장해 가야 합니다. 장성한 믿음으로 쓰임을 받을 때, 더욱 성화 되었을 때 큰 상급과 면류관을 기대할 수 있는 것입니다.

빌립보서 2:12-13 ¹²…항상 복종하여 두렵고 떨림으로 너희 구원을 이루라 ….

위의 말씀에 이어 15-16절에 보면 이렇게 말씀한 구체적인 이유와 함께 사도 바울의 개인적인 이유가 나오고 있다.

빌립보서 2:15-16 ¹⁵이는 너희가 흠이 없고 순전하여 어그러지고 거스르는 세대 가운데서 하나님의 흠 없는 자녀로 세상에서 그들 가운데 빛들로 나타내며 ¹⁶…그리스도의 날에 내가 자랑할 것이 있게 하려 함이라.

어그러지고 거스르는 이 세상 가운데서 크리스천들은 환히 비추는 빛과 같은 존재가 되어야 마땅합니다. 그리고 하나님의 영광을 드러내야 합니다. 사도 바울은 자신의 전도 열매요 가르쳤던 빌립보교회 성도들이 장성한 신앙인들이 되어 주기를 바라고 있습니다. 그래야 그리스도의 날(주의 재림)에 바울 자신이 칭찬과 상급을 받을 것이기 때문입니다.

"구원을 이루라"는 말씀의 의미가 현재의 구원인 성화를 이루라는 것이 분명해집니다. 이것은 어찌 보면 너무나 당연한 순서입니다. 이제 하나님의 자녀가 되었다면 하나님의 성품을 닮아가고, 예수 그리스도를 닮아가는 것은 당연한 것입니다. 이제는 하나님을 아빠 아버지라 부르는 하나님의 자녀가 되었기 때문입니다.

■ 다음으로 디모데후서 4:7-8의 말씀을 보면 이렇습니다

디모데후서 4:7-8 ⁷나는 선한 싸움을 싸우고 나의 달려갈 길을 마치고 믿음을 지켰으니 ⁸이제 후로는 나를 위하여 의의 면류관이 예비되었으므로 주 곧 의로우신 재판장이 그 날에 내게 주실 것이며 내게만 아니라 주의 나타나심을 사모하는 모든 자에게도니라.

위의 말씀을 읽고 어떤 생각이 듭니까? 믿음을 끝까지 지키지 않으면 무슨 엄청난 일을 당할 것인데 지켜서 너무나도 다행스럽다는 의미의 말씀인가요? 위의 말씀을 통해서 사도바울이 전하고자 하는 의미를 눈여겨 볼 필요가 있습니다. 이 말씀을 해석함에 있어 "믿음을 지켰으니"를 어떤 의미로 보느냐하는 것이 바른 해석의 관건입니다. 그런데 위의 말씀에서 "믿음을 지켰으니"를 생략해도 전혀 전하고자하는 의미에 지장을 주지 않습니다. 그렇게 해서 한 번 보겠습니다.

"선한 싸움을 싸우고 나의 달려갈 길을 마쳤으니 이제 후로는 나를 위하여 의의 면류관이 예비되었으므로……."

이렇게 생략을 했는데도 전혀 해석에 지장이 없다면 이것은 무엇을 의미하는 것이겠습니까? 그것은 "믿음을 지켰으니"의 의미에 대해서 한 번 짚어 볼 필요가 있다는 것입니다.

위의 말씀에 쓰인 '믿음'이란 말은 헬라어로 πίστις(피스티스)입니다. 그런데 헬라어로 '충성'이란 단어도 사전에 동일한 πίστις(피스티스)로 같게

기록되어 있습니다. 이 말은 '믿음'의 의미들을 다시금 주목케 합니다. 헬라어에서 '믿음'은 곧 '충성'이라는 의미와 동일하다는 것입니다. 누군가 믿음이 있다면 그 사람은 하나님께 반드시 충성하게 되어 있습니다. 그리고 누군가 하나님께 충성하고 있다면 그 사람은 분명 믿음이 있는 것입니다. 따라서 본문을 "선한 싸움을 싸우고 나의 달려갈 길을 마치고 충성을 했으니 이제 후로는 나를 위하여 의의 면류관이 예비되었으므로"라고 해석을 하면 더욱 의미가 선명해 질 것입니다.

크리스천의 삶은 선한 싸움의 연속이며 날마다 자신을 쳐서 복종을 해야 하고 주님이 부르시는 그날까지 오직 충성해야 합니다. 그러나 그것은 결코 쉽지 않습니다. 그래서 기도하고, 모이기에 힘쓰고, 말씀 붙들고 살아야 하고, 부르심의 상을 향해 뛰어가야 합니다. 그러한 우리의 모습을 하나님은 기뻐하시고 상급과 면류관을 풍성히 안겨주실 것입니다.

■ 히브리서를 보면 '과거의 구원'에 대한 확신을 혼동하게 하는 말씀이 있습니다

> 히브리서 3:12 형제들아 너희는 삼가 혹 너희 중에 누가 믿지 아니하는 악한 마음을 품고 살아 계신 하나님에게서 떨어질까 조심할 것이요.
>
> 히브리서 3:14 우리가 시작할 때에 확신한 것을 끝까지 견고히 잡고 있으면 그리스도와 함께 참여한 자가 되리라.
>
> 히브리서 4:1 그러므로 우리는 두려워할지니 그의 안식에 들어갈 약속이 남아 있을지라도 너희 중에는 혹 이르지 못할 자가 있을까 함이라.
>
> 히브리서 12:14 모든 사람과 더불어 화평함과 거룩함을 따르라 이것이 없이는 아무도 주를 보지 못하리라.

이러한 히브리서의 '과거의 구원'에 의구심을 품게 하는 많은 말씀과 관련해서 먼저 우리가 주의를 해야 할 것이 있습니다. 그것은 바로 하나님의 말씀인 성경은 반드시 전하고자 하는 주제와 방향과 의도가 항상 일정하다는 것입니다. 그런데 히브리서에서는 다를까요? 당연히 그렇지 않습니다. 위의 말씀들을 바로 이해하기 위해서는 히브리서가 어떻게 쓰여진 성경인가를 먼저 파악할 필요가 있습니다. 그것이 분명해지면 말씀이 쉽게 풀리게 될 것입니다.

히브리서의 저자는 미상이나 기록연대는 주후 60년대 중후반의 로마 네로황제의 박해 직후입니다. 히브리서는 원제목 '히브리인들에게'에서 알 수 있듯이 히브리인들을 대상으로 쓰여졌습니다. 히브리서의 대상이 되는 히브리인은 유대교를 믿다가 기독교로 개종한 유대인입니다. 그러면 왜 히브리서를 저술했을까요?

주후 1세기 중반 이후에는 기독교에 대한 박해가 심해지는 시기였습니다. 특히 유대교에서 개종한 그리스도인들은 동족인 유대인들과 로마 제국으로부터 양면의 핍박을 당하고 있었습니다. 그들 중에는 육체적인 고통뿐만 아니라 집과 재산도 약탈을 당하고 있었고 때로는 옥에 갇히고 심한 조롱도 당하였습니다.

> 히브리서 10:32-34 ³²전날에 너희가 빛을 받은 후에 고난의 큰 싸움을 견디어 낸 것을 생각하라 ³³혹은 비방과 환난으로써 사람에게 구경거리가 되고 혹은 이런 형편에 있는 자들과 사귀는 자가 되었으니 ³⁴너희가 갇힌 자를 동정하고 너희 소유를 빼앗기는 것도 기쁘게 당한 것은 더 낫고 영구한 소유가 있는 줄 앎이라.

이러한 고난 속에서도 많은 유대교 출신 그리스도인들은 기쁘게 믿음으로 역경을 이기고 있었습니다. 그러나 그 일부는 박해와 고난을 견디지 못하고 다시금 유대교로 돌아가려는 배교의 경향을 보이고 있었습니다(히 12:3-8).

우리가 아는 하나님의 마음은 어떤 것인가요? 예수님은 비유로 말씀하시길 한 마리의 양을 산에서 잃어버리면 길을 잃지 않은 아흔아홉 마리를 두고 길을 잃은 한 마리의 어린 양을 찾아 나선다고 하셨습니다. 그리고 찾으면 길을 잃지 않은 양들보다 더 기뻐하리라고 말씀하셨습니다(마 18:12-14).

그렇다면 지금 유대교 출신으로 믿음이 연약해서 흔들리고 있는 그리스도인들에게 하나님은 히브리서 기자를 통해서 무엇을 말씀하려 하십니까? 하나님은 히브리서 기자를 통해 신앙이 흔들리는 어린 믿음의 유대교 출신 그리스도인들을 향하여 유대교가 허상임을 강조합니다. 그리고 오직 인내와 믿음을 붙들고 내세에 받을 기업에 대한 소망을 가질 것을 애타는 마음으로 말씀하고 있는 것입니다.

이제 이러한 이해를 바탕으로 말씀을 다시 읽어보면 별 부담 없이 하나님이 히브리서 기자를 통해서 하고자 하는 마음의 간절함을 느낄 것입니다.

히브리서 3:12 형제들아 너희는 삼가 혹 너희 중에 누가 믿지 아니하는 악한 마음을 품고 살아 계신 하나님에게서 떨어질까 조심할 것이요.

히브리서 3:14 우리가 시작할 때에 확신한 것을 끝까지 견고히 잡고 있으면 그리스도와 함께 참여한 자가 되리라.

히브리서 4:1 그러므로 우리는 두려워할지니 그의 안식에 들어갈 약속이 남아 있을지라도 너희 중에는 혹 이르지 못할 자가 있을까 함이라.

히브리서 12:14 모든 사람과 더불어 화평함과 거룩함을 따르라 이것이 없이는 아무도 주를 보지 못하리라.

다시 읽으니 어떻습니까? 전에 읽었던 것과는 다르지요? 이와 관련된 내용을 조금 더 보겠습니다. 히브리서 5:12-6:12까지의 말씀을 보면 히브리서 기자의 기록한 의도대로 젖을 먹을 수준의 어린 신앙에서 자라서 단단한 음식을 먹을 수준의 장성한 신앙으로 나아갈 것을 말씀합니다. 그런데 우리를 당황케 하는 말씀들이 나오고 있습니다. 아래의 말씀을 직접 보겠습니다.

히브리서 5:12-14

12 때가 오래 되었으므로 너희가 마땅히 선생이 되었을 터인데 너희가 다시 하나님의 말씀의 초보에 대하여 누구에게서 가르침을 받아야 할 처지이니 단단한 음식은 못 먹고 젖이나 먹어야 할 자가 되었도다
13 이는 젖을 먹는 자마다 어린 아이니 의의 말씀을 경험하지 못한 자요
14 단단한 음식은 장성한 자의 것이니 그들은 지각을 사용함으로 연단을 받아 선악을 분별하는 자들이니라.

히브리서 6:1-12

1. 그러므로 우리가 그리스도의 도의 초보를 버리고 죽은 행실을 회개함과 하나님께 대한 신앙과
2. 세례들과 안수와 죽은 자의 부활과 영원한 심판에 관한 교훈의 터를 다시 닦지 말고 완전한 데로 나아갈지니라
3. 하나님이 허락하시면 우리가 이것을 하리라
4. 한 번 빛을 받고 하늘의 은사를 맛보고 성령에 참여한 바 되고
5. 하나님의 선한 말씀과 내세의 능력을 맛보고도
6. 타락한 자들은 다시 새롭게 하여 회개하게 할 수 없나니 이는 그들이

하나님의 아들을 다시 십자가에 못 박아 드러내 놓고 욕되게 함이라
7. 땅이 그 위에 자주 내리는 비를 흡수하여 밭 가는 자들이 쓰기에 합당한 채소를 내면 하나님께 복을 받고
8. 만일 가시와 엉겅퀴를 내면 버림을 당하고 저주함에 가까워 그 마지막은 불사름이 되리라
9. 사랑하는 자들아 우리가 이같이 말하나 너희에게는 이보다 더 좋은 것 곧 구원에 속한 것이 있음을 확신하노라
10. 하나님은 불의하지 아니하사 너희 행위와 그의 이름을 위하여 나타낸 사랑으로 이미 성도를 섬긴 것과 이제도 섬기고 있는 것을 잊어버리지 아니하시느니라
11. 우리가 간절히 원하는 것은 너희 각 사람이 동일한 부지런함을 나타내어 끝까지 소망의 풍성함에 이르러
12. 게으르지 아니하고 믿음과 오래 참음으로 말미암아 약속들을 기업으로 받는 자들을 본받는 자 되게 하려는 것이니라.

위의 말씀을 보면서 우리는 전혀 혼란스럽지 않아야 합니다. 만약에 부모에게 자녀가 있는데 위험한 행동을 하려 합니다. 너무 어려서 말을 해도 이해를 못할 때 그 부모는 어떻게 하겠습니까? 가장 손쉬운 방법은 겁을 주는 것입니다.

위의 말씀 중에서 색이 다른 부분인 히브리서 6:4-8은 삽입절입니다. 다시 말씀드려서 어린 신앙의 유대교 출신 성도들에게 겁을 주는 것입니다. 그렇게 정신을 바짝 차리게 해 놓고 나서 9절 이하에서 다시 다독이는 말씀을 하십니다. 너희는 하나님의 자녀요 구원의 자녀이니 믿음의 경주를 하라고 말씀하는 내용입니다.

그런데 한 가지 의문이 남습니다. 4-8절의 내용입니다. 겁을 주는 내용이긴 하지만 막 지어낸 내용 같지는 않습니다. 이 내용은 오해를 하면 매

우 혼돈을 주는 내용입니다. 이것은 잠시 접어 두었다가 이후 4장 성령훼방죄에서 자세하게 다루도록 하겠습니다. 히브리서 전체를 통해서 전하시려는 말씀은 아래를 통해서 집약할 수 있습니다.

> 히브리서 12:2 믿음의 주요 또 온전하게 하시는 이인 예수를 바라보자 그는 그 앞에 있는 기쁨을 위하여 십자가를 참으사 부끄러움을 개의치 아니하시더니 하나님 보좌 우편에 앉으셨느니라.

히브리서는 예수 믿다가도 버림받거나 중도에 탈락할 수도 있다는 것을 말씀하는 것이 아닙니다. 직접적으로는 당시의 유대교 출신 크리스천에 대한 말씀이며 또 모든 시대의 크리스천 가운데 아직 어린 신앙의 사람들에게 소망과 위로와 믿음으로 오직 주 예수를 붙들 것을 말씀하고 있습니다. 히브리서의 기록은 '현재의 구원'인 '성화의 과정'에서 고통당하는 하나님 자신의 자녀들을 안타까운 시선으로 바라보시는 사랑의 말씀인 것입니다.

2) 행함이 있는 믿음

지금까지 이 책을 읽어 오면서 내용에 동의를 표하는 분이라면 '행함이 있는 믿음'이 무엇을 의미하는지 감이 잡힐 것입니다.

'행함이 있는 믿음'이란 '과거의 구원'을 말하는 것이 아니며, 구원의 기준을 의미하는 것도 아닙니다. 야고보서에서는 '행함이 있는 믿음'에 대해서 말씀을 하는데, 이는 히브리서와 마찬가지로 '현재의 구원'에 대한 말씀입니다.

야고보서 2:14-17 ¹⁴내 형제들아 만일 사람이 믿음이 있노라 하고 행함이 없으면 무슨 유익이 있으리요 그 믿음이 능히 자기를 구원하겠느냐 ¹⁵만일 형제나 자매가 헐벗고 일용할 양식이 없는데 ¹⁶너희 중에 누구든지 그에게 이르되 평안히 가라, 덥게 하라, 배부르게 하라 하며 그 몸에 쓸 것을 주지 아니하면 무슨 유익이 있으리요 ¹⁷이와 같이 행함이 없는 믿음은 그 자체가 죽은 것이라.

위의 말씀을 해석할 때 이미 편향된 생각, 즉 구원받은 이후에도 구원에서 떨어질 수 있다는 생각을 전제로 이렇게 말하는 사람이 있습니다. "처음에는 믿음을 가지고 있는 사람이 이후에 행하지를 않습니다. 그것을 보고 지금 행함이 없는 것을 보니 이제 당신은 구원이 없습니다." 그러나 이러한 해석은 바른 각도에서 한 것이 아닙니다. 위의 말씀은 거듭난 하나님의 자녀라도 행함이 없으면 구원을 받지 못한다는 의미가 결코 아닙니다. 누군가 '행함이 없는 믿음'을 가졌다는 것은 위의 말씀처럼 당연히 죽은 것입니다. 왜냐하면 그는 아직 거듭난 크리스천이 아니기 때문입니다. 그래서 '행함이 있는 믿음'이 없는 것입니다.

이해가 되십니까? '행함이 있는 믿음'은 '현재의 구원'에 해당합니다. '현재의 구원'은 이미 '과거의 구원'이 있는 사람입니다. 바꾸어 말씀드리면 이것은 단순하면서도 중요한 한 가지 사실을 알려줍니다. '행함이 있는 믿음'이 있는 사람은 분명 이미 거듭난 크리스천이라는 것입니다.

그러면 이렇게 반문하는 사람이 있을 것입니다. '이미 거듭나서 행함이 있는 믿음이 있는데 왜 위의 말씀을 기록하셔서 행함이 없으면 죽은 것이니 행함을 가지라고 하는가?' 거듭나서 하나님의 자녀가 되었다고 그 순간부터 바로 하나님의 뜻과 마음을 다 알아서 축복된 신앙생활을 하는 것이 아닙니다. 이제 막 영으로 거듭난 아이일 뿐입니다. 지금부터는 하나님의 말씀을 통해서 배우고 실천하면서 그리스도의 장성한 분량에까지 자라가야 하는 것입니다.

에베소서 4:12-15 ¹²이는 성도를 온전하게 하여 봉사의 일을 하게 하며 그리스도의 몸을 세우려 하심이라 ¹³우리가 다 하나님의 아들을 믿는 것과 아는 일에 하나가 되어 온전한 사람을 이루어 그리스도의 장성한 분량이 충만한 데까지 이르리니 ¹⁴이는 우리가 이제부터 어린 아이가 되지 아니하여 사람의 속임수와 간사한 유혹에 빠져 온갖 교훈의 풍조에 밀려 요동하지 않게 하려 함이라 ¹⁵오직 사랑 안에서 참된 것을 하여 범사에 그에게까지 자랄지라 그는 머리니 곧 그리스도라.

그러니 당연히 야고보서의 '행함이 있는 믿음'에 대한 말씀을 통해서 더욱 하나님이 기뻐하는 신앙인이 되고 상을 받도록 믿음의 경주를 해야 하는 것입니다.

그러면 '행함이 있는 믿음'이란 무엇인가요? 이것을 가장 잘 설명하고 표현하고 있는 것이 예수님이 직접 말씀하신 마태복음 5-7장의 산상수훈입니다. 이미 거듭난 하나님의 자녀가 어떠한 신앙생활을 해야할 지를 잘 보여줍니다. 이 말씀에서 예수님은 '행함이 있는 믿음'의 반대 개념인 '행함이 없는 믿음' 곧 '죽은 믿음'을 가졌던 그래서 '독사의 자식'이라고 책망을 들었던 바리새인들과 서기관들을 '외식하는 자'라고 표현하시면서 비교해 설명을 하십니다.

마태복음 5:20 내가 너희에게 이르노니 너희 의가 서기관과 바리새인보다 더 낫지 못하면 결코 천국에 들어가지 못하리라.

마태복음 6:2 그러므로 구제할 때에 외식하는 자가 사람에게서 영광을 받으려고 회당과 거리에서 하는 것 같이 너희 앞에 나팔을 불지 말라 진실로 너희에게 이르노니 그들은 자기 상을 이미 받았느니라.

마태복음 6:5 또 너희는 기도할 때에 외식하는 자와 같이 하지 말라 그들은 사람에게 보이려고 회당과 큰 거리 어귀에 서서 기도하기를 좋아하느니라 내가 진실로 너희에게 이르노니 그들은 자기 상을 이미 받았느니라.

마태복음 6:16 금식할 때에 너희는 외식하는 자들과 같이 슬픈 기색을 보이지 말라 그들은 금식하는 것을 사람에게 보이려고 얼굴을 흉하게 하느니라 내가 진실로 너희에게 이르노니 그들은 자기 상을 이미 받았느니라.

마태복음 7:5 외식하는 자여 먼저 네 눈 속에서 들보를 빼어라 그 후에야 밝히 보고 형제의 눈 속에서 티를 빼리라.

위의 말씀만을 놓고 봐도 '행함이 있는 믿음'과 '행함이 없는 믿음' 곧 '죽은 믿음'이 무엇인지 바로 알 수 있을 것입니다. 앞에서도 강조했지만 거듭난 하나님의 자녀에게는 성령께서 거하십니다. 그리고 하나님의 일을 하게 하십니다. 거듭난 하나님의 자녀 중에 어떤 이는 이제 막 싹이 나서 '행함이 있는 믿음'이 거의 느껴지지 않을 수도 있습니다. 그러나 어떤 이는 많이 자라서 누가 봐도 쉽게 알아볼 수 있는 사람도 있을 것입니다. 거듭난 하나님의 자녀는 크고 작음의 차이가 있고 아직 신앙이 어려서 넘어질 때가 있기는 해도 반드시 행함이 있는 신앙의 사람입니다. 거듭난 하나님의 자녀는 이제 영원토록 하나님의 인침 받은 하나님의 백성입니다. 설사 마귀라 할지라고 넘볼 수 없게 하나님이 반드시 보호하십니다.

요한계시록 9:3-4 ³또 황충이 연기 가운데로부터 땅 위에 나오매 그들이 땅에 있는 전갈의 권세와 같은 권세를 받았더라 ⁴그들에게 이르시되 땅의 풀이나 푸른 것이나 각종 수목은 해하지 말고 오직 이마에 하나님의 인침을 받지 아니한 사람들만 해하라 하시더라.

좋으신 하나님은 택정된 자녀가 은혜로 구원받고 그리스도를 닮아가는 것만도 너무나 감사할 일인데 상급까지도 풍성히 예비하고 계십니다.

3) 로봇인가? 자유의지는 있는가? 그리고 상급

이제 '현재의 구원'의 기간인 성도들의 긴 신앙생활과 관련하여 참으로 중요한 부분에 대하여 거론하려 합니다.

많은 성도, 즉 크리스천이 오해를 하거나 정확히 분별하지 못하고 있는 것이 있습니다. 하나님이 계획하신 대로 구원받을 자는 구원받고, 은혜 베푸실 자에게는 은혜 베푸시고, 쓰실 자는 세우시고, 그러면 상 받을 자는 당연히 상 받게 될 것입니다. 그러면 "우리는 로봇과 어떻게 보면 일반이 아닌가? 우리의 자유의지나 선택은 없는 것인가?"라는 생각이 듭니다.

그러나 이것을 이해하게 되면 분명 '현재의 구원'의 핵심을 분별하게 될 것이고 어떠한 신앙생활을 해야 할 것인가에 대해서 방향이 잡힐 것입니다.

■ 이를 위해서는 먼저 성도의 영적인 부분에서의 현 상태를 알아볼 필요가 있습니다

어떤 사람이 회개하고 예수님을 믿고 거듭나게 되면 그 안에는 성령께서 임하시고 영원히 거하시게 됩니다. 그리고 이 사람은 이제 영원한 크

리스천이 되었습니다. 그런데 엄밀히 따져서 구분해야 될 것이 있습니다. 죄인으로 이 땅에 살면서 거듭났다는 것은 무엇이 거듭난 것일까요? 영과 육이 다 거듭난 상태인가요? 성경은 이렇게 말합니다. 현재는 영이 거듭난 상태라고 말입니다.

> 로마서 8:10 또 그리스도께서 너희 안에 계시면 몸은 죄로 말미암아 죽은 것이나 영은 의로 말미암아 살아 있는 것이니라.

이 땅에 살고 있는 성도는 현재 영이 거듭난 상태이고 이러한 영이 거듭난 자들은 이후 예수님의 재림 때에 육 또한 신령한 몸으로 변화를 받아 구원을 완성케 되는 것입니다.

> 로마서 8:11 예수를 죽은 자 가운데서 살리신 이의 영이 너희 안에 거하시면 그리스도 예수를 죽은 자 가운데서 살리신 이가 너희 안에 거하시는 그의 영으로 말미암아 너희 죽을 몸도 살리시리라.

> 고린도전서 15:51-52 [51]보라 내가 너희에게 비밀을 말하노니 우리가 다 잠 잘 것이 아니요 마지막 나팔에 순식간에 홀연히 다 변화되리니 [52]나팔 소리가 나매 죽은 자들이 썩지 아니할 것으로 다시 살아나고 우리도 변화되리라.

성도들은 현재 이 땅에 살고 있습니다. 이 땅의 삶에는 영적 어둠의 세력인 사탄과 악령들이 쉼 없이 성도들을 미혹하고 훼방하고 땅의 것에 소망을 두고 살도록 유혹합니다. 그리고 이 땅에서 구원을 받은 성도라 할지라도 고통과 질병과 환란이 있고 피할 수 없는 육신의 죽음의 단계를 거쳐야 합니다. 이것은 주님이 재림하셔서 우리의 육도 함께 온전한 구원을 받을 때까지 계속되는 일입니다.

■ 이 땅에 사는 동안 성도의 자유의지나 자유선택은 없이 무조건 하나님의 뜻대로 사용되어지거나 쓰임 받을만한 수준으로 만들어 가실까요?

크리스천이 반드시 알고 있어야 할 기준이 있습니다. '과거의 구원'은 하나님이 택정하신 대로, 은혜 베푸신 대로, 오직 하나님에 의해서 이루어졌습니다.

에베소서 2:8 너희는 그 은혜에 의하여 믿음으로 말미암아 구원을 받았으니 이것은 너희에게서 난 것이 아니요 하나님의 선물이라.

사도행전 13:48 이방인들이 듣고 기뻐하여 하나님의 말씀을 찬송하며 영생을 주시기로 작정된 자는 다 믿더라.

그러나 '현재의 구원'은 하나님의 보호하심과 인도하심이 반드시 있지만, 이와 함께 성도의 자유의지와 결정과 노력이 요구되어 집니다. 하나님이 인간에게 왜 자유의지를 주셨을까요? 자기 마음대로 판단하고 살라고 주셨을까요? 결코 그렇지 않습니다.

'과거의 구원'은 하나님의 은혜요 선물입니다. 이와 함께 좋으신 하나님은 이미 구원받은 자녀에게 축복을 주고 싶으셨습니다. 그것이 면류관이요, 상급입니다. 우리는 지금까지 살아오면서 어떻게 했을 때 상을 받게 되는지 수없이 경험했습니다.

제가 초등학교 5학년 때의 일입니다. 학교 수업을 마치고 시골 비포장 길을 혼자 걸어서 집으로 갈 때였습니다. 걸어서 학교에서 집까지는 약 3-40분 정도의 거리였는데 삼분의 일 정도 걸었을 때 길에서 지갑 하나를 발견했습니다. 안에는 신분을 확인할 만한 것은 아무것도 없고 단지 오천 원짜리 지폐가 한 장 들어 있었습니다. 당시 오천 원은 상당히 큰돈이었습니다. "이것이 웬 횡재인가!" 바로 스쳐지나가는 것이 과자요, 사탕이었습니다. 당시 사는 마을에는 가게가 없었습니다. 그래서 다시 방향을 바꿔 학교 쪽으로 걸어가게 되었습니다. 설레고 기쁜 마음으로 출발을 했고 멀리 가게가 보이기 시작했습니다. 그런데 가게 근처에 있던 파출소가 같이 보이는 것입니다. 서서히 갈등이 생기기 시작했습니다. 학교에서 도덕 시간에 배운 것이 남의 것을 주우면 주인을 찾아 주든지 아니면 파출소에 가져다 주라는 것이 생각났습니다. 거리가 가까워질수록 한편으로는 과자가 먹고 싶기도 하고 또 한편으로는 파출소에 신고해야 할 것 같기도 하였습니다. 그래서 마음을 다잡아먹기를 흔들리지 않게 과자가게만 쳐다보고 걸어가자고 결심하였습니다. 그런데 불과 한두 집 사이로 있는 파출소가 안보일 리가 없었습니다. 파출소와 가게 앞에 왔을 때 최종 결단을 해야 할 시간이 되었습니다.

　지금 기억으로는 당시 가게를 쳐다보면서 떠오른 과자가 투명한 비닐봉지에 큰 약과 열 개를 넣어서 100원에 팔던 것이었습니다. 그것이 스쳐지나갔습니다. 그리고 파출소를 한 번 쳐다보는데 내가 가게로 가면 나쁜 어린이가 될 것이라는 생각이 강하게 들었습니다. 마침내 발걸음은 파출소 문을 열고 들어갔습니다. 지갑과 돈 그리고 다니는 학교, 학년, 이름을 적어주고는 나왔습니다. 이후 가게를 쳐다는 보았지만 아무래도 잘했다는 생각이 들었습니다. 그런 후 시간이 조금 흘러 까마득히 잊어버리고 있었는데, 어느 날 학교 조례시간에 선행자 시상이 있다는 것입니다. 그리고 저의 이름이 호명되는 것이었습니다. 학교생활을 하면서 처음이자 마지막으로 선행상을 받는 순간이었습니다. 얼마나 좋았는지 모릅니다.

세상에서 받는 상도 이렇게 기쁜데 하나님께 받는 상과 면류관은 얼마나 감격스럽겠습니까? 그러나 이것은 그냥 주어지는 것이 아닙니다.

'현재의 구원'에서 자신의 결정과 노력은 반드시 필요합니다. 이것은 매우 중요하기에 '현재의 구원'에는 순종하고 충성하는 만큼, 믿고 성화되는 만큼, 전도한 만큼 상급이 주어지는 것입니다.

하나님은 전지하신 분입니다. 그래서 택하시고 구원의 은혜를 베푸신 자녀의 앞날에 어떠한 일이 기다리고 있고 성령의 도우심 속에서 사명을 얼마나 감당할지도 잘 아십니다. 때로는 기사와 표적과 능력을 베푸시거나 다른 조력자로 돕게 해서 하나님의 일을 감당케 합니다. 그러나 일방적으로 이루지는 않습니다. 성도로 하여금 스스로 선택하고 결정하게 하시고 일한 만큼 그에 합당한 상을 주십니다. 하나님은 성도에게 최대한의 기회를 주고 또 줍니다. 훈련시키시고 또 훈련시킵니다. 그래도 성도가 게을러서 안하든지 하나님의 뜻을 오해해서 안한다면 그 일을 하나님은 다른 사람을 통해서라도 반드시 이룹니다.

이는 교회도 마찬가지입니다. 한 교회가 주어진 사명을 감당치 않으면 다른 교회를 세워서라도 하나님은 반드시 이루십니다. 하나님이 창세 전에 세우신 계획은 하나님의 경륜을 통해서 반드시 하나님의 때에 이루시기 때문입니다.

성경을 보면 모세만큼 하나님께 크게 쓰임을 받은 종이 없습니다. 그런데 성경을 보면서 참으로 안타까운 점을 발견하게 됩니다. 모세는 애굽에서 왕자로 40년을 훈련 받고 이후 미디안에서 양을 치며 40년을 훈련을 받았습니다. 그 후에 주의 부르심으로 이스라엘 민족을 출애굽 시키는 큰 종으로 쓰임을 받습니다. 그런 그가 소임을 다 마치고 이스라엘 백성을 이끌고 홍해에 이어서 요단강을 건너서 가나안에 들어가 출애굽을 완성시킨

후 하늘로 하나님의 부르심을 받았더라면 얼마나 기쁜 결말이었겠습니까?

그러나 가데스 바네아에서 백성들이 물을 달라고 아우성을 칠때 하나님은 반석을 명해서 물을 내라하셨지만 백성들에게 화가 난 모세는 그만 혈기 때문에 자신의 지팡이로 반석을 쳐서 물을 내고 맙니다. 이 일이 이유가 되어 하나님은 모세에게 가나안 땅을 밟지 못하리라고 하셨습니다. 하나님은 모세를 큰 종으로 사용하기 위해서 오랜 세월을 훈련시키셨습니다. 하지만 모세에게는 아직도 부족한 점이 있었습니다. 만약 반석 사건이 일어나기 전에 모세가 혈기를 다스렸다면 요단강을 건너는 데 이스라엘 백성의 지도자로 더 크게 쓰임 받았을 것입니다.

하나님은 계획된 40년의 광야 시간표를 지키십니다. 모세는 아직도 부족한 것이 있었고 따라서 요단을 건너는 귀한 일의 지도자 자리에 더 일찍 여호수아가 쓰임을 받게 되었습니다. 이것을 보면서 하나님의 자녀가 이 땅에서 하나님이 기뻐하는 일에 더 오래, 더 크게, 더 많이 쓰임받기 위해서는 과거 거듭나기 전의 구습을 얼마나 버렸는가하는 것과 자신의 의지와 결정을 얼마나 하나님께 맞추고 따르는가하는 것이 얼마나 중요한 것인지 우리는 인식하고 있어야 합니다.

갈라디아서 5:17 육체의 소욕은 성령을 거스르고 성령은 육체를 거스르나니 이 둘이 서로 대적함으로 너희가 원하는 것을 하지 못하게 하려 함이니라.

이 말은 곧 '성화'의 정도와 '순종'의 정도에 달렸다는 것입니다. 성도의 자유의지와 어떤 사항에 대한 결정은 그것이 하나님의 뜻과 맞아질 때만이 참 가치가 있는 것입니다.

4) 구원을 위한 회개와 성화를 위한 회개

회개는 몇 번을 해야 합니까? 이 질문은 사실 모순이 있는 질문입니다. 이것은 마치 초등학생이 "고등학교 수학의 미적분을 더하기와 빼기만으로 되는 거예요? 아니면 곱하기와 나누기도 써야 되는 거예요?" 이런 말도 안 되는 질문과 같습니다.

앞에서 '과거의 구원'과 '현재의 구원'에 대해서 구분을 지었습니다. '과거의 구원'을 위해서는 반드시 회개를 해야 합니다. 예수 그리스도의 십자가 보혈 공로에 의해 첫 사람 아담으로부터 유전된 원죄는 중심으로 행해지는 한 번의 회개로 영원토록 사함을 받게 됩니다.

이후 성도는 영이 살아난 상태로 영원히 살게 됩니다. 그러니 '과거의 구원'을 위해서는 단 한 번의 회개만이 필요한 것입니다. 그러면 '현재의 구원'을 위해서도 앞의 단 한 번의 회개가 계속해서 유효한 효력을 발휘하는 것일까요? 성경은 그렇게 말하지 않습니다. 성도가 이 땅에 사는 동안에 아직 변하지 않은 육에 속한 부분들은 계속해서 죄에 노출되어 있게 됩니다. 죄를 짓게 된다는 것입니다. 이 점을 아시는 예수님은 제자들에게 기도에 대해서 말씀하시면서 주기도문을 알려주셨습니다.

> 마태복음 6:12-13 ¹²우리가 우리에게 죄 지은 자를 사하여 준 것 같이 우리 죄를 사하여 주시옵고 ¹³우리를 시험에 들게 하지 마시옵고 다만 악에서 구하시옵소서(나라와 권세와 영광이 아버지께 영원히 있사옵나이다 아멘).

이 땅에 사는 동안 성도가 지을 죄에 대하여 회개할 것을 말씀하셨습니다. 그리고 요한복음 13장에는 예수님이 제자들의 발을 씻겨 주시는 장면

이 나옵니다. 이 말씀의 본래 의미는 하나님의 자녀가 이 땅에서 섬김을 행하며 살라는 뜻으로 모본을 보이신 것입니다. 그런데 그 내용 중에 보면 죄에 대하여 밝혀 주시는 장면이 나옵니다.

> 요한복음 13:9-11 ⁹시몬 베드로가 이르되 주여 내 발뿐 아니라 손과 머리도 씻어 주옵소서 ¹⁰예수께서 이르시되 이미 목욕한 자는 발밖에 씻을 필요가 없느니라 온 몸이 깨끗하니라 너희가 깨끗하나 다는 아니니라 하시니 ¹¹이는 자기를 팔 자가 누구인지 아심이라 그러므로 다는 깨끗하지 아니하다 하시니라.

위의 말씀을 보면 예수님은 몸은 이미 씻어 깨끗하게 되었으니 발밖에 씻을 필요가 없다고 하셨습니다. 여기서 말씀하신 몸은 무엇이고 발은 무엇인가요? 몸의 의미는 원죄로 죽어있던 영이 회개하고 이제 믿음으로 살아난 상태, 즉 원죄에서 거듭남(중생)의 상태를 상징하는 것입니다. 반면에 발은 살면서 계속해서 짓는 본죄(자범죄)를 의미합니다. 왜 몸이 원죄에 해당합니까?

위의 말씀을 보면 가룟 유다에 대해서 말씀하시면서 그는 몸을 씻지 않아서 즉 원죄를 회개치 않아서 깨끗하지 않다고 말씀하십니다. 이것은 가룟 유다가 진실로 회개하고 예수님을 믿지 않아서 거듭난 하나님의 자녀가 아님을 나타내는 것입니다.

따라서 몸을 씻는다는 표현의 의미는 바로 원죄에 대한 회개를 말하는 것입니다. 발이 항상 땅을 밟아서 더러워지듯이 비록 영은 거듭난 하나님의 자녀라도 이 땅에 살면서 마음과 생각으로 짓는 범죄들과 밖의 행동으로 짓는 수많은 죄들은 그때 그때 계속해서 회개해야 하는 것입니다.

그래서 예수님은 제자들에게 몸은 씻어 이미 깨끗하게 되었으니 씻을 필요가 없지만 발은 씻어야 된다고 말씀을 하신 것입니다. 또 예수님은 누가복음 17장에서 제자들에게 이렇게 말씀하셨습니다.

> 누가복음 17:3-4 [3]너희는 스스로 조심하라 만일 네 형제가 죄를 범하거든 경고하고 회개하거든 용서하라 [4]만일 하루에 일곱 번이라도 네게 죄를 짓고 일곱 번 네게 돌아와 내가 회개하노라 하거든 너는 용서하라 하시더라.

위의 말씀에서 예수님은 제자들에게 만약 형제가 죄를 짓고 회개하면 끝없이 용서하라고 합니다. 이것은 바꾸어 말하면, 크리스천이 주께 죄를 지어도 회개를 하면 주께서도 용서를 하시겠다는 것을 보여 줍니다.

성도들이 이 땅에 살면서 죄를 짓지 않는 경우는 없습니다. 하나님 앞에 모두가 크고 작은 죄를 범하며 살아갑니다. 이렇게 죄를 범했을 때 회개하고 돌이키지 않으면 스스로 느끼게 되어 있습니다. 어느 때는 자신이 점점 생각과 말이 거칠어지고 행동에 담대함이 없어지고 하나님과 믿음의 사람들을 피하려 합니다. 그리고 때로는 자신이 스스로 점점 더 죄로 빠져드는 것을 느끼게 되어 있습니다. 어떤 경우에는 육신이나 환경에 고난이 닥칠 때도 있습니다. 주변에서 이와 관련된 많은 간증을 하는 경우를 봤을 것입니다. 이러한 연단과 징계를 통해서 하나님은 자신의 자녀로 반드시 느끼게 하시고 그리고 회개하게 하십니다.

> 요한일서 1:8-9 [8]만일 우리가 죄가 없다고 말하면 스스로 속이고 또 진리가 우리 속에 있지 아니할 것이요 [9]만일 우리가 우리 죄를 자백하면 그는 미쁘시고 의로우사 우리 죄를 사하시며 우리를 모든 불의에서 깨끗하게 하실 것이요.

이러한 과정의 반복에서 성도는 점점 그리스도의 성품으로 성화되어
갑니다. 이렇게 거듭난 이후 성도는 성화를 위해 계속된 회개의 삶을 살
아가게 되는데 이것을 '성화를 위한 회개'라고 합니다.

히브리서 6:1 그러므로 우리가 그리스도의 도의 초보를 버리고 죽은
행실을 회개함과…

이러한 '성화를 위한 회개'는 구원과는 상관이 없습니다. 이미 거듭나
서 구원받은 크리스천이 하나님이 기뻐하시는 일을 감당하고 큰 신앙과
상급을 위해 필요한 회개입니다.

요한계시록 3:19 무릇 내가 사랑하는 자를 책망하여 징계하노니 그러므로
네가 열심을 내라 회개하라.

그런데 여기서 한 가지 중요한 점을 짚고 넘어 가겠습니다. 많은 사람들
이 의문을 품는 것이 있을 것입니다. "이 땅에서 신앙생활을 하다가 죄를
범한 후 회개치 않았는데 그만 육신의 죽음을 맞았다면 어찌될 것인가?"
영적인 원리에 대해서 이 부분을 언뜻 언급을 하였지만 정확히 이해하
고 있어야 합니다. 하나님의 자녀가 되고, 원죄가 사함을 받고, 영이 거듭
나고, 성령의 인치심을 받고, 천국을 보장 받는데 필요한 회개는 '과거의
구원'으로 온전히 이루어진 것입니다.

로마서 8:10 또 그리스도께서 너희 안에 계시면 몸은 죄로 말미암아 죽은
것이나 영은 의로 말미암아 살아 있는 것이니라.

에베소서 4:30 …그 안에서 너희가 구원의 날까지 인치심을 받았느니라.

그러면 영과 함께 육은 언제 구원을 받습니까? 바로 주님이 재림하시는 때에 이루어집니다.

로마서 8:11 예수를 죽은 자 가운데서 살리신 이의 영이 너희 안에 거하시면 그리스도 예수를 죽은 자 가운데서 살리신 이가 너희 안에 거하시는 그의 영으로 말미암아 너희 죽을 몸도 살리시리라.

그러면 그때 육에 속해서 지은 죄를 회개치 않은 것이 있다면 구원을 못 받습니까? 그렇지 않습니다. 이 점을 오해하면 안 됩니다. 육신이 있는 동안에 지은 죄를 회개치 않으면 육신이 있는 동안에 그에 따른 죄값을 받게 됩니다. 고난과 환란 속에 거하거나 사탄에 넘어집니다. 그러다 보면 하나님의 일을 하지 못할 때도 있고, 때로는 속아서 오히려 하나님의 일을 방해까지 할 수도 있는 것이며, 때로는 육신의 죽음이 당겨지는 죄의 값을 치르게도 됩니다. 그래서 거듭난 이후 육신이 있는 동안에 하는 '성화를 위한 회개'는 믿음으로 살아 가며, 상급을 받고, 더욱 성화되는 데 매우 중요한 것입니다.

고린도전서 5장을 보면 사도 바울이 고린도교회에서 음행을 범한 자의 소식을 전해 듣고 서신을 통해서 범죄자를 출교시킬 것을 말씀하면서 아래와 같이 쓰고 있습니다.

고린도전서 5:5 이런 자를 사탄에게 내주었으니 이는 육신은 멸하고 영은 주 예수의 날에 구원을 받게 하려 함이라.

위의 말씀을 보면 구원과 관련된 영적인 원리를 잘 보여주고 있습니다. 성도라 할지라도 출교를 당할 정도의 심각한 죄를 범할 수 있습니다. 이 출교의 목적은 이를 계기로 스스로 죄의 심각성을 살펴서 회개하고 돌이키게 하는 데 있습니다.

고린도전서 5:5 이런 자를 사탄에게 내주었으니 이는 육신은 멸하고 …

통상 교회 밖의 세계는 사탄이 지배하는 곳으로 표현합니다. 위의 '사탄에게 내주었다'는 것은 죄에 대한 강력한 환란과 연단의 의미를 나타냅니다. 그러나 이러한 환란과 연단은 육신의 영역으로 국한됩니다. 바로 출교의 목적이 죄의 회개에 있기 때문입니다.

고린도전서 5:5 …영은 주 예수의 날에 구원을 받게 하려 함이라.

이러한 연단과 환란 속에서 성도가 비록 자신의 죄를 인식하지 못하고 심각한 경우 육신의 죽음으로 죄의 값이 귀결된다고 하더라도 한 번 구원을 받은 하나님의 자녀는 반드시 예수 그리스도의 재림 때에 신령한 몸으로 구원을 받게 됩니다. 왜 그렇습니까? 예수님의 피로 죄사함을 받고 그의 영이 성령의 인치심을 받아 있기 때문입니다.

성경에 나오는 모든 사례를 다 일일이 이 책에서 설명을 할 수는 없지만, 구원에 대한 분명한 기준이 서게 된다면 성경이 쉽고 바르게 보일 것입니다.

구원을 받기 전의 우리의 모습을 생각해 보십시오. 죄로 인해서 오히려 하나님과 원수 되었던 우리를 값없이, 아무런 공로 없이 하나님의 자녀 삼아주셨습니다. 그런데 믿고 거듭난 이후라도 혹시나 구원을 잃어버릴까봐 두려움에 떠는 사람들이 있습니다. 하나님의 자녀가 된 후에 자녀답게 살지 못하면 하나님을 '아빠'라 부르다가 더 이상은 못 부를 수도 있다고 두려워하는 사람들이 있습니다. 잘못하면 아버지였던 하나님이 심판자가 된다고 여기는 사람이 있습니다. 그 두려움에서 벗어나기 위해서, 어떻게 하든지 구원을 이루기 위해서 자신의 힘과 노력과 자신의 공로를 추구하는 사람이 있습니다. 다시 한 번 거듭 말씀드립니다. 이러한 행위 구원론자는 진정한 하나님의 마음을 아직은 모르는 사람입니다.

앞서도 언급을 했지만 혹자는 이럴지 모르겠습니다. 회개하고 예수 믿을 때 구원이 보장되어진다면 이후의 신앙이 열심도 충성도 없이 미지근하게 될 것이 아닌가? 과연 그럴까요? 거듭난 하나님의 자녀에게는 성령이 거하시고 그의 영이 살아있습니다. 빠르고 느리고의 차이는 있을지언정 반드시 하나님이 원하시는 신앙으로 나아가게 되어 있습니다. 왜냐하면 그 속에는 예수 그리스도로 인한 새로운 생명이 있기 때문입니다.

성도가 거듭난 순간 그는 하나님의 자녀가 된 것입니다. 비록 하나님이 모든 계획을 이루실 때까지는 크리스천에게 이 땅에서 역경과 고난이 있겠지만, 이들은 하나님의 영원한 자녀들입니다. 어떠한 경우라도 크리스천들은 예수 그리스도를 점점 닮아 가고 그의 삶 속에서 하나님께 영광을 올려드리게 되어 있습니다. 끝까지 미지근하게 나태하게 게으르게 살 수는 없습니다. 그들 안에 하나님이신 성령이 계시기 때문입니다.

5) 구원의 확신

당신은 구원을 받았음을 확신합니까? 아니면 아직 구원을 받지 않았습니까? 아니면 잘 모르겠습니까? 성도가 가장 명쾌하게 알기를 원하는 것이 있다면 '나의 구원이 확실한가?' 아니겠습니까?

그러면 자신이 진실로 거듭난 하나님의 자녀임을 무엇으로 알 수 있겠습니까? 성도들의 신앙생활에는 항상 믿음의 굴곡이 있습니다. 성령이 충만하거나 믿음이 뜨겁고 영적 체험을 했을 때는 구원에 대한 분명한 확신을 갖게 되지만, 반대로 각종 죄에 빠져있거나 믿음이 떨어져 있을 때는 자신이 아직 구원을 받지 못한 것이 아닌가하는 불안에 휩싸일 수 있습니다. 그러면 분명히 구원받은 성도와 그렇지 못한 사람을 어찌 알 수 있겠습니까?

■ 구원받은 성도의 가장 큰 특징이 있습니다

때때로 혹시 내가 아직 구원을 받지 못하면 어쩌나 두려워하는 성도가 있다면 이 성도는 분명 구원받은 사람입니다. 진짜로 구원을 받지 못한 사람은 구원 자체에 관심이 없거나 아예 두려워하지 않습니다. 이 말은 하나님을 두려워하지 않는다는 말입니다. 만약 두려워한다면 바로 회개했을 것입니다. 구원을 받지 못한 사람은 혹시나 구원 못 받았으면 어쩌나하는 두려움이 아예 생기지 않습니다. 이렇게 두려움이 전혀 없는 거듭나지 못한 교인이라면 무엇을 생각하고 어떤 행동을 하겠습니까?

성경에 나오는 이스라엘의 초대왕인 사울왕과 뒤를 이은 다윗왕을 비교해 보면 쉽게 이해를 할 수 있습니다. 사무엘상을 보면 이스라엘은 사사였던 사무엘을 통하여 하나님이 직접 백성들을 다스리는 신정통치하에 있었습니다. 그런데 당시 주변의 모든 나라들이 왕의 통치를 받는 것에 대해 부러움을 느낀 이스라엘 백성들은 사무엘을 통해 하나님께 왕을 달라고 요구를 합니다. 하나님은 사무엘을 통해서 왕정제도의 문제점을 알렸지만 백성들은 말을 듣지 않습니다. 할 수 없이 백성들의 요구에 의해서 세워진 왕이 사울입니다. 사무엘에 이끌리어 온 사울을 첫 대면한 이스라엘 백성들은 사울의 외모를 보며 기뻐하였습니다(삼상 10:23-24).

이후 사울왕의 중심을 알 수 있는 몇 가지 사건이 일어납니다. 첫째, 블레셋의 침공으로 나가서 싸워야 할 상황이 있었습니다. 그러나 사무엘이 늦어지자 반드시 제사장이 드려야 할 제사를 사울 자신이 드리고 맙니다. 이에 사무엘은 사울을 향해 "왕이 망령되이 행하였도다"라고 책망을 합니다(삼상 13:12-13).

둘째, 하나님은 사무엘을 통하여 사울왕에게 아말렉을 치되 그 모든 소유를 다 진멸하라고 명령을 하십니다. 그런데 사울왕은 아말렉왕 아각과 전리품 중에서 좋은 것을 남겨둡니다. 이후 책망하는 사무엘에게 하나님께 바치려 한 것이라고 변명을 합니다. 또한 갈멜에 자신을 위한 기념비까지 세웁니다(삼상 15:1-16).

셋째, 블레셋 군대의 공격 준비를 들은 사울은 하나님께 기도하지만 응답이 없자 바로 신접한 무당을 찾아갑니다. 그러나 그곳에서 사무엘을 가장한 악령으로부터 심판에 대한 선고를 받고 낙심합니다. 이상의 세 가지 사건을 통해서 보면 사울의 중심이 하나님을 향한 사람이 아니었다는 것을 바로 알 수 있습니다. 죄를 범한 후에도 하나님을 향한 두려움이 전혀 없습니다. 그리고 설사 잘못을 저질렀다고 해도 지은 죄에 대해 진실로 회개했다면 용서를 받았을 것입니다. 그러나 사울은 항상 변명을 합니다. 종국에는 블레셋과의 전쟁에서 자살로 생을 마감합니다.

이와는 반대로 뒤를 이어 이스라엘의 왕이 된 다윗은 사람이 기뻐하는 자가 아닌 하나님에 의해서 하나님이 기뻐하는 자로 왕위에 오릅니다(삼상 16:7). 물론 다윗왕도 사울왕 못지않게 하나님 앞에서 죄를 범합니다. 그러나 다윗은 바로 두려워하며 하나님께 회개를 합니다. 충신 우리야의 아내 밧세바를 간음하고 임신하게 되자 이를 숨기기 위해서 우리야를 죽이는 죄를 범합니다. 이에 하나님이 나단 선지자를 보내 책망을 하자 바로 회개를 합니다(삼하 12:13; 시 51편).

위의 두 왕의 사례를 보면서 둘 다 왕으로 하나님이 사용은 하지만 하나님의 사람과 아닌 사람이 어떤 차이가 있는지를 잘 보여주고 있습니다.

진실로 거듭난 성도는 하나님에 대한 두려움이 있습니다. 신앙생활을 하다 보면 죄가 있는 상황에 직면하게 되고 때로는 알게 모르게 죄를 범하고 맙니다. 그때 진실로 거듭난 성도는 죄책감과 하나님에 대한 두려움이 반드시 듭니다. '혹시 내가 아직 구원받지 못한 것은 아닌가'하는 두려움이 들 때도 있습니다. 그러면서 회개하게 됩니다. 이런 사람은 분명 거듭난 성도입니다.

■ 구원받은 성도의 가장 큰 특징 중에 둘째는 체험입니다

저의 경우 불신자에게 전도를 하다가 듣게 되는 말 중에 가장 많은 것이 "하나님 한 번 보여주면 믿겠소!"라는 것입니다. 그러면 이렇게 대답을 합니다.

"먼저 예수 믿으면 반드시 하나님을 만나게 되어 있습니다. 이제 하나님의 아들, 딸이 되었는데 아버지가 자신의 자녀를 모른척하고 있겠습니까? 부모라면 당연히 내가 바로 너의 아버지니라. 반드시 살아계신 하나님을 만난 기쁨에 감격하고 돌봐주심에 감사하고 지금까지 걸어온 길이

나 혼자였던 길이 아니었구나! 반드시 느끼게 되어 있습니다."

구원받은 하나님의 자녀는 이 세상에 홀로 버려진 존재가 아닙니다. 많은 부분에서 비록 자녀가 세세하게 느끼지 못한다고 하더라도 하나님은 자신의 자녀를 모든 능력으로 돌보십니다.

> 이사야 49:14-16 [14]오직 시온이 이르기를 여호와께서 나를 버리시며 주께서 나를 잊으셨다 하였거니와 [15]여인이 어찌 그 젖 먹는 자식을 잊겠으며 자기 태에서 난 아들을 긍휼히 여기지 않겠느냐 그들은 혹시 잊을지라도 나는 너를 잊지 아니할 것이라 [16]내가 너를 내 손바닥에 새겼고…

하나님은 자신의 자녀를 하나님 자신의 손바닥에 새겼다고까지 말씀하고 계십니다.

십여 년이 넘게 지난 일이지만 지금도 기억이 선명한 간증을 하나 하겠습니다. 부산 영도에 저의 고모부가 계셨는데 팔순이 될 때까지 칠년을 중풍으로 침대에 누워 있었습니다. 중풍으로 신체에 마비가 와서 움직일 수 있는 것은 고개와 손가락 일부와, 팔을 약간 미동할 정도였습니다. 지방에 살면서 단지 몇 차례 병문안만 했을 뿐이었는데 부산에 정착하게 되었습니다. 제게 성령께서 강하게 고모부 전도에 대한 마음을 주셨습니다. 그래서 몇 차례를 가서 복음을 전하며 어느 때는 간증 비디오를 보여주기도 하고, 때로는 간증 테이프를 들려주기도 했지만 전혀 반응을 보이지 않았습니다. 그래서 생각한 것이 금식기도였습니다. 그래서 금식기도를 한 후 다시 고모부를 찾았습니다.

이때 복음을 전하자 반응을 보이기 시작했습니다. 눈에는 눈물이 맺혔고 이내 손을 부르르 떨면서 "어떻게 하면 되냐? 이제 어떻게 하면 되냐?"

고 눈물로 말을 했습니다. 손을 붙들고 영접기도를 시켜 드렸는데, 그때 옆에 있던 고모가 이런 얘기를 했습니다. "얘가 기도해서 간지러운 것이 없어졌나 봅니다." 중풍병자가 힘든 것은 못 움직이는 것도 있지만 혈전이 모세혈관을 막아서 혈액순환이 되지 않아 온 몸이 가려운 것입니다. 그 중에 가장 큰 고통은 가려워도 이것을 마음대로 자신이 손으로 긁지 못하는 것이라고 합니다. 그래서 고모가 매일 긁어주고 있었다는 것입니다. 가려운 것이 없어진 날을 얘기하는데 금식기도 시작한 날 아침이었습니다. 그리고 석 달 뒤 고모부는 하늘나라로 가셨습니다. 고모부는 인생의 끝자락에 회개하고 예수님을 믿었습니다. 그런데 하나님은 비록 중풍을 낫게 하지는 않았지만 가장 큰 고통을 없애주신 귀한 체험을 주셨습니다. 하나님 자신의 손바닥에 새기기까지 하신 자녀에게 "나는 너의 아버지니라!"고 친히 드러내 보이신 것입니다.

이처럼 하나님은 상황에 따라 극적인 장면을 보이기도 합니다. 그러나 많은 경우에는 성경을 읽을 때, 찬송을 부를 때, 기도를 할 때, 예배 중에 자신의 자녀를 만지고 하나님을 느끼게 합니다. 그리고 자녀의 삶의 순간순간에 함께 하십니다.

이 책을 읽고 계신 분이 아직 구원에 확신이 없는 분이라면, 지금까지 지나온 자신의 삶을 돌아보기 바랍니다. 아주 평범한 일 같지만 하나님이 함께 하셨던 순간이 반드시 떠오를 것입니다. 그것이 느껴지신다면 분명 거듭난 하나님의 자녀입니다.

■ 구원받은 성도의 가장 큰 특징 한 가지를 더 들겠습니다

그것은 당신이 '하나님을 천하 만물의 창조주로 믿고 있고 예수 그리스

도를 모든 죄에서 구원하신 구세주로 믿고 있는가'하는 것입니다.

지금 말씀드리는 이 믿음은 자신이 몸에 힘을 주고 '믿습니다. 믿습니다' 이렇게 스스로 주입하는 이런 믿음이 아닌 하나님이 믿을 마음을 주셔서 믿어지는 그런 믿음을 말하는 것입니다.

예전에 한 목사님이 쓰신 글에 이런 내용이 있습니다. 말씀을 전하다가 "믿어지십니까?" 하고 묻자, 한 청년이 큰 소리로 "믿습니다. 믿습니다." 라고 하였습니다. 그러더니 잠시 후 "아! 안 믿어지네" 하더랍니다. 지금 말씀드리는 믿음은 아래와 같은 믿음을 말합니다.

에베소서 2:8 너희는 그 은혜에 의하여 믿음으로 말미암아 구원을 받았으니 이것은 너희에게서 난 것이 아니요 하나님의 선물이라.

하나님이 은혜로 택정된 자녀에게 믿을 마음을 선물로 주셨습니다. 이것은 인간이 만들어낸 믿음이 아닌 하나님께로부터 임한 믿음입니다. 이러한 믿음이 있냐는 것입니다. 하나님이 믿어지고 예수 그리스도의 구세주 되심이 믿어진다면 분명 구원받은 하나님의 자녀입니다.

6) '현재의 구원'에 합당한 삶

하나님의 부르심을 받은 많은 사람들이 교회로 나옵니다. 그리고 이들은 처음에는 한결같이 부푼 희망에 차 있습니다. 왜냐하면 이들은 거의가 이런 말을 들었기 때문입니다.

"예수 믿으면 천국 갑니다. 예수 믿으면 복 받습니다. 예수 믿으면 문제가 풀립니다. 예수 믿으면 병이 고침 받습니다. 예수 믿으면 항상 기쁜 일이 생깁니다. 예수 믿으면 기적이 일어납니다" 이런 말들과 함께 신앙생활을 시작합니다.

한 가지 질문을 드리겠습니다. 위의 말들이 맞습니까? 아니면 틀립니까? 그도 아니면 다른 무엇이 있습니까? 신앙생활을 막 시작한 사람들 중에 상당수가 시간이 흐르면서 거듭났는 데도 이런 말을 합니다.

"아니 예수 믿어도 예전이나 별로 달라진 게 없는 것 같은데요? 예수 믿으면 복 받는다고 했는데 더 어려워진 것 같습니다. 예수 믿어도 힘들고 문제 생기고 병들고 어렵네요?"

그러면 앞선 말들이 틀린 것인가요? '현재의 구원'의 삶과 관련하여 성경이 말씀하는 변치 않는 기준이 있습니다. 이것을 제대로 알지 못하고 신앙생활을 하다보면 신앙에 대한 좌절과 심각한 고민에 빠지게 되기도 합니다.

다들 아는 쉬운 질문을 하나 하겠습니다. 세상 사람들은 무엇을 추구합니까? 그야 당연히 성공이고 부자가 되는 것이며 자신의 이름을 내는 것입니다. 그러면 이제 예수님을 믿는 사람은 무엇을 추구해야 합니까? 이에 대한 대답이 쉽게 나옵니까? 만약 그렇지 않다면 현재 신앙생활은 매우 혼란스러울 것입니다. 안개 처럼 명확히 보이지 않을 것입니다. 신명기 11:10-12을 보면 이와 관련하여 정확히 말씀하고 있습니다.

10. 네가 들어가 차지하려 하는 땅은 네가 나온 애굽 땅과 같지 아니하니 거기에서는 너희가 파종한 후에 발로 물 대기를 채소밭에 댐과 같이 하였거니와

11. 너희가 건너가서 차지할 땅은 산과 골짜기가 있어서 하늘에서 내리는 비를 흡수하는 땅이요

12. 네 하나님 여호와께서 돌보아 주시는 땅이라 연초부터 연말까지 네

하나님 여호와의 눈이 항상 그 위에 있느니라.

위의 말씀을 보면 애굽 땅, 즉 예수 믿기 전의 삶은 파종한 후에 발로 물을 대는 것처럼, 자신이 열심히 노력하고 땀 흘려서 성공을 향해 자기 힘으로 사는 곳이었습니다. 실제로 애굽의 곡창지대가 어떻습니까? 물이 풍부한 나일강에서 열심히 발로 물을 대면 대풍을 거둘 수 있었습니다.

그에 반해서 신앙의 삶은 무엇이라 말씀하십니까? 산과 골짜기가 있고 하늘에서 내리는 비를 흡수하는 땅이라고 말씀합니다. 가나안 땅은 실제로 산과 골짜기 천지요 광야지대입니다. 분명 보기에는 젖과 꿀이 흐르는 가나안 땅이 아닙니다. 아니 그러면 예수님을 믿으면 복 받는 것이 아니고 고난이며 궁핍과 고통이란 말인가요?

그런데 12절 말씀을 보면 하나님의 눈이 연초부터 연말까지 지켜보고 계신 땅이라고 말씀합니다. 이것이 무슨 의미겠습니까? 가나안 땅은 오로지 하나님을 믿고 의지해야 하는 땅이란 말씀입니다. 이제 하나님의 자녀가 되었는데 예전처럼 자신의 힘과 노력으로 살려하면 예수님을 믿기 전보다 더 어려워 질 수밖에 없는 것입니다. 왜냐하면 아무것도 없는 산이며 골짜기요, 그나마 비가 내려도 다 흡수해 버려서 농사지을 물이 전혀 없는 곳이기 때문입니다. 그러나 이 땅은 하나님이 1년 365일을 쉼 없이 지켜보고 계신 땅입니다. 하나님의 자녀가 하나님을 바라보고, 하나님만 의지하고, 하나님만 믿고 나아갈 때, 모든 것이 이루어지는 땅입니다.

이것이 거듭난 이후 바로 되겠습니까? 연단과 훈련 속에서 믿음이 자라나고 점점 하나님의 성품을 닮아 가고 순종하는 삶이 될 때 경험되는 것입니다. 위의 말씀 앞에 나오는 신명기 11:8-9의 말씀입니다.

8 그러므로 너희는 내가 오늘 너희에게 명하는 모든 명령을 지키라 그리하면 너희가 강성할 것이요 너희가 건너가 차지할 땅에 들어가서 그것을 차지할 것이며

9 또 여호와께서 너희의 조상들에게 맹세하여 그들과 그들의 후손에게 주리라고 하신 땅 곧 젖과 꿀이 흐르는 땅에서 너희의 날이 장구하리라.

가나안 땅에 들어온 이스라엘 백성의 삶을 보면 젖과 꿀이 흐르는 땅에서의 삶이 아닌 전쟁과 고통, 고난의 삶이었습니다. 왜 그랬을까요? 바로 가나안 땅은 세상의 땅이 아닌 믿음의 땅, 믿음의 세계이기 때문입니다. 하나님의 자녀는 이제 이 믿음의 땅에 새롭게 태어난 것입니다. 이 믿음의 땅에서 믿음으로 자라게 될 때, 또 믿음으로 살아갈 때 젖과 꿀을 경험하게 되는 것입니다.

거듭 말씀드립니다. 구원은 하나님의 은혜를 받아 거듭나는 짧은 시간입니다. 그러나 '현재의 구원'인 '성화의 과정'은 남은 생의 긴 여정 속에서 상과 면류관을 바라보며 말씀을 먹고 자라고 말씀대로 살고 믿음으로 이루어 가는 것입니다.

3. 미래의 구원

거듭난 하나님의 자녀인 모든 크리스천에게는 한 가지 소망이 있습니다. 그것은 예수 그리스도께서 이 땅에 오셔서 성도들의 구원을 완성하시고 영원한 처소로 인도해 가시는 것입니다. 그래서 영화롭게 하신 하나님으로 기뻐하고 찬송하며, 이 땅의 모든 아픔이 치유되는 것에 감사하고

모든 영광을 세세토록 하나님께 올려 드리는 것입니다.

> 요한계시록 21:3-4 ³…하나님이 그들과 함께 계시리니 그들은 하나님의 백성이 되고 하나님은 친히 그들과 함께 계셔서 ⁴모든 눈물을 그 눈에서 닦아 주시니 다시는 사망이 없고 애통하는 것이나 곡하는 것이나 아픈 것이 다시 있지 아니하리니 처음 것들이 다 지나갔음이러라.

창세 전에 하나님이 택정한 성도들은 예정된 시대에 태어나게 되고 계획된 때에 하나님의 은혜로 부르심을 받아 거듭나고 성화의 삶을 살다가 영화의 온전한 거룩을 이루게 됩니다.

> 로마서 8:30 또 미리 정하신 그들을 또한 부르시고 부르신 그들을 또한 의롭다 하시고 의롭다 하신 그들을 또한 영화롭게 하셨느니라.

■ 하나님의 크신 계획의 끝, 종말

참으로 연약한 인간의 생각과 눈으로 볼 수도 없고 헤아릴 수도 없지만 하나님이 주신 말씀을 비추어 볼 때 지혜와 지식에 무한하시고 능력에 끝이 없으신 하나님은 창세 전 자신의 계획대로 한 치의 오차도 없이 모든 계획을 끝내실 것입니다.

하나님의 크신 계획을 이루는 데 가장 중요한 사건은 무엇입니까? 바로 예수 그리스도께서 이 땅에 오셔서 십자가를 지시는 것입니다. 이 일을 예수님은 온전히 이루셨고 죄와 죽음과 사탄의 일을 멸하셨습니다.

그렇다면 이후 가장 중요한 사건은 무엇이겠습니까? 바로 예수 그리스도의 재림입니다. 초대교회시대의 성도들은 로마의 압제 속에서도 항상

'마라나타'(Μαρανα θά, 주께서 임하신다)의 신앙 속에서 인내하며 주의 재림에 대한 소망으로 살았습니다. 이 소망은 비단 당시 뿐만이 아니라 모든 시대, 모든 성도의 소망일 것입니다. 성경을 보면 하나님은 항상 말씀대로 이루어 가시는 것을 보게 됩니다.

예수님이 고난을 당하시고 십자가 지실 것을 예언하신 이사야 53장의 말씀처럼 그대로 이루셨고, 유월절에 어린 양의 피로 죽음이 지나갔듯이 유월절에 십자가를 지셨습니다. 초실절에 첫 수확한 보리로 하나님께 제사를 드렸듯이 그날에 부활의 첫 열매가 되셨습니다. 맥추절에 성령께서 이 땅에 오셔서 본격적인 추수인 성도들을 열매로 거두기를 시작하셨습니다.

이제 성도들의 소망인 주님의 재림은 나팔절에 나팔이 울림으로 머물러 살던 이스라엘 백성이 장막을 걷고 진을 이동하듯이 이 땅의 장막을 걷고 주 예수님께로 들림 받게 될 것입니다.

고린도전서 15:51-52 [51]보라 내가 너희에게 비밀을 말하노니 우리가 다 잠 잘 것이 아니요 마지막 나팔에 순식간에 홀연히 다 변화되리니 [52]나팔소리가 나매 죽은 자들이 썩지 아니할 것으로 다시 살아나고 우리도 변화되리라.

데살로니가전서 4:16-17 [16]주께서 호령과 천사장의 소리와 하나님의 나팔 소리로 친히 하늘로부터 강림하시리니 그리스도 안에서 죽은 자들이 먼저 일어나고 [17]그 후에 우리 살아 남은 자들도 그들과 함께 구름 속으로 끌어 올려 공중에서 주를 영접하게 하시리니 그리하여 우리가 항상 주와 함께 있으리라.

마태복음 24:30-31 [30]그때에 인자의 징조가 하늘에서 보이겠고 그때에 땅의 모든 족속들이 통곡하며 그들이 인자가 구름을 타고 능력과 큰 영광으로 오는 것을 보리라 [31]그가 큰 나팔소리와 함께 천사들을 보내리니 그들이 그의 택하신 자들을 하늘 이 끝에서 저 끝까지 사방에서 모으리라.

예수님의 재림 순간은 일대 장관을 연출할 것이고 절정(Climax)을 경험하게 될 것입니다. 뒤에서 예수님의 재림 전후의 이 땅의 모습을 설명하겠습니다. 예수님이 재림하실 때의 모습을 가장 잘 표현하고 있는 말씀은 누가복음 21:25-28입니다.

누가복음 21:25-28 ^{25}일월 성신에는 징조가 있겠고 땅에서는 민족들이 바다와 파도의 성난 소리로 인하여 혼란한 중에 곤고하리라 ^{26}사람들이 세상에 임할 일을 생각하고 무서워하므로 기절하니 이는 하늘의 권능들이 흔들리겠음이라 ^{27}그때에 사람들이 인자가 구름을 타고 능력과 큰 영광으로 오는 것을 보리라 ^{28}이런 일이 되기를 시작하거든 일어나 머리를 들라 너희 속량이 가까웠느니라 하시더라.

위의 말씀을 보면 예수님의 재림 직전에 무슨 일이 있을 것인지를 짐작케 합니다. 해와 달과 별에 징조가 있다는 말씀은 평소의 정상적인 천체의 모습이 아님을 알 수 있습니다. 이 땅에도 큰 천재지변이 있어 혼란한 상태일 것입니다. 그런데 이 땅에 임할 엄청난 재앙과 관련하여 위의 26절에 중요한 말씀이 있습니다.

26 사람들이 세상에 임할 일을 생각하고 무서워하므로 기절하리니 이는 하늘의 권능들이 흔들리겠음이라.

해와 달과 별에 이상 징조가 있는데, 이것을 모든 사람들이 안다는 것입니다. 그래서 앞으로 얼마간의 시간이 지나면 이 이상 징조가 지구에 영향을 미칠 것이고, 그 결과로 모든 사람들이 어떻게 될 것을 생각해 볼 때 너무나도 무섭고 두려워서 실제 기절하는 일까지 생긴다는 것입니다. 그러면 이 이상 징조가 무엇일까요? 아래에 위의 말씀과 동일한 내용의 말씀입니다.

마태복음 24:29 그 날 환난 후에 즉시 해가 어두워지며 달이 빛을 내지 아니하며 별들이 하늘에서 떨어지며 하늘의 권능들이 흔들리리라.

요한계시록 6:12-13 12내가 보니 여섯째 인을 떼실 때에 큰 지진이 나며 해가 검은 털로 짠 상복 같이 검어지고 달은 온통 피 같이 되며 13하늘의 별들이 무화과나무가 대풍에 흔들려 설익은 열매가 떨어지는 것 같이 땅에 떨어지며.

무슨 일이겠습니까? 이 땅의 사람들은 무엇으로 두렵고 무서워하며 기절까지 하는 사태가 벌어지겠습니까? 별입니다. 이 지구를 향해서 다가오는 별, 즉 혜성이나 유성 중에서 크기가 매우 큰 것이라고 여겨집니다. 그런데 혜성은 아닐 것입니다. 별들이라고 말씀하고 있는데 무리를 지은 혜성은 없기에 아마도 유성군일 것입니다. 이것들이 지구를 향해서 다가오고 있고 그것이 얼마 후 지구와 충돌할 것을 생각할 때, 무섭고 두렵고 기절하는 사태가 발생한다는 것입니다.

혹자는 그럴지도 모르겠습니다. "'별'을 문자적으로 해석하면 됩니까? 불을 뿜는 미사일일 수도 있는 것이고, 인공위성들이 떨어지든지, 하늘에서 별이 떨어지는 것과 같은 큰 충격을 묘사하는 것일 수도 있는 것 아닙니까?" 그러나 왜? 분명 '별'인지 단언(斷言)하는 이유가 있습니다.

위에서 언급한 사도 요한이 본 것을 기록한 요한계시록과 마태복음이나 누가복음의 말씀에 주목할 점이 있습니다. 단순히 '별'만을 언급했다면 비유나 상징으로 고려해 볼 수 있을 것입니다.

그러나 그리스도의 재림의 상황과 관련하여 앞의 말씀들이 '별'과 함께 '해'와 '달', '일월성신' 등 우주의 상황을 보여주고 있습니다. 이는 실제 하늘의 해와 달과 별에 마지막 징조가 있음을 보여주는 것입니다. 그리고 반드시 알고 있어야 할 것이 있습니다. 그것은 역사의 진행상황 안에서 일어나는 많은 환란들 중에 하나의 사건이 일어나고 이어서 또 다른 환란이나 역사가 계속 진행되는 그런 상황이 아니라는 점입니다. 이 때는 하나님이 우주를 창조하신 이래 전 우주적인 종말의 상황이며 이후 우주가 두루마리처럼 말려 사라지는 상황입니다(계 6:14). 이 세상의 끝, 즉 종말이란 점입니다. 이 땅에서는 각종 첨단 무기로 해결해 보려하지만 허사로 돌아가고 주님의 재림직전에는 지구상은 말 그대로 아수라장이 되어 있을 것입니다. 그러면 그때 성도들은 무엇을 하고 있을까요? 오직 다시 오실 주님에 대한 소망으로 인내하며 영적 선한 싸움을 싸우고 있던 성도들은 기쁨으로 넘칠 것입니다. 왜일까요? 말씀을 알고 있기 때문입니다.

누가복음 21:27-28 ²⁷그때에 사람들이 인자가 구름을 타고 능력과 큰 영광으로 오는 것을 보리라 ²⁸이런 일이 되기를 시작하거든 일어나 머리를 들라 너희 속량이 가까웠느니라 하시더라.

위의 말씀을 알고 있고 믿고 있는 성도들은 얼마나 감격하겠습니까? "아니 성경에서 말씀하던 그 일이 실제로 일어나는 것인가? 그런 일을 보면 일어나라. 너희 속량이 가까웠다고 하셨는데, 이제 주님이 오신다! 주님이 재림하신다!" 목이 터져라 찬송하고 춤추고 감격하지 않겠습니까? 불신자들은 도저히 이해를 할 수도 없는 상황입니다. 지금 다 죽고 멸망하게 생겼는데 좋아서 감격을 하고 기뻐서 뛰고 춤출 것입니다. 그러면 세상 사람들은 "극심한 환란에 고통을 당하더니 이제 모든 기독교도들이 미쳤구나! 그러나 어쩌나 나는 어디로 피하나!"

이 땅의 불신자들은 닥칠 재앙으로 인한 공포의 시간을 보내고 있을 때에 나팔소리와 함께 주님은 재림하실 것이고 성도들은 들림 받을 것입니다. 그리고 이 지구상의 모든 이들이 이 상황을 목도할 것입니다. 그 후 이 땅에는 해가 어두워지고 달이 빛을 내지 아니하고 별들이 마치 대풍에 설익은 무화과가 떨어지듯 떨어지게 될 것입니다.

절정의 순간은 언제겠습니까? 나팔이 울리고 예수님이 공중에 임하시고 성도들이 들림 받는 때일 것입니다. 불신자와 성도의 모습과 감정이 극명하게 나뉘는 순간입니다. 불신자는 절망을 할 것입니다. "진짜 하나님이 계시고 예수님을 믿어야 구원이 있구나!" 하며 통탄할 것입니다.

성도들은 어떤 감정일까요? "주님이 오셨다. 주님이 오셨다." 무슨 말로 다 표현을 하겠습니까? 나팔소리를 듣게 될 것이고 순식간에 변화하는 자신의 모습을 느끼는 순간 들림 받아 올라가게 될 것입니다. 누가 이렇게 질문할지 모르겠습니다. "아니 집안에 있다가 들림 받으면 올라가다가 천정에 부딪히면 어쩝니까?" 걱정할 필요가 없습니다.

예수님이 부활하신 후 제자들에게 나타나셨을 때 벽을 통과해 오셨듯이 신령한 몸으로 변한 성도들에게 장애물은 있을 수 없습니다. 엄청난 감격의 순간입니다. 이제 하나님이 창세 전에 계획하신 모든 일을 이루시고 이 땅은 종말을 맞게 될 것입니다. 그러나 성도들은 하나님의 은혜, 사랑, 구원의 기쁨, 영생의 축복에 감격하며 주 하나님께 은혜의 영광의 찬송을 세세토록 올려드리게 될 것입니다.

데살로니가전서 4:17 그 후에 우리 살아 남은 자들도 그들과 함께 구름 속으로 끌어 올려 공중에서 주를 영접하게 하시리니 그리하여 우리가 항상 주와 함께 있으리라.

4. 실제 성경에 나타난 '과거와 현재와 미래의 구원'

3장에서 구원과 관련된 내용을 다루었습니다. 그런데 한 번 묻고 싶습니다. 이 책의 내용이 이해가 되고 인정이 되십니까? 이 책을 읽을 때는 이것이 맞는 것 같다가도 다른 주장을 읽거나 들으면 그것이 맞는 것 같지는 않습니까? 그렇다면 아직 확실한 것이 아닙니다. 그래서 이번에는 과거와 현재와 미래의 구원이 포함된 말씀을 가지고 종합해서 설명을 드리고자 합니다. 왜냐하면 성경의 많은 곳에서는 과거와 현재와 미래의 구원이 복합적으로 나오기 때문입니다.

먼저 성경의 마태복음 24-25장을 이어서 읽어보시기 바랍니다(말씀의 분량이 많아서 직접 기록은 하지 않았습니다). 내용을 간략히 요약하면 이렇습니다. 24-25장에는 제자들이 성전 붕괴와 마지막 때의 징조에 대해서 질문을 하자 예수님이 대답을 하시는 내용입니다. 재난의 징조와 큰 환란에 대해서 설명하시고 그리스도의 재림 때에 일어날 상황을 설명합니다. 마태복음 24:32부터는 무화과나무의 비유를 말씀하시고 그리스도의 재림 때가 마치 노아의 때와 같이 갑자기 닥칠 것을 말씀합니다. 그리고 열 처녀의 비유에 대해서 말씀하시고 이어서 달란트의 비유, 그리스도의 재림 때 복을 받을 자와 저주를 받을 자에 대한 내용으로 이루어져 있습니다.

읽어 보셨습니까? 읽어 보셨다면 어떤 느낌입니까? 혹시 깨어 있지 않고, 달란트 남기지 못하고, 남에게 나누고 베풀지 않으면 지옥 간다는 것이 두렵게 느껴지지는 않았습니까?

마태복음 24-25장을 굳이 거론한 이유가 있습니다. 왜냐하면 여기에는 (성경의 많은 부분이 그렇지만) 과거와 현재와 미래의 구원이 복합적으로 섞여 자연스럽게 거론되고 있기 때문입니다. 왜 그렇게 복합적으로 나타날까요? 성경은 ①번은 이것이고, 다음으로 ②번은 저것이고 하면서 설명을 하는 것이 아니라, 사건으로나 혹은 복합적인 말씀으로 자연스럽게 나낼 때가 많습니다. 당연히 구원을 받은 자는 성화되고 영화롭게 될 것이기 때문입니다. 달리 말씀하면 우리가 이해를 잘못하면 충분히 말씀에 혼돈을 일으킬 수도 있다는 것입니다.

지금 제자들이 궁금해 하는 것은 앞서 성전에 가셨을 때 예수님이 바리새인과 서기관을 책망하면서 성전이 무너지고 예루살렘이 황폐케 된다는 말씀을 하셨는데, 이제 기회가 되자 이런 일이 일어날 시기와 세상의 끝에 일어날 일에 대해 묻습니다. 이에 예수님은 마지막 때에 일어날 상황과 가장 중요한 문제인 구원받을 자와 멸망을 받을 자가 어떤 사람들인지에 대해서 강조를 하시는 내용입니다. 그런데 제자들의 주요 관심은 '세상에 일어날 일들이 어떠한가'하는 것이고, 예수님의 관심은 '구원받을 자들에 관한 것'임을 보게 됩니다.

마태복음 24-25장에서 골격을 이루는 말씀이 있습니다.

마태복음 24:22 그 날들을 감하지 아니하면 모든 육체가 구원을 얻지 못할 것이나 그러나 택하신 자들을 위하여 그 날들을 감하시리라.

인간이라면 누구를 막론하고 환란은 참으로 견디기 어려운일입니다.

그래서 "끝까지 견디는 자는 구원을 얻으리라"(마 24:13)는 말씀까지 하셨습니다. 그러나 절대 기준이 있습니다. 바로 위 22절의 말씀처럼 창세 전에 택정된 크리스천을 구원하기 위해서 하나님은 날을 감하시기도 하겠다는 것입니다. 이 말씀은 크리스천은 모두가 다 끝까지 견딘다는 것입니다. 왜냐면 택하신 자들을 위해서 정 안되면 재림의 날까지도 당기겠다고 하셨기 때문입니다.

혹자는 택정되고 거듭난 크리스천이라면 육체의 아픔이나 고통이나 인간적인 고뇌가 와도 쉽게 넘기는 줄 압니다. 마치 별천지에 사는 사람으로 생각하는 경향이 있습니다. 그러나 결코 그렇지 않습니다.

거듭난 크리스천들 안에 믿음이 어린 자와 장성한 자가 나뉘고 또 장성한 자 중에도 때에 따라 성령 충만할 때와 그렇지 못할 때가 있습니다. 거듭난 이들은 다른 사람과 똑같이 이 땅에 살면서 육신과 정신적인 제약을 받을 수 있습니다. 그리고 참으로 견디기 어려운 상황에 처할 수도 있습니다. 더구나 22절 말씀은 예수님 재림 직전의 큰 환란 중에 거하는 성도들에 대한 말씀입니다. 큰 환란 중에 거하는 성도들의 고통은 더욱 극심할 것입니다. 지금도 그 정도의 고난을 겪고 있는 성도들이 있습니다. 북한에 있는 지하교회나 회교권에 있는 성도들입니다. 그러나 큰 환란 때는 특정 지역이 아닌 이 지구상의 모든 교회, 믿음이 크든 작든 모든 성도들이 동일하게 극심한 고난에 들어 갈 것입니다. 그래서 하나님은 환란의 날을 감해서라도 택정하신 자녀들을 반드시 구원하겠다는 것입니다. 그 택하신 자들의 결과는 마지막 나팔에 모두가 들림을 받는 것입니다.

마태복음 24:31 그가 큰 나팔소리와 함께 천사들을 보내리니 그들이 그의 택하신 자들을 하늘 이 끝에서 저 끝까지 사방에서 모으리라.

창세 전에 택정된 크리스천은 반드시 한 사람도 빠짐없이 '미래의 구원'을 받게 될 것입니다. 이렇게 마태복음 24:31까지는 구원의 대전제인 창세 전에 택정된 자녀는 모두가 구원을 받는다는 말씀이 핵심입니다.

제자들과 마찬가지로 우리들의 관심은 마지막 때에 일어날 일에 있습니다. 그러나 주님은 마지막 때에 일어날 일을 배경으로 구원 받을 자는 바로 택정된 자녀들이라는 것을 강조합니다.

이 말씀을 전제로 하여 이어서 32절 이하부터 많은 비유를 들어 말씀합니다. 바로 이렇게 택정된 자녀가 누구인지, 어떻게 신앙생활을 해야하는지, 신앙의 열매, 상급, 영생을 설명합니다. 그리고 이런 택정된 자녀와는 달리 멸망의 자녀를 대비시키면서 이해를 쉽게 합니다.

그런데 한 가지 중요한 점을 인지해야 합니다. 예수님의 모든 비유의 배경은 특이하게도 '가시적인 교회'입니다. 온전한 크리스천들로 이루어진 교회를 말하는 것이 아니라 통상 예배당이라고 부르는 곳에 모인 교인들로 이루어진 교회를 생각하면서 말씀을 보아야 합니다.

가시적 교회에는 이제 막 '과거의 구원'을 받은 사람도 있고, 열심히 '현재의 구원'을 이루고 있는 사람도 있습니다. 그리고 택정된 자녀이지만 아직은 '과거의 구원'을 받지는 못했고 구원을 받기 위해 나아가고 있는 사람도 있습니다. 이중에는 양이 아닌 염소처럼 구원과는 상관이 없는 자도 있습니다. 그리고 성경이 말하는 미혹하는 삯군이나 거짓 선지자도 있습니다.

예수님은 본문의 말씀에서 이들을 동일한 교회의 일원으로 보시고 말씀을 전하고 계십니다. 왜냐하면 이들 모두가 현재는 어찌되었든 지상의 (가시적) 교회의 일원들이기 때문입니다. 그리고 이렇게 말씀을 하신 내면적인 이유는 영원한 크리스천들 모두를 위하시는 마음 때문입니다. 앞으로 구원받을 자든, 이제 막 구원의 문을 들어선 자든, 성화의 과정을 밟고 있는 자든, 모든 택정된 크리스천들에게 더욱 '현재의 구원'에 매진할 것을 강조하는 것이고 이들에게 '미래의 구원'에 대한 소망을 주기 위함에 있습니다. 이를 위해서 예수님은 지금 마태복음 24, 25장을 말씀하고 계신 것입니다.(가시적 교회와 관련해서는 이후에 다시 자세히 언급을 드리겠습니다.)

이러한 관점에서 마태복음 24, 25장을 보면 일정한 법칙을 발견하게 됩니다. 그것은 택함을 받은 자들인 거듭난 크리스천들은 반드시 깨어 있으면서 도둑이 와도 집을 뚫지 못하게 하는 사람들이고, 이들은 슬기가 있어서 기름과 등을 모두 준비를 했던 자들입니다. 그리고 이들은 주인으로부터 두 달란트를 받은 자는 장사하여 두 달란트를 남겼고, 다섯 달란트 받은 자는 다섯 달란트를 남겼습니다. 이들은 충성되고 착한 종이라고 칭찬을 듣고 즐거움에 참여하게 됩니다. 그리고 이들은 주님으로부터 오른편에 있는 양이라는 칭함을 받고 복을 받을 자들아 창세로부터 예비된 나라에 들어가라는 축복을 받습니다. 또한 이들은 주님으로부터 주릴 때에 먹을 것을 주었고 헐벗었을 때에 옷을 입혔다는 칭찬을 받고 의인들아 영생에 들어가라는 말씀을 듣게 됩니다.

반면에 멸망 받을 자들에 대해서는 이렇게 말씀을 하고 계십니다. 이들은 버려둠을 당할 자들이고 악한 종들이라 하시면서 주인이 더디 오리라 하는 자들로 동료들을 때리고 술친구로 먹고 마시는 자들입니다. 이들은 등만을 준비했던 미련한 자들이며 혼인 잔치에 문이 닫힌 후에 남은 처녀들입니다. 그리고 이들은 한 달란트를 땅에 묻어 둔 자로 악하고 게으른 종이며 무익한 종이라 책망을 듣고 바깥 어두운 데로 쫓겨나 슬피 울며 이를 갈게 됩니다. 또한 이들은 왼편의 염소라 칭함을 받고 주님이 목마를 때 마시게 안했고 옥에 갇혔을 때 돌보지 않았다고 책망을 듣고 끝내는 영벌에 들어간다고 말씀하십니다. 이를 정리하면 아래의 표와 같은 결과를 보이게 됩니다.

구원 받은 자 = 택한 자 = 깨어 있는 자 = 충성되고 지혜있는 종 = 슬기로운 다섯 처녀 = 달란트를 남긴 자 = 양 = 복 받을 자 = 의인들 = 영생에 들어가는 자

멸망받은 자 = 불택 자 = 졸고 있는 자 = 악한 종 = 미련한 다섯 처녀 = 달란트를 묻어둔 자 = 염소 = 저주받은 자 = 악인 = 영벌에 들어가는 자

위의 표를 보면 크리스천과 관련하여 분명한 특징을 알 수 있습니다. 그것은 창세 전에 택정된 자는 '과거의 구원'을 받은 자이며, '현재의 구원'을 위해 충성하고 있는 자이며, 또한 '미래의 구원'에 들어가게 되는 사람입니다. 이것은 예수님이 들려주신 말씀을 통해서 쉽게 이해할 수 있습니다. 마태복음 7장 산상수훈의 말씀입니다.

마태복음 7:18-20 [18]좋은 나무가 나쁜 열매를 맺을 수 없고 못된 나무가 아름다운 열매를 맺을 수 없느니라 [19]아름다운 열매를 맺지 아니하는 나무마다 찍혀 불에 던져지느니라 이러므로 그들의 열매로 그들을 알리라.

위의 말씀처럼 택정을 받아 거듭난 '좋은 나무'는 반드시 아름다운 열매를 맺습니다. 아름다운 열매의 결과는 영생입니다. 그러나 처음부터 택정을 받지도, 거듭나지도 못한 못된 나무는 결코 아름다운 열매를 맺을 수 없습니다. 분명 그 열매로 알 수가 있습니다.
한 가지 중요한 것은 택정은 받았지만 아직은 위의 법칙에 해당되지 않

는 한 부류가 있습니다. 그것은 가시적 교회에 속해 있는 택정은 받았지만 아직 '과거의 구원'을 받지 못한 사람들입니다. 거듭나서 성령이 임하지 않았다면 결코 주를 위해 살 수 없습니다. 이들은 깨어 있지도 못하고 충성을 할 수도 없습니다. 그러다보니 상급도 없습니다. 그러나 분명 이들도 사는 동안 하나님의 은혜로 구원을 받을 것이고 그 이후는 삶이 바뀔 것입니다.[2]

■ "깨어 있으라"는 말씀을 왜 강조하셨는가?

"깨어 있으라"는 말씀을 언급하려고 합니다. 위의 표를 보면 깨어 있는 것의 의미를 알 수 있지만 조금 더 설명하려고 합니다. "깨어 있으라"(Γρηγορεῖτε)는 뜻은 '언제나 너희 눈을 뜨고 정신을 차리고 있으라'는 의미입니다. 당연히 이 의미는 영적으로 깨어 있는 것을 말씀하며, 이는 곧 영적으로 살아 있는 자라야 가능한 것입니다.

예수님은 니고데모에게 사람이 거듭나지 아니하면 하나님의 나라에 들어갈 수 없다고 말씀하셨습니다(요 3:3). 우리가 거듭났다고 할 때 그 의미는 이전에는 그 사람의 영이 죽어있다는 것입니다. 그러다가 이제 다시 살아나서 영이 활동을 할 수가 있고 하나님께 반응을 할 수가 있게 된 것입니다.

---

2 마태복음 24:48-51과 동일한 말씀이 누가복음 12:45-48입니다. 누가복음에 근거해서 불택 자의 심판이 아닌 상급심판에 대한 내용이 아니냐는 의문을 제기할 수도 있습니다. 마태복음 24:51의 "…외식하는 자…"는 예수님이 책망하신 외식하는 바리새인과 서기관과 동일한 표현입니다. 그리고 누가복음 12:47의 알고도 행치 않아 많이 맞은 종과 48절의 몰라서 적게 맞은 종은 베드로후서 2:21의 거짓 선지자들과 거짓 선생들에 대한 말씀과 동일한 표현입니다. 성경의 내용을 전혀 모르고 지옥에 간 이들이 받을 형벌(롬 2:12-16)보다 가시적 교회에 속해 있으면서 하나님과 말씀을 알면서도 마귀의 도구가 되었던 이들이 받을 형벌이 더 무거울 것에 대한 내용입니다.

시신은 결코 반응을 할 수 없고 일도 할 수 없습니다. 영이 죽어 있는 사람은 하나님을 알 수도 없고, 반응을 할 수도 없고, 하나님을 위해 일을 할 수도 없습니다. 그러나 영이 거듭난 사람은 하나님이 영의 아버지가 되심을 알아보고 반응을 합니다. 따라서 영이 살아 있는 자라야 깨어 있을 수 있습니다. 영이 죽어 있는 자는 깨어 있는 것 자체가 불가능합니다.

영이 살아 있는 자라야 깨어서 말씀대로 살 수 있고, 기도할 수 있고, 충성할 수 있습니다. 바로 거듭난 사람들 곧 크리스천들이라야 깨어있을 수 있습니다. 이들이 천국에 들어가고 상급을 받습니다.

구원과 관련해서 '과거의 구원'도 구원이며, '현재의 구원'도 구원입니다. 깨어 있어야 '현재의 구원'을 받는 것이며, 그래야 주님이 재림하셨을 때 많은 상이 주어집니다. 아래의 말씀은 왜 깨어 있어야 되는지를 잘 보여 줍니다.

마태복음 24:42-46 ^{42}그러므로 깨어 있으라 어느 날에 너희 주가 임할는지 너희가 알지 못함이니라 ^{43}너희도 아는 바니 만일 집 주인이 도둑이 어느 시각에 올 줄을 알았더라면 깨어 있어 그 집을 뚫지 못하게 하였으리라 ^{44}이러므로 너희도 준비하고 있으라 생각하지 않은 때에 인자가 오리라 ^{45}충성되고 지혜 있는 종이 되어 주인에게 그 집 사람들을 맡아 때를 따라 양식을 나눠 줄 자가 누구냐 ^{46}주인이 올 때에 그 종이 이렇게 하는 것을 보면 그 종이 복이 있으리로다.

이렇게 깨어 있어서 충성되고 지혜 있는 종이 되면 그리스도의 재림 때 상급을 받습니다. 우리는 항상 주의를 해야 할 것이 있습니다. 그것은 성경 전체에서 일관되게 하시는 말씀을 바로 붙드는 것입니다.

사람이 새로 태어나서 거듭나야 깨어 있을 수 있습니다. 그리고 깨어 있을 때라야 하나님의 일을 하는 것이 가능합니다. 그리고 일을 해야 한 만큼 상이 주어집니다. 이런 사람들이 그리스도의 재림 때 영생에 들어가고 상과 면류관을 받게 됩니다.

지금 3장을 마치면서 우리는 아는 수준이 아니라 확신을 가져야 합니다. 만약에 중요성을 인지하지 못한 채 다만 '다양한 견해들 중에서 이런 것도 있구나!'라고 여기고 만다면, 계속된 혼란 속에 머무르고 말 것입니다.

3장에서 '크리스천'에 대한 중요한 의미를 말씀드렸습니다. 반드시 '이것이 크리스천들이다'는 확신을 가지고 있어야 합니다. 이는 앞으로의 신앙생활에 나타날 수많은 혼돈과 혼란 속에서 우리로 바른 진리를 붙드는 데 매우 중요하게 작용할 것입니다.

제4장

성령훼방죄

1. 배교(背敎)
2. 성령훼방죄
3. 죄(罪)

참으로 중요하면서도 논란이 많은 주제에 이른것 같습니다. 그러나 하나님의 자녀가 바로 분별하고 있어야 할 것은 진리는 항상 우리에게 혼돈, 걱정, 의문을 주지 않는다는 사실입니다. 진리는 항상 우리 안에 즐거움과 기쁨 그리고 확신을 느끼게 합니다.

크리스천을 긴장시키는 말이 있다면 대표적인 것이 '성령훼방죄'라는 단어일 것입니다. 이와 함께 성경에 언급되고 있는 것들로 용서받지 못할 죄와 배교, 양심에 화인을 맞는 것과 사망에 이르는 죄가 있습니다.

이러한 것을 그리스도인의 마음에 바르게 정리한다면 굳건한 말씀의 바탕 위에서 더욱 신앙이 흔들림 없이 성장할 것입니다. 누차 말씀을 드리지만 창세 전에 택정된 자녀는 결코 중간에 하나님의 구원계획에서 버림을 받지 않습니다.

만약에 당신이 거듭난 하나님의 자녀라면 구원과 관련하여 성경의 어떠한 내용으로도 결코 두려워해서는 안 됩니다. 왜냐하면 예수 그리스도께서 이 땅에 오셔서 십자가로 이루신 일은 인간의 사고 기준을 완전히 뛰어넘는 것이며 어둠의 권세와 죄도 굴복한 실로 위대한 사건이기 때문입니다. 단지 괴롭고 죄책이 드는 것은 하나님의 자녀임에도 제대로 된 신앙으로 살고 있지 않기 때문인 것입니다.

1. 배교(背敎)

성령훼방죄를 다루기에 앞서 먼저 배교에 대해 알 필요가 있습니다. 왜냐하면 배교가 성령훼방죄와 혼돈을 일으킬 수 있기 때문입니다. 배교라고 하는 것은 기독교 신앙을 버리거나 배반하는 것을 말합니다. 그래서 다른 종교로 바꾸거나 무종교인이 되거나 또는 이단에 들어가서 기독교를 박해하는 일을 하게 되기도 합니다. 배교는 (가시적) 교회에 있던 자가 교회의 범주 밖으로 나가는 것을 말합니다.

우리의 주변에 함께 신앙생활을 하던 사람이 교회를 더 이상 다니지 않는 경우를 볼 수 있습니다. 개중에는 스쳐지나가듯이 잠시 머물다간 경우가 대부분이지만 어떤 사람은 열심히 충성을 하다가 시험거리가 생겨서 교회를 떠나기도 합니다. 또한 오랫동안 교회를 다니기는 했지만 양이 아닌 염소의 역할을 하다가 끝내는 교회를 등진 경우도 있습니다. 이렇게 떠난 사람들 중에는 타종교로 개종한 경우도 있고 종교자체를 멀리하거나 일부는 이단에 들어가서 교회를 헐뜯고 예수님을 비난하기도 합니다.

그러면 이렇게 배교를 하는 배교자 중에는 거듭난 사람이 있을까요? 있을 수 있습니다. 이 땅에서의 신앙생활의 기간은 육신의 생명이 다하는 때까지입니다. 애석한 일이긴 하지만 거듭난 사람 중에도 시험에 빠져서 도중에 세상으로 가기도 합니다. 그러나 거듭난 이들은 반드시 회개하고 다시 주께로 돌아오게 됩니다. 그리고 배교자 중에 비록 거듭나지 않았다고 하더라도 그 가운데는 택정된 사람이 있을 수 있으며, 이들은 반드시 이후에 주님 품으로 돌아오게 됩니다.

한 가지 묻고 싶습니다. 거듭난 사람이 교회를 떠난 경우 이 사람도 주님을 직접 비난하거나 저주를 할 수 있을까요? 거듭난 사람이라면 결코 주님을 직접 비난하거나 저주를 하지 않습니다. 사람에 대한 시험이나 문제로 누구를 비난할 수는 있겠으나, 거듭난 사람이라면 그 안에 성령을 모시고 있습니다. 결코 직접 주님을 비난하거나 저주할 수 없습니다.

고린도전서 12:3 그러므로 내가 너희에게 알리노니 하나님의 영으로 말하는 자는 누구든지 예수를 저주할 자라 하지 아니하고….

그러나 사람간의 다툼이나 시험 등의 원인으로 교회를 떠나게 되는 경우가 있는데 이러한 죄는 사함을 받게 됩니다.

> 마태복음 12:31 그러므로 내가 너희에게 이르노니 사람에 대한 모든 죄와 모독은 사하심을 얻되….

배교라는 것은 기독교를 떠나는 모든 경우를 통칭하는 것으로 이 안에는 처음부터 끝까지 거듭나지 못한 자도 있고, 성령훼방죄를 범한 자들도 포함이 되며, 거듭났으나 사람 등에 대한 시험으로 죄 가운데 들어가는 사람도 있으며, 교회를 스쳐지나가는 사람까지도 포함됩니다.

2. 성령훼방죄

혹시 성령훼방죄와 관련해서 생각을 정리해보신 적이 있습니까? 신앙생활을 조금이라도 한 성도라면 한두 번은 혹시 "내가 성령훼방죄를 짓지는 않았는가"하고 불안했던 경험을 가지고 있을 것입니다. 하나님, 예수님, 성령님, 교회에 대해서 전혀 모르는 사람이 성령훼방죄를 지을 수 있을까요? 주님과 관계가 없는 사람들은 성령훼방죄라는 죄명을 굳이 붙이지 않아도 원죄로 심판을 받게 되어 있지 않습니까? 그렇다면 성령훼방죄는 예외적으로 거듭난 성도가 구원받지 못하는 경우인가요? 과연 그럴까요? 세상의 과학에도 보면 예외라는 것이 있는데 성경에도 예외라는 조항이 있는 것인가요?

그러나 결코 그럴 수 없습니다. 하나님의 법에는 예외 조항이 없습니다. 하나님의 택정된 자녀임을 알 수 있는 확실한 증거는 거듭나는 것입니다. 그리고 거듭 강조하지만 한 번 거듭난 사람은 반드시 구원을 받습니다. 중도에 구원을 결단코 잃어버릴 수 없습니다.

요한복음 3:3 …사람이 거듭나지 아니하면 하나님의 나라를 볼 수 없느니라.

그렇다면 성령훼방죄란 무엇일까요? 마태복음 12장에 보면 안식일에 예수님의 행적이 나옵니다. 예수님의 제자들이 안식일에 밀 이삭을 잘라먹고 예수님은 안식일에 병자들을 고쳐주십니다. 이것을 지켜보고 있던 바리새인들은 안식일에 해서는 안 될 일을 했다며 예수님을 향하여 귀신의 왕 바알세불을 힘입어서 그런 일을 한다고 비난을 합니다. 이러한 바리새인들을 향하여 예수님은 책망을 하시면서 아래와 같은 말씀을 합니다.

마태복음 12:31-32 [31] 그러므로 내가 너희에게 이르노니 사람에 대한 모든 죄와 모독은 사하심을 얻되 성령을 모독하는 것은 사하심을 얻지 못하겠고 [32] 또 누구든지 말로 인자를 거역하면 사하심을 얻되 누구든지 말로 성령을 거역하면 이 세상과 오는 세상에서도 사하심을 얻지 못하리라.

바로 지금 바리새인들이 예수님께 하고 있는 말과 행동이 성령을 훼방하고 있다는 것입니다. 그러면서 이렇게 말씀을 하십니다.

마태복음 12:34 독사의 자식들아 너희는 악하니 어떻게 선한 말을 할 수 있느냐 이는 마음에 가득한 것을 입으로 말함이라.

위의 상황을 보면 성령훼방죄를 범하고 예수님께 책망을 받고 있는 사람들은 예수님의 제자들이 아닌 바리새인들임을 알 수 있습니다. 이것은 거듭난 성도에 대해서 하시는 말씀이 아님을 또한 보여줍니다. 그러면 위의 사건을 보면서 구체적으로 성령훼방죄는 무엇일까요?

> 마태복음 12:31-32 ³¹그러므로 내가 너희에게 이르노니 사람에 대한 모든 죄와 모독은 사하심을 얻되 성령을 모독하는 것은 사하심을 얻지 못하겠고 ³²또 누구든지 말로 인자를 거역하면 사하심을 얻되 누구든지 말로 성령을 거역하면 이 세상과 오는 세상에서도 사하심을 얻지 못하리라.

위의 주님의 말씀에서 보면 사함을 받는 죄와 받지 못하는 성령훼방죄를 말씀하고 있습니다. 먼저 사함을 받는 죄는 사람에 대한 모든 죄와 모독 그리고 인자를 거역하는 것이라고 합니다. 그리고 사함을 받지 못하는 죄는 성령을 모독하고 말로 거역하는 것이라고 하십니다. 여기서 성령훼방죄를 이해하기 위해서는 인자를 거역하는 것과 성령을 모독하는 것의 차이점을 알 필요가 있습니다.

2,000여 년 전에 육신을 입고 이 땅에 성육신하신 예수님은 완전한 하나님인 동시에 완전한 사람이셨습니다. '인자'의 의미는 예수님의 이 땅에 계신 동안의 사람에 속한 의미로 '사람의 아들'이란 뜻입니다. 따라서 "인자를 거역하면 사하심을 얻되"란 의미는 예수님이 육신을 입고 계신 인간적인 부분에 대해서 모욕하고 거역하는 것은 사함이 있다는 것입니다.

성경에 나온 예를 보면, 예수님이 죄인들을 가까이 하시면서 그들과 즐겁게 함께하는 것을 보고 사람들이 먹기를 탐하고 포도주를 즐긴다고 비난하는 내용이 나옵니다.

마태복음 11:19 인자는 와서 먹고 마시매 말하기를 보라 먹기를 탐하고 포도주를 즐기는 사람이요 세리와 죄인의 친구로다 하니….

위의 내용은 예수님의 인자에 해당하는 부분에 대해서 사람들이 예수님을 비난하는 것입니다. 이러한 것은 사함을 받습니다. 그러면 사함을 받지 못하는 성령을 모독하고 말로 거역하는 것은 무엇일까요?

예수님은 이 땅에 계신 동안에 '인자'로서 우리들처럼 먹고 마시고 자고 일상생활을 하는 것뿐만 아니라 마태복음 12장에서처럼 성령으로 하나님의 일을 하셨습니다. 이것은 하나님으로서 예수님이 하신 일이요, 동시에 예수님 안의 성령께서 하나님의 일을 하신 것입니다. 이러한 하나님의 일에 대하여 귀신의 왕 바알세불을 힘입었다고 하는 것은 곧 하나님을 모독하는 것이요, 삼위일체이신 성령을 모독하는 죄가 되는 것입니다. 이러한 성령훼방죄는 결코 사함이 없습니다.

이것이 사함을 받지 못하는 이유는 하나님을 직접 반역한 사탄의 죄와 같기 때문에 사함을 받지 못하는 것입니다. 이와 관련해서 이후에 자세히 다루겠습니다. 사람의 모든 죄는 사함을 받습니다.

이제 성령훼방죄가 무엇인지 드러납니다. 바로 하나님의 일을 대적하는 것으로 이것을 바꾸어 말하면 하나님을 대적하고, 성령을 대적하는 것입니다. 성령께서 행하는 하나님의 일에 대해서 직접적으로 대적하는 것을 말합니다. 직접적으로 모독하는 것입니다. 하나님의 일을 훼방하는 자들은 예수님께 대적한 바리새인들과 서기관들처럼 처음부터 사탄에 속해 있던 자들입니다.

1) 성령훼방죄의 다른 표현들

■ 사망에 이르는 죄가 있습니다

요한일서 5:16 누구든지 형제가 사망에 이르지 아니하는 죄 범하는 것을 보거든 구하라 그리하면 사망에 이르지 아니하는 범죄자들을 위하여 그에게 생명을 주시리라 사망에 이르는 죄가 있으니 이에 관하여 나는 구하라 하지 않노라.

죄에는 사함이 있는 죄와 사함이 없는 죄가 있습니다. 사람의 모든 죄는 사함이 있습니다. 그래서 사람인 아담과 하와가 범해 후손에게 유전된 원죄도 회개하고 주 예수를 믿으면 사함을 받습니다. 그러나 하나님을 대적했던 사탄은 결코 용서함이 없고 반드시 지옥 불에 던져집니다. 하나님을 대적하는 죄인 성령훼방죄도 사탄이 지은 죄와 같은 것으로 반드시 사망에 이르는 죄입니다. 그리고 위의 말씀에서 '형제'란 말을 사용한 것은 거듭난 형제를 의미하는 것이 아닌 '가시적 교회의 형제'란 뜻으로 통상적인 표현입니다.

■ 양심에 화인(火印)을 맞는 죄가 있습니다

디모데전서 4:1-2 [1]그러나 성령이 밝히 말씀하시기를 후일에 어떤 사람들이 믿음에서 떠나 미혹하는 영과 귀신의 가르침을 따르리라 하셨으니 [2]자기 양심이 화인을 맞아서 외식함으로 거짓말하는 자들이라.

크리스천이 참으로 두려워하는 것이 있습니다. 크리스천임에도 불구하고 죄를 짓고 회개하고 얼마 뒤 동일한 죄를 다시 짓고 또 회개하고 어느 때는 이것이 계속 반복 합니다. 그럴 때 드는 생각이 '혹시 이러다 양심이 완전히 메말라 죄에 대해 무감각해지는 것은 아닌가? 양심에 화인을 맞는 것은 아닌가? 이러다 구원을 받지 못하는 것이 아닌가'하고 고민하는 경우가 있습니다. 그러나 양심에 화인 맞는다는 의미는 그런 것이 아닙니다.

예수님께 베드로가 와서 묻습니다.

"형제가 내게 죄를 범하면 몇 번이나 용서를 해야 되겠습니까?"

이 물음에 주님은 일곱 번의 일흔 번까지라도 용서하라고 말씀하셨습니다. 앞서도 말씀드렸지만, 이 의미를 넓혀서 보면 우리가 주님께 죄를 범했을 때도 주님은 우리를 일곱 번의 일흔 번까지라도 용서하시겠다는 것입니다. 곧 끝없이 용서하시겠다는 것입니다. 크리스천이 죄를 짓고 회개하고 또 지어도 그것이 그리스도의 보혈공로에 의지하여 중심에서 회개한 것이라면 주님은 용서합니다.

우리는 신앙생활을 하면서 우리 육신의 약함을 절감합니다. 성령충만하고 믿음이 클 때는 당당하고 죄는 남의 일 같이 느껴집니다. 그러다가도 믿음이 떨어지면 죄 가운데 방황하는 참으로 부족한 자신의 모습을 발견합니다. 그리고 깨닫습니다.

'그렇구나! 나란 존재는 참으로 연약하구나! 오직 그리스도의 의(義)가 살 길이요 하나님도 그리스도의 의만을 보시는 구나! 나의 의는 전혀 소용이 없는 것이구나!'

이러한 생각을 하고 있는 것은 이 사람은 분명 크리스천이기 때문에 가능합니다. 바로 거듭난 하나님의 자녀입니다. 크리스천이 아니라면 이런 생각 자체를 하지 못합니다.

양심에 화인을 맞는다는 의미는 이렇습니다. 처음부터 사탄의 편에 서서 사탄을 높이고 사탄을 따르고 거짓말로 죄악에 거하는 것입니다. 위의 디모데전서 4:1-2에 이어서 양심에 화인을 맞은 자들이 무슨 일을 했는지에 관해서 설명하는 말씀을 보겠습니다.

> 디모데전서 4:3 혼인을 금하고 어떤 음식물은 먹지 말라고 할 터이나 음식물은 하나님이 지으신 바니 믿는 자들과 진리를 아는 자들이 감사함으로 받을 것이니라.

양심에 화인을 맞은 자들이 범한 거짓의 일례가 혼인을 금한 것과 어떤 음식물은 먹지 말라한 것이라고 말씀하고 있습니다.

초기 교회시대에 교회 안에서 활동하던 거짓 선생들 중에 가장 심각한 물의를 일으키는 이단이 있었는데 이들은 영지주의자 입니다. 이들은 물질은 악하고, 정신은 선하며, 육적인 것은 악에 물들게 하는 원인라고 주장하면서 혼인을 금했고, 음식을 가려 먹는 엄격한 채식주의 생활을 했습니다. 이들은 이후 수백 년간 교회를 심각하게 흔들게 되는데 대표적인 인물로 '말시온', '몬타누스' 등이 있습니다. 양심이 무감각한 이들이 교회를 분열시키고 혼란스럽게 한 족적은 교회사에 너무도 넓고 크게 남아 있습니다. 이들처럼 사탄에 속해서 교회 안과 주변에서 거짓된 말로 교회와 성도들을 이간시키는 자들이 바로 양심에 화인을 맞은 자들입니다.

현재 교회 안에서 직분을 가지고 있다 하더라도 하나님과 교회를 전혀 두려워하지 않고 오히려 거짓된 것으로 방해 거리만 찾는 사람이 있을 수 있습니다. 이들에게는 하나님과 관련된 그 무엇도 전혀 안중에 없습니다. 왜냐하면 그것의 중요성을 알 길이 없기 때문입니다. 바로 이런 사람이 양심에 화인을 맞은 사람입니다.

　화인이란 것은 노예의 주인이 인두로 도장을 찍어서 자신의 소유를 나타내는 것입니다. 양심에 화인을 맞은 자는 사탄이 자신의 것이라며 불도장을 꽉 찍은 것입니다. 그러니 사탄의 종은 당연히 사탄을 따를 수밖에 없는 것입니다. 이처럼 사탄을 따르는 이들은 어떤 특징을 보일까요? 바로 외식하는 것입니다. 외식(ὑποκρίσει)이란 연극에서 가면을 쓰고 본래의 모습을 숨긴다는 뜻입니다. 사탄의 종은 본래 그 모습을 숨기고 교회에서 거짓말을 하며 하나님의 일을 방해하고 대적합니다. 이 또한 성령훼방죄의 다른 표현입니다.

　위의 말씀 중에 우리의 눈을 끄는 '믿음에서 떠나'란 말에 관하여서는 뒤에 자세히 다루겠습니다. '믿음에서 떠나'란 말은 믿다가 버림을 받는다는 의미가 아닙니다.

■ 불법을 행하는 자들의 죄가 있습니다

마태복음 7:21-23 ²¹나더러 주여 주여 하는 자마다 다 천국에 들어갈 것이 아니요 다만 하늘에 계신 내 아버지의 뜻대로 행하는 자라야 들어가리라 ²²그 날에 많은 사람이 나더러 이르되 주여 주여 우리가 주의 이름으로 선지자 노릇 하며 주의 이름으로 귀신을 쫓아 내며 주의 이름으로 많은 권능을 행하지 아니하였나이까 하리니 ²³그때에 내가 그들에게 밝히 말하되 내가 너희를 도무지 알지 못하니 불법을 행하는 자들아 내게서 떠나가라 하리라.

위의 말씀은 불법을 행하는 자들에 대해서 말씀을 하고 있습니다. 불법을 행했다는 것은 하나님의 말씀의 도를 쫓지 않았다는 것입니다. 이 불법을 행하는 자가 거듭난 사람이었을까요? 아래의 말씀에서 볼 수 있듯이 이들은 전혀 거듭나지도 않았으며, 오히려 하나님의 일을 방해한 거짓 선지자들이었습니다.

> 마태복음 7:15-20 ¹⁵거짓 선지자들을 삼가라 양의 옷을 입고 너희에게 나아오나 속에는 노략질하는 이리라 ¹⁶그들의 열매로 그들을 알지니 가시나무에서 포도를, 또는 엉겅퀴에서 무화과를 따겠느냐 ¹⁷이와 같이 좋은 나무마다 아름다운 열매를 맺고 못된 나무가 나쁜 열매를 맺나니 ¹⁸좋은 나무가 나쁜 열매를 맺을 수 없고 못된 나무가 아름다운 열매를 맺을 수 없느니라 ¹⁹아름다운 열매를 맺지 아니하는 나무마다 찍혀 불에 던져지느니라 ²⁰이러므로 그들의 열매로 그들을 알리라.

거짓 선지자들은 하나님이 기뻐하는 열매를 맺지 못하고 입으로만 '주여, 주여'라고 부르는 자들입니다. 이들은 마태복음 25장에 나오는 '열처녀의 비유'에서 기름을 준비하지 못한 자들로 거듭나지 못해서 천국 혼인 잔치에 들어가지 못하고 '주여, 주여'라고 입술로만 부른 다섯 처녀들과 같은 자들입니다.

> 마태복음 25:11-12 ¹¹그 후에 남은 처녀들이 와서 이르되 주여 주여 우리에게 열어 주소서 ¹²대답하여 이르되 진실로 너희에게 이르노니 내가 너희를 알지 못하노라 하였느니라.

이들은 선지자 노릇을 하며, 바리새인들과 서기관들처럼 외식함으로 거짓말하는 자들이며, 거듭나지 않은 불법을 행하는 자들입니다. 바로 이들 또한 (가시적)교회에서 성령을 훼방하고 있는 자들인 것입니다.

2) 히브리서 6:4-8과 가시적 교회

성령훼방죄와 관련하여 '정말 거듭난 사람은 해당사항이 없을까'에 대해서 혹시 의문이 계속 듭니까? 앞선 3장)에서 언급을 보류했던 히브리서 6장의 말씀에 대해서 설명을 드리고자 합니다.

> 히브리서 6:4-8 ⁴한 번 빛을 받고 하늘의 은사를 맛보고 성령에 참여한 바 되고 ⁵하나님의 선한 말씀과 내세의 능력을 맛보고도 ⁶타락한 자들은 다시 새롭게 하여 회개하게 할 수 없나니 이는 그들이 하나님의 아들을 다시 십자가에 못 박아 드러내 놓고 욕되게 함이라 ⁷땅이 그 위에 자주 내리는 비를 흡수하여 밭 가는 자들이 쓰기에 합당한 채소를 내면 하나님께 복을 받고 ⁸만일 가시와 엉겅퀴를 내면 버림을 당하고 저주함에 가까워 그 마지막은 불사름이 되리라.

앞의 '3장 이미 받은 구원을 두렵게 하는 말씀들'에서 히브리서에 대해서 언급을 했습니다.

히브리서는 유대교 출신으로 고난당하고 있는 어린 믿음의 크리스천들을 대상으로 배교하지 말고 하나님에 대한 소망을 견고히 가지라는 내용의 말씀입니다. 그러던 중에 히브리서 기자는 육신적으로나 신앙적으로나 어린 자들에게 효과적인 방법인 겁을 주는 것이 위의 말씀입니다. 그러나 우리는 위의 말씀이 단순히 겁을 주기 위해서 지어낸 무의미하게 쓰인 말씀이 아니라는 것을 잘 압니다. 그렇다면 위의 말씀이 거듭난 이후에 타락하여 회개할 수 없는 죄를 지을 수 있다는 것입니까? 바꾸어 말하면, 거듭난 이후에도 성령훼방죄를 지을 수 있다는 것입니까? 그래서 지옥에 들어갈 수도 있다는 말씀입니까?

히브리서 기자의 위의 표현을 이해하기 위해서는 중요한 것을 이해하고 있어야 합니다.

■ 가시적 교회의 바른 해석을 위해 이해해야 할 '교회'

교회(ἐκκλησία)는 무엇입니까? 예수님을 머리로 한 지체들을 말합니다. 크리스천이 바로 교회입니다. 바로 거듭난 성도들의 모임이 교회입니다. 이것이 온전한 의미의 교회입니다. 그러나 현재 우리가 다니고 있는 가시적 교회에는 거듭난 성도도 있고, 거듭나기 전의 사람도 있고, 멸망의 자녀도 포함되어 있습니다. 갑자기 이것을 언급하는 것은 매우 중요한 이유가 있습니다. 3장 끝에서도 언급을 했지만, 성경에서 말하는 교회는 거의가 다 전자의 온전한 교회가 아닌 후자의 가시적 교회를 말합니다. 앞에서 언급했던 요한1서 5:16의 '형제'란 표현도 후자의 교회를 바탕으로 말씀을 하고 있습니다.

> 요한일서 5:16 누구든지 형제가 사망에 이르지 아니하는 죄 범하는 것을 보거든 구하라 그리하면 사망에 이르지 아니하는 범죄자들을 위하여 그에게 생명을 주시리라 사망에 이르는 죄가 있으니 이에 관하여 나는 구하라 하지 않노라.

예수님께 독사의 자식이라고 책망을 들었던 바리새인들도 하나님의 백성인 이스라엘 민족이었습니다.

> 마태복음 12:34 독사의 자식들아 너희는 악하니 어떻게 선한 말을 할 수 있느냐 이는 마음에 가득한 것을 입으로 말함이라.

■ 유다서를 통한 이해 돕기

　가시적 교회의 바른 해석을 위해 이해해야 할 '교회'와 관련하여 유다서를 통해 설명하겠습니다. 유다서는 이단 사상과 거짓된 가르침으로 교회를 분열시키는 거짓 선생들에 대해서 성도들에게 경고하고 바른 신앙을 지킬 것을 알리는 내용입니다.
　먼저 3-4절의 내용입니다.

> 유다서 1:3-4 ³사랑하는 자들아 우리가 일반으로 받은 구원에 관하여 내가 너희에게 편지하려는 생각이 간절하던 차에 성도에게 단번에 주신 믿음의 도를 위하여 힘써 싸우라는 편지로 너희를 권하여야 할 필요를 느꼈노니 ⁴이는 가만히 들어온 사람 몇이 있음이라 그들은 옛적부터 이 판결을 받기로 미리 기록된 자니 경건하지 아니하여 우리 하나님의 은혜를 도리어 방탕한 것으로 바꾸고 홀로 하나이신 주재 곧 우리 주 예수 그리스도를 부인하는 자니라.

　위의 내용처럼 가시적인 교회에는 성도뿐만이 아니라 멸망을 받을 자들이 포함되어 있습니다. 이 멸망 받을 자들은 "…옛적부터 이 판결을 받기로 미리 기록된 자니…"라는 위의 말씀에서 알 수 있듯이 창세 전에 택정 받지 못한 자들입니다.

> 유다서 1:5 너희가 본래 모든 사실을 알고 있으나 내가 너희로 다시 생각나게 하고자 하노라 주께서 백성을 애굽에서 구원하여 내시고 후에 믿지 아니하는 자들을 멸하셨으며.

　이 말씀은 출애굽한 육적인 이스라엘 민족이 하나님의 창세 전에 택정된 영적 이스라엘과 일치하는 것이 아님을 보여줍니다. 이중에서도 멸망을 당할 자들이 있습니다. 출애굽한 이스라엘 민족 또한 가시적 교회의 모형임을 알 수 있습니다.

> 유다서 1:11 화 있을진저 이 사람들이여, 가인의 길에 행하였으며 삯을 위하여 발람의 어그러진 길로 몰려 갔으며 고라의 패역을 따라 멸망을 받았도다.

가시적 교회에 멸망당한 가인, 발람 선지자, 광야에서 하나님과 모세에게 반역했던 고라와 같은 자들이 섞여 있습니다. 결론적으로 이들은 어떤 자들일까요?

> 유다서 1:19 이 사람들은 분열을 일으키는 자며 육에 속한 자며 성령이 없는 자니라.

이들은 바로 성령이 없는 자, 곧 거듭나지 못한 자들입니다.

■ 지금 히브리서 6:4-8과 관련한 내용을 놓고 '교회'와 '유다서'를 이야기한 이유가 이렇습니다

첫째, 히브리서 6:4-8의 내용도 가시적인 교회를 바탕으로 말씀을 전개하고 있다는 것을 알아야 한다는 것입니다.

둘째, 위의 유다서에 보면 하나님과 모세가 반역해서 멸망당한 고라의 이야기가 나왔습니다. 유다서의 말씀에 고라 또한 거짓 선생들처럼 옛적부터 판결을 받기로 미리 기록된 자이며, 성령이 없는 자입니다.

그런 고라도 어떠했습니까? 홍해를 건넜습니다. 만나와 메추라기도 맛

을 보았습니다. 반석에서 나온 물도 맛을 보았습니다.

이 말은 하나님의 자녀로서 하나님의 은혜를 누렸다는 뜻이 아닙니다. 진정으로 회개하고 예수님을 믿고 세례를 받은 것이 아닌 형식적으로 물 세례도 받았습니다. 예배와 신앙생활 중에 성도들에게 일어나는 하나님의 놀라운 역사를 옆에서 맛 보았습니다(이후 7장에서 다루게 되겠지만). 성령의 은사나 역사가 아닌 사탄의 거짓 은사가 나타나기도 했습니다. 그러나 고라는 택정된 성도가 아니며 성령도 받지를 못했습니다.

이제 히브리서 6:4-8로 돌아가겠습니다.

> 히브리서 6:4-8 [4]한 번 빛을 받고 하늘의 은사를 맛보고 성령에 참여한 바 되고 [5]하나님의 선한 말씀과 내세의 능력을 맛보고도 [6]타락한 자들은 다시 새롭게 하여 회개하게 할 수 없나니 이는 그들이 하나님의 아들을 다시 십자가에 못 박아 드러내 놓고 욕되게 함이라 [7]땅이 그 위에 자주 내리는 비를 흡수하여 밭 가는 자들이 쓰기에 합당한 채소를 내면 하나님께 복을 받고 [8]만일 가시와 엉겅퀴를 내면 버림을 당하고 저주함에 가까워 그 마지막은 불사름이 되리라.

그런데 왜 위의 말씀은 마치 잘 믿고 있던 사람이 타락해서 교회를 떠나가면 끝내는 지옥불에 들어가는 것처럼 말씀을 할까요? 먼저 위의 말씀에서 "타락한 자들은…"이란 표현을 이해할 필요가 있습니다.

유대교 출신으로 박해를 당해 신앙이 흔들리고 있는 어린 신앙의 성도들은 가시적 교회의 의미와 거듭난 성도로 이루어진 진정한 의미의 교회를 구분할 수 있는 정도의 수준이 아닙니다. 이들에게 겁이라도 주어서 마음을 다잡게 해야 하는 때에, 온순한 말로 달래가면서 교육 시킬 그런 상황이 아닙니다.

히브리서 기자는 직접적인 이름을 거론하진 않았으나 성경의 여러 곳에서 언급되고 있는 가시적인 교회에 속해 있지만 성령훼방죄를 지은 자들, 거짓 선지자들, 멸망 받을 자들을 예로 들면서 어린 신앙의 성도들을 붙들려 하고 있는 것입니다.

위의 말씀에 보면 "…하나님의 아들을 다시 십자가에 못 박아 드러내 놓고 욕되게 함이라"고 합니다. 원래 하나님의 아들을 십자가에 못 박은 자들은 누구입니까? 대제사장, 바리새인, 율법사 등 유대교도들입니다. 이들은 예수 그리스도를 부정했던 자들입니다. 그러면 다시 하나님의 아들을 십자가에 못 박는 자들은 누구와 같은 자들이겠습니까? 바로 예수 그리스도를 십자가에 못 박게 했던 대제사장이나 바리새인들이나 율법사들과 같은 자들이라는 것입니다.

우리는 예수님의 제자 중에 예수님을 팔았던 가룟 유다를 잘 압니다. 가룟 유다는 세례도 받았습니다(요 4:1). 물론 참으로 회개하는 마음과 믿음으로 세례를 받은 것이 아닌 형식으로 받았지만 말입니다. 그리고 그는 예수님께 천국복음도 들었고, 다른 제자들과 함께 풍랑 이는 배 위에서 구원을 받았습니다. 수많은 기적을 체험했고, 보리떡 다섯 개와 물고기 두 마리로 오천 명을 먹일 때 유다는 그 자리에 있었습니다. 그런데 예수님은 그를 향하여 나지 않았으면 오히려 좋았을 것이라고 하셨습니다. 그리고 마귀의 일인 '네 일'을 하라고 하셨습니다. 끝내 유다는 예수님을 은 30에 팔고 자살로 생을 마감하고 말았습니다.

히브리서 6:4-6에서 다시 하나님의 아들을 십자가에 못 박는 자들은 예수님으로부터 성령훼방죄는 사함이 없다고 책망을 들었던 바리새인들과 같은 자들입니다. 이들은 결코 거듭나지 않은 자들입니다. 이들은 유다서의 가인, 발람, 고라, 사탄, 거짓 선생과 같은 자들인 것입니다. 이들은 칼빈(Calvin)이 말했던 것처럼 하나님의 능력을 '맛만 보았을 뿐' 실상은 하나님의 깊고 신령한 은혜를 체험하지 못한 것입니다. 창세 전에 택정을 받고 한 번 거듭난 성도는 결코 구원을 잃어버릴 수 없습니다.

> 로마서 8:30 또 미리 정하신 그들을 또한 부르시고 부르신 그들을 또한 의롭다 하시고 의롭다 하신 그들을 또한 영화롭게 하셨느니라.

3) 죄(罪)

이제 성령훼방죄와 관련해서 많은 부분들이 정리가 되고 이해가 되었을 줄 압니다. 이제는 죄에 대해서 전반적인 정리를 하고자 합니다.

질문을 하겠습니다. 사탄이 지은 죄와 사람이 지은 죄의 차이점이 무엇이라 생각하십니까? 용서 받는 죄와 용서 받지 못하는 죄의 차이점은 무엇이라고 생각하십니까? 지금도 원죄를 지을 수 있습니까? 지을 수 없다면 왜 그렇습니까?

이처럼 죄와 관련해서도 수많은 의문을 가지고 계셨을 것입니다. 비록 거듭나서 이제는 사망에는 이르지 않는다고 하더라도 육신을 입고 있는 동안에 죄의 굴레에서 벗어날 수는 없습니다. 우리의 신앙생활에 암적 존재인 이러한 죄에 대해서 바른 정립을 하고 있다면 앞으로의 영적 싸움에도 매우 유익할 것입니다.

■ 죄(罪)의 시작

앞서 1장에서 언급을 했던 것처럼 죄의 시작은 사탄입니다. 사탄은 하나님께 찬양을 올려드리기 위해 창조된 천사장이었으나 천사들 위에 군림하면서 하나님과 같은 영광을 자신이 받으려 했습니다. 이에 대해서 하나님은 "네게서 불의가 드러났도다(겔 28:15), 네가 범죄하였도다(겔 28:16)"고 진노하시면서 천상에서와 모든 지위로부터 내치고 맙니다. 이후 사탄은 하나님의 영원한 구원계획의 한낱 악한 도구로만 사용되다가 결국에는 불과 유황 못에 던져 영원히 고난을 당하게 되고 말 것입니다(계 20:10).

물론 사탄은 악한 도구로 쓰임을 받았다고 해서 하나님께 협조를 했다는 의미가 아닙니다. 하나님에 의해서 악한 도구로 쓰임을 받았지만, 사탄은 그러한 과정 중에도 하나님을 대적했고 세상의 불신자들 위에 왕으로 군림을 했으며 하나님의 택함 받은 자녀들을 지금도 쉴 세 없이 미혹하고 넘어지게 하고 있습니다.

영원한 크리스천들을 만들기 위한 하나님의 웅장하고 거대한 계획의 시작이었던 아담과 하와의 선악과 사건은 죄에 대해서 매우 중요한 단서를 제공합니다.

■ 원죄

우리는 신앙생활을 하면서 죄에는 원죄와 본죄(자범죄)가 있음을 듣고 배웠습니다. 그러나 일부에서는 반론을 제기합니다. 성경에서는 원죄와 본죄(자범죄)를 구분하지 않고 죄에 대해서만 심판과 형벌이 있을 것임을 말한다는 것입니다.

물론 그렇습니다. 성경에서는 직접적으로 원죄란 말이 나오지를 않습니다. 그러나 성경에서는 분명히 아주 특별한 원죄에 대해서 다루고 있습니다.

창세기 3장에는 마귀의 꾐에 빠진 아담과 하와의 선악과 사건이 나옵니다. 이것을 '원죄의 사건'이라 합니다. 그런데 재미있는 것은 앞선 창세기 2장에서 중요한 점을 발견할 수 있습니다.

하나님이 전 우주적인 웅장한 계획을 진행하시면서 가장 중요한 사건 중의 하나가 될 '선악과 사건을 어떻게 준비하시고 계획하셨는가'하는 것입니다. 먼저 하나님은 아담을 창조하셨습니다.

> 창세기 2:7 여호와 하나님이 땅의 흙으로 사람을 지으시고 생기를 그 코에 불어넣으시니 사람이 생령이 되니라.

다음에 하나님은 에덴동산을 창조하셨습니다.

> 창세기 2:8 여호와 하나님이 동방의 에덴에 동산을 창설하시고 그 지으신 사람을 거기 두시니라.

그런 이후 하나님은 선악을 알게 하는 나무를 창조합니다.

> 창세기 2:9 여호와 하나님이 그 땅에서 보기에 아름답고 먹기에 좋은 나무가 나게 하시니 동산 가운데에는 생명 나무와 선악을 알게 하는 나무도 있더라.

그 다음으로 하나님은 아담에게 인류 최초의 법을 제정하십니다.

> 창세기 2:16-17 [16]여호와 하나님이 그 사람에게 명하여 이르시되 동산 각종 나무의 열매는 네가 임의로 먹되 [17]선악을 알게 하는 나무의 열매는 먹지 말라 네가 먹는 날에는 반드시 죽으리라 하시니라.

그리고 나서 하나님은 하와를 창조합니다.

창세기 2:22 여호와 하나님이 아담에게서 취하신 그 갈빗대로 여자를 만드시고 그를 아담에게로 이끌어 오시니.

지금 기술한 창세기 2장의 내용은 창조 여섯째 날에 모두 일어난 일입니다. 그러나 일의 순서는 위와 같습니다.

이후 창세기 3장의 선악과 사건이 전개되는데 뱀(마귀)이 하와를 꾐으로 시작됩니다. 그런데 위의 순서를 보면 아담은 하나님께 직접 '선악과를 먹으면 죽으리라'는 말씀을 들었으나 그때 하와는 아직 창조되기 전의 일입니다.

하와는 아담에게서 간접적으로 하나님의 법에 대해서 전해 들었을 것입니다. 직접 듣는 것과 누구를 통해서 전해 듣는 것에는 심각성에 대한 인식이 떨어질 수밖에 없을 것이고 간악한 마귀는 그 점을 파고들어 목적을 달성합니다.

위의 창세기 2장의 내용을 보면서 이런 생각들이 들지 않습니까? 하나님이 왜 선악을 알게 하는 나무를 만드셨을까요? 하나님이 왜 굳이 선악을 알게 하는 나무를 만드시고 그 열매를 먹으면 죽으리라고 하셨을까요? 그 해답은 이 책을 읽고 계시는 분이라면 당연히 쉽게 아실 것입니다. 하나님이 예비하신 영원한 크리스천들을 만드시기 위한 과정의 한 부분임을 말입니다.

그럼에도 원죄와 관련된 부분을 다루면서 제기되는 의문들이 있습니다. 선악과 사건에 등장하는 '선악과'는 어떤 과일이며 이 선악과의 효능은 무엇일까요? 왜 선악과 사건이 원죄가 되겠습니까? 왜 이 시대를 살아가는 사람들은 아담과 하와처럼 원죄를 다시 지을 수 없습니까?

먼저 선악과에 대해서 알아보겠습니다. 선악을 알게 하는 선악과 속에 원죄를 일으키는 무슨 성분이 들어 있는 것일까요? 물론 당연히 그렇지 않습니다. 선악과는 단순히 선과 악을 알게 하는 기능을 합니다.

예를 들어 보겠습니다. 나면서부터 앞을 못 보는 사람은 색깔의 종류를 전혀 알 수 없습니다. 붉은색과, 푸른색에 대해서 아무리 설명을 해도 이해를 못할 것입니다. 이 사람이 이후 앞을 보게 된다면 '이것이 붉은색이구나, 저것이 푸른색이었구나!' 하고 알게 될 것입니다. 선과 악에 대해서 전혀 인식을 갖지 못했던 아담과 하와도 선악과를 먹으므로 인해서 선과 악을 알고 인식케 되었습니다.

그러면 원죄는 무엇일까요? 창세기 2:17에 하나님은 인류 최초로 법을 제정하셨습니다. '선악과를 먹지 말라. 먹으면 반드시 죽으리라'는 법입니다. 이 세상에도 법이 있습니다. '이것을 범하면 사형에 처한다.' 그런데 어떤 사람이 그 법을 범했다면 그는 사형을 당하고 말 것입니다. 이처럼 아담과 하와도 법을 어기고 먹지 말라는 선악과를 먹었습니다. 그래서 법을 어겼기 때문에 죄가 성립이 되고 법대로 죽게 된 것입니다. 너무나도 당연한 이치입니다.

우리에게 궁금한 것이 하나 있습니다. 그러면 이 시대를 살아가는 사람들은 아담과 하와처럼 원죄를 왜 다시 지을 수 없습니까?

최초의 하나님의 법에는 선악과가 등장합니다. 하나님의 법의 내용이 선악과의 열매를 먹으면 죽는다는 내용입니다. 이 시대에 또 다시 원죄를 지을 수 없는 것은 이 시대에는 선악과가 없다는 점입니다. 하나님의 법의 내용은 다른 과일은 다 먹되 선악과는 먹지 말라는 것입니다. 선악과를 먹을 때 반드시 죽는다는 것이었습니다. 하나님의 웅장하고 거대한 구원계획의 중요한 부분을 담당할 선악과 사건의 선악과는 원죄의 도구로 사용된 이후 성경에서 완전히 자취를 감추고 맙니다. 그야 당연히 더 이상 필요가 없기 때문입니다. 이러한 원죄로 인한 죽음의 효력은 아담과 하와 두 명으로 끝난 것이 아닌 이후 대대로 그들의 모든 자손에까지 죽음의 영향을 미치는 인류의 죄의 출발이 되었습니다.

> 로마서 5:12 그러므로 한 사람으로 말미암아 죄가 세상에 들어오고 죄로 말미암아 사망이 들어왔나니 이와 같이 모든 사람이 죄를 지었으므로 사망이 모든 사람에게 이르렀느니라.

■ 인간의 죄와 사탄의 죄

앞서 성령훼방죄와 사탄으로 시작된 죄에 대해서 그리고 원죄를 알아봤습니다. 이제 죄와 관련하여 정리를 해보고자 합니다.

하나님의 웅장하고 거대한 구원계획에서 죄가 담당하는 역할은 매우 큽니다. 죄 때문에 영원한 죽음이 왔고, 죄로 인해서 하나님과 인간 사이에 단절이 생겼습니다. 그리고 이 죄로 인해서 우리의 삶속에 수많은 고난, 환란이 닥쳤습니다. 따라서 이 죄를 제대로 이해를 못하게 되면 하나님을 오해케 되고, 성경을 바르게 이해하기 어렵고, 혼란 속에 빠져들 수 있습니다. 그리고 가장 중요한 사건인 예수 그리스도의 십자가 사건을 선명하게 인식할 수 없습니다.

죄(罪), 죄의 시작은 사탄입니다. 하나님을 대적한 사탄을 향하여 하나님은 죄를 범했다고 하였습니다. 이것이 불의(不義)라고 하였습니다.

사탄으로부터 시작된 죄이지만, 사탄은 에덴동산에서 아담과 하와에게 하나님의 법을 어기게 만들고, 선악과 사건을 일으켜 죄를 전가시킵니다.

이렇게 해서 죄가 인간에게 들어오게 됩니다. 그런데 우리는 성경을 보면서 죄와 관련하여 많은 의문들을 가집니다.

사탄의 죄는 왜 용서를 받지 못하는가? 인간의 모든 죄는 사함을 받는다고 하면서 왜 성령훼방죄는 사함이 없는가? 사탄이 지은 죄와 인간이 지은 죄는 어떻게 다른가?

성경에는 수많은 죄에 대한 이야기들이 나옵니다. 그런데 그러한 죄를 나누어 구분을 지어보면 죄를 이해하는 데 도움이 됩니다. 죄는 사탄의 죄와 인간의 죄로 나눌 수 있습니다.

사탄의 죄는 두 가지로 나누어 볼 수 있는데, 하나님을 대적한 죄와 인간을 미혹한 죄입니다. 그리고 인간의 죄는 원죄와 본죄(자범죄), 성령훼방죄로 나눌 수 있습니다.

죄	사단이 지은 죄	· 하나님을 대적한 죄 · 인간을 미혹한 죄
	인간이 지은 죄	· 원죄 · 본죄(자범죄) · 성령훼방죄

그러면 왜 사탄은 예수님을 믿어 죄의 용서를 받을 수 없습니까? 그리고 사탄의 죄와 인간의 죄의 차이점은 무엇입니까? 이러한 의문점의 해결과 함께 모든 죄의 관계를 잘 설명해 주는 성경의 내용이 있습니다.

민수기 35장과 여호수아 20장에 보면 도피성에 관한 하나님의 규례가 나옵니다. 도피성은 요단강 동편에 세 곳, 서편에 세 곳을 만들게 했습니다. 그래서 어디서든 실수로 살인한 자가 하룻길 안에 피할 수 있도록 고르게 위치하고 있었습니다. 이 도피성에는 이스라엘 자손뿐이 아니라 누구든지 실수로 살인한 자는 피할 수 있었습니다. 도피성 안에만 있으면 원수를 갚기 위한 그 누구의 위협에도 안전을 보장 받았습니다. 그리고 실수로 살인한 자가 완전한 자유를 보장 받는 때는 당시의 대제사장이 죽게 되면 자유로이 도피성 밖으로 나가도 안전했습니다.

그러나 실수로 살인을 한 자가 아닌 고의로 살인을 한 자는 도피성 안으로 들어 갈 수도 없었습니다. 고의로 살인한 자는 반드시 죽이라고 하나님이 말씀하셨습니다. 이러한 도피성에 대한 하나님의 규례가 의미하는 바가 있습니다.

먼저 도피성이 의미하는 바가 무엇일까요? 여섯 군데에 있던 도피성의 이름에 주목할 필요가 있습니다.

여호수아 20:7-8 ⁷이에 그들이 납달리의 산지 갈릴리 게데스와 에브라임 산지의 세겜과 유다 산지의 기럇 아르바 곧 헤브론과 ⁸여리고 동쪽 요단 저쪽 르우벤 지파 중에서 평지 광야의 베셀과 갓 지파 중에서 길르앗 라못과 므낫세 지파 중에서 바산 골란을 구별하였으니.

게데스는 성소, 세겜은 어깨, 헤브론은 친교와 교통, 베셀은 요새, 라못은 높은 곳, 골란은 기쁨이란 의미입니다. 이러한 뜻이 영적으로 의미하는 바가 있습니다. 바로 우리의 구원자가 되시는 예수 그리스도입니다.

예수 그리스도는 우리의 성전이시며(요 2:19), 어깨에 모든 정사를 메셨습니다(사 9:6). 그리고 중보자가 되시며(고후 5:19), 우리의 피할 요새인 피난처가 되시고(시 91:2), 우리를 높이시는 분이시며(에베소서 2:6), 우리의 기쁨이 됩니다(롬 5:4).

성경에서 도피성에 피해서 살 수 있는 자는 실수로 살인을 한 자라고 했습니다. 그리고 도피성에 피할 수 없는 자는 고의로 살인을 한 자라고 말합니다. 이것을 바꾸어 말해보겠습니다. '예수 그리스도에게 피해서, 즉 예수님을 믿어서 구원을 받을 수 있는 자는 실수로 살인을 한 자이고, 아예 예수를 믿을 수 없게 한 자는 고의로 살인을 한 자'라는 말이 됩니다.

그리고 여기서의 '살인'이란 인간이 범하는 죄 중에서 가장 심각한 것으로 모든 죄의 대표성을 지닌다고 볼 수 있습니다. 따라서 위의 말을 다시 바꾸어 말하면 '예수님을 믿어서 구원을 받을 수 있는 자는 실수로 죄를 범한 자이고, 아예 예수님을 믿을 수 없게 한 자는 고의로 죄를 범한 자'라는 말이 됩니다.

선악과 사건에서 아담과 하와는 하나님의 법을 어기고 죄를 지어 죽음에 이르게 되었습니다. 그런데 하나님의 말씀을 어기고 먹으면 죽게 된다는 것을 미리 알면서도 하와를 속이고 선악과를 먹게 만들고 인류를 죽음에 이르게 한 사탄은 알면서도 죄를 범하게 한 '고의로 살인 한 자'입니다. 반대로 사탄의 감언이설에 속아서 죄를 지은 아담과 하와는 '실수로 살인을 한 자'가 됩니다. 하나님께 대적하고 불의를 범했을 때 사탄은 이미 하나님께 멸망의 언도를 받았습니다. 이후로는 영원토록 하나님의 보좌에는 나아갈 수 없게 되었습니다.

에스겔 28:16 …네가 범죄하였도다 너 지키는 그룹아 그러므로 내가 너를 더럽게 여겨 하나님의 산에서 쫓아냈고 불타는 돌들 사이에서 멸하였도다.

사탄이 죄를 사함 받을 수 있는 길을 하나님은 사전에 차단을 해 놓으셨습니다. 반드시 사탄은 요한계시록의 말씀처럼 불과 유황못에 던져질 것입니다(계 20:10). 그리고 이 유황못은 사탄을 위해 준비된 것이었습니다

(마 25:41). 사탄은 모든 죄의 시작이요, 죄의 아비요, 거짓의 아비입니다.

> 요한복음 8:44 너희는 너희 아비 마귀에게서 났으니 너희 아비의 욕심대로 너희도 행하고자 하느니라 그는 처음부터 살인한 자요 진리가 그 속에 없으므로 진리에 서지 못하고 거짓을 말할 때마다 제 것으로 말하나니 이는 그가 거짓말쟁이요 거짓의 아비가 되었음이라.

그러나 이와는 반대로 원죄를 범한 아담과 하와를 포함한 모든 인간은 속아서 실수로 죄를 범했고, 따라서 인간은 누구든지 예수 그리스도를 믿고 죄사함을 받을 수 있는 것입니다.

도피성에 대한 말씀에서 대제사장이 죽으면 완전한 자유를 보장 받는다고 합니다. 대제사장이신 예수 그리스도께서 십자가에서 인류의 죄를 대신해 죽으심으로 믿는 모든 자에게 자유가 임한 것입니다.

> 민수기 35:28 이는 살인자가 대제사장이 죽기까지 그 도피성에 머물러야 할 것임이라 대제사장이 죽은 후에는 그 살인자가 자기 소유의 땅으로 돌아갈 수 있느니라.

그런데 성령훼방죄는 인간의 죄임에도 왜 사함이 없는 것일까요? 최초의 사탄의 죄가 무엇으로 시작이 되었습니까? 하나님을 대적할 때 죄가 되었습니다. 인간이 범하는 성령훼방죄는 속아서 실수로 죄를 범하는 범주를 넘어서는 하나님을 직접 대적하는 것이요, 성령을 모독하고 훼방하는 것으로, 사탄이 범한 죄와 같은 죄를 말합니다. 그러니 당연히 사함이 없는 것입니다.

마태복음 12:31 그러므로 내가 너희에게 이르노니 사람에 대한 모든 죄와 모독은 사하심을 얻되 성령을 모독하는 것은 사하심을 얻지 못하겠고.

이렇게 해서 인간의 죄와 사탄의 죄에 대한 정리를 해 보았습니다. 예수 그리스도 안에 있는 크리스천들은 이제 자유합니다. 죄에 대한 두려움보다는 이제 죄와는 상관없는 오히려 하나님이 기뻐하는 일을 하며 하나님을 위해 살아도 이 땅에서의 시간은 턱없이 부족합니다. 우리를 억만 가지 죄에서 구속하신 주님을 위해 뛰며 달려가는 모든 하나님의 자녀들이 되었으면 합니다.

우리가 죄에 대한 부분을 다루면서 항상 상기해야 될 것이 있습니다. 근본적으로 원죄를 회개치 않아서 멸망당할 자들과 성령훼방죄를 지은 자(용서 받지 못할 죄지은 자, 양심에 화인 맞은 자, 사함이 없는 죄지은 자, 불법을 행하는 자, 거짓 선지자, 삯꾼 목자, 적그리스도)들은 애초 택정을 받지 못한 마귀에 속한 자들이었습니다.

예수님은 마태복음 13장에서 좋은 씨와 가라지에 대한 비유를 통해 근본적으로 심판받을 자들과 영생에 들어갈 자들에 대해서 말씀을 하고 계십니다.

마태복음 13:37-40 ³⁷대답하여 이르시되 좋은 씨를 뿌리는 이는 인자요 ³⁸밭은 세상이요 좋은 씨는 천국의 아들들이요 가라지는 악한 자의 아들들이요 ³⁹가라지를 뿌린 원수는 마귀요 추수 때는 세상 끝이요 추수꾼은 천사들이니 ⁴⁰그런즉 가라지를 거두어 불에 사르는 것 같이 세상 끝에도 그러하리라.

위의 말씀을 보면 예수님이 이 세상에 천국의 아들들인 좋은 씨를 뿌렸고, 마귀가 악한 자의 아들들인 가라지를 뿌렸는데 추수 때인 세상 끝 날에 악한 자의 아들들인 가라지를 지옥 불에 던지겠다고 말씀을 하고 계십니다. 좋은 씨가 가라지로 바뀔 수 없고, 가라지가 뒤에 좋은 씨로 바뀔 수 없습니다.

제5장

율법(律法): 하나인가? 셋인가?

1. 율법 속의 세 가지 법
2. 율법과 구약시대의 구원
3. 구약시대의 이스라엘 민족
4. 이제 이스라엘 민족의 역할은 완전히 끝났는가?

신앙생활을 어느 정도 한 사람에게 "율법을 알고 있느냐"고 물어보면 당당하게 힘주어 말할 것입니다. "예수님이 오셔서 이제 율법은 끝났습니다. 이제 예수님이 율법을 십자가와 부활로 완성하셨습니다. 율법은 모세, 복음은 예수님입니다."

맞는 말입니다. 그런데 이 정도면 되었냐고 묻는다면 "그렇습니다"라고 답하기는 어려울 것 같습니다. 그것은 그만큼 섬세하게 다뤄야 하고 조심해야 할 부분이 있다는 말입니다.

어떤 사람이 교회를 다니게 되면서부터 처음으로 듣게 되는 대표적인 말 중에는 '율법'이란 단어가 있습니다. 신앙생활을 시작한 지 얼마 있지 않아 율법이 이렇고 저렇고 하는 말을 들으면 예수님 믿는 것이 그저 만만히 여길 것이 아니라는 생각을 갖게 합니다. 그리고 율법이 매우 생소한 느낌이 들게 하고 약간의 긴장을 주는 것도 사실입니다.

그런데 이 사람에게 "혹시 '법률'이란 말을 들어보셨습니까?"라고 물어보면 "아, 그야 당연히 알죠? 법률은 법 아닙니까? 나라에서 만든 법이요!"라고 자신 있게 말할 것입니다. 사실 율법과 법률은 같은 말입니다. 단지 차이가 있다면 율법은 하나님이 만든 법입니다. 성경에 나오는 하나님의 최초의 법은 앞장에서도 언급을 했던 원죄와 관련하여 아담에게 세우신 창세기 2:16-17입니다.

> 창세기 2:16-17 ¹⁶여호와 하나님이 그 사람에게 명하여 이르시되 동산 각종 나무의 열매는 네가 임의로 먹되 ¹⁷선악을 알게 하는 나무의 열매는 먹지 말라 네가 먹는 날에는 반드시 죽으리라 하시니라.

하나님의 법을 어겼을 때 하나님의 법대로 영원한 죽음이 인간에게 임하게 되었습니다. 우리는 위와 같은 하나님의 법집행을 보면서 너무나도 냉혹하다는 인상을 받을 수도 있을 것입니다. 그러나 오히려 정반대입니다. 우리는 성경에서 '율법의 완성은 사랑'이라는 말씀을 읽었습니다.

로마서 13:10 …그러므로 사랑은 율법의 완성이니라.

창세 전에 세우신 하나님의 구원계획과 실행은 단순히 "참으로 엄청난 한편의 소설을 보는 것 같구나! 너무나 멋진데, 이렇게 해서 인간들로부터 경배를 받으시기 위한 것이었구나!" 이런 것이 아닙니다. 이 계획이 이루어지기 위해서는 하나님 아들이 직접 모든 치욕과 형벌의 당사자가 되어야 합니다. 이 계획은 엄청난 소설도, 극적인 한편의 드라마도 아닙니다. 이것은 곧 하나님 자신과 관련된 가장 중요한 계획이요 실행이었습니다. 이 일의 완성으로 얻어지는 결과는 참으로 엄청난 것입니다. 바로 하나님 자신의 수많은 아들들이 탄생되어지는 것이기 때문입니다.

갈라디아서 4:6 너희가 아들이므로 하나님이 그 아들의 영을 우리 마음 가운데 보내사 아빠 아버지라 부르게 하셨느니라.

하나님을 이제 '아빠'라고 부르게 된 사람은 하나님의 법집행에 대해서 냉혹하다고 여길 수 있을까요? 절대 그럴 수 없습니다. 오히려 하나님의 이 법집행 속에 녹아있는 절절한 사랑에 눈물로 감사하며 감격하게 되어있습니다. 왜 율법의 완성을 사랑이라 하는지 이해됩니다. 이러한 율법이 하나님의 웅장하고 거대한 계획인 영원한 크리스천들을 만드는 데 얼마나 중요한 위치를 차지하겠습니까? 하나님의 율법은 하나님의 법입니다.

하나님이 창세 전에 계획하고 실행하신 구원계획을 이룰 때까지 하나님의 법은 그 역할을 온전히 다하며 이룰 것입니다.

> 마태복음 5:18 진실로 너희에게 이르노니 천지가 없어지기 전에는 율법의 일점 일획도 결코 없어지지 아니하고 다 이루리라.

이제 율법에 대해서 조금 더 깊이 들어가 보겠습니다. 우리는 율법하면 모세의 율법을 떠올리게 됩니다. 하나님의 모든 법이 율법이지만 그중에서도 시내산에서 모세에게 하나님이 내리신 십계명과 율례들이 율법의 대표성을 지니면서 복음과 비교되기도 하고 또 율법의 중요한 특징을 나타냅니다. 이러한 모세의 율법을 들여다보면 쉽게 율법이 이해될 것입니다.

1. 율법 속의 세 가지 법

우리가 성경을 보면 율법이라는 말은 나오지만 구체적으로 의식법이니 시민법이니 도덕법이니 하는 말은 없습니다. 그러나 그 특징을 나누어 보면 이 세 가지로 구분을 할 수 있습니다. 이는 마치 세상의 법에도 형법, 민법, 상법, 군법이 있는 것과 같습니다. 그런데 하나님의 율법을 이렇게 구체적으로 꼭 나누어야 할 필요가 있는 것일까요? 그렇습니다. 너무나도 너무나도 중요한 이유가 있습니다.

율법을 구체적으로 구분하지 않을 경우 매우 심각한 문제를 낳게 됩니다. 실제로 율법의 세세한 것을 간과해서 많은 오류와 혼돈이 현재 기독교계 안에 있는 것도 사실입니다. 율법이 폐하여졌습니까? 율법이 완성되었습니까? 율법이 현재도 유지되고 있습니까?

위의 몇 가지 간단한 질문에도 쉽게 답을 하기가 어렵습니다. 왜냐하면 율법 안의 세 가지 의식법과 시민법과 도덕법에 따라서 그 대답이 달라져야 하기 때문입니다.

1) 의식법

이스라엘 백성들이 하나님 앞에 행했던 각종 제사, 절기 등 제사의식과 관련하여 기록된 율법을 의식법이라고 합니다. 구약시대에 짐승의 피로 제사를 드리고 제사장들이 자신의 몸을 정결하게 하고 제단과 도구들을 정결하게 했던 의식법은 사실 그림자였습니다. 예수 그리스도께서 실상으로 오신 이후 의식법은 폐하여졌으며 동시에 예수 그리스도로 인해서 완성되었습니다.

> 골로새서 2:16-17 [16]그러므로 먹고 마시는 것과 절기나 초하루나 안식일을 이유로 누구든지 너희를 비판하지 못하게 하라 [17]이것들은 장래 일의 그림자이나 몸은 그리스도의 것이니라.

이 땅에 오신 예수 그리스도께서 그의 피로 죄 문제를 해결하시고 정결케 하셨습니다. 이제 율법의 모든 의식은 폐하여졌습니다. 그리고 예수 그리스도로 완성되었습니다. 예수 그리스도로 완성되었다는 의미는 이전에 성전에서 제사를 드리던 모든 제사의식이 예수님이 자신의 몸이 성전 되심(요 2:21)을 말씀하셨던 것처럼 실상이 온 뒤에는 예수님을 의지하여 하나님께 예배를 드림으로 나아가게 되었습니다.

그렇습니다. 이제는 제사가 아닌 예수님으로 예배를 드립니다. 이제는 짐승을 잡아 그의 피로, 물로 정결케 하고 제사를 드리는 것이 아니라 예수님의 보혈공로를 의지하고 이를 믿음으로 정결케 되었습니다. 그리고 하나님께 예배로 나아갑니다. 이것이 실상입니다.

구약시대에 이스라엘 백성이 반드시 지켜야 하는 절기가 있습니다. 유월절은 예수님이 유월절 어린양이기 때문에 자신이 십자가에 달린다고 말씀하셨습니다(마 26:2). 왜 예수님이 유월절 어린양이며, 십자가에 달리셔야 하겠습니까? 과거 출애굽할 때 어린양을 잡아 그 피를 문설주에 바른 집은 장자가 죽지 않고 그 죽음이 넘어갔습니다. 바로 어린양이 의미하는 바가 예수 그리스도이기 때문에 유월절에 주님께서 피 흘리시고 죽으셔야 하는 것입니다.

혹자는 이런 의문을 말하기도 합니다. 애굽에서 어린양의 피는 모든 이스라엘 민족을 죽음에서 건진 것이 아니라 단지 첫째 아들만을 살린 것이 아닙니까? 물론 맞습니다. 그러나 영적인 의미는 그렇지 않습니다. 하나님은 첫째 아들을 이스라엘 민족으로 여기십니다.

출애굽기 4:22 …여호와의 말씀에 이스라엘은 내 아들 내 장자라.

유월절에 십자가를 지신 예수님은 안식일 다음날인 초실절에 부활의 첫 열매로 살아나셨습니다. 그리고 맥추절에 예수님의 능력으로 오신 성령에 의해 본격적인 추수의 시작인 성도들의 열매가 맺히게 되었고 지금도 계속되고 있습니다. 이제 우리는 실상이신 예수 그리스도로 인하여 고난주간과 성금요일을 지킵니다. 부활절을 지키며 감격합니다. 성령 강림절을 지키며 기뻐합니다.

십자가 부활로 하나님의 거대한 계획을 완성하신 예수 그리스도로 인하여 나팔절과 대속죄일, 초막절이 현재 폐하여진 상태이나 미래의 어느 날엔가는 예수 그리스도와 함께 실상으로 우리 눈앞에 펼쳐질 것을 믿습니다. 이에 대한 소망으로 사는 크리스천들이 한 해, 한 해 이 땅에서 추수케 하신 하나님께 감사하며, 이 후에 올 우리들의 온전한 추수를 고대하며 추수감사절로 즐거워하며 지킵니다.

　이제 율법의 의식법은 예수 그리스도로 인하여 폐하여졌고, 예수 그리스도로 인하여 완전하여졌습니다.

2) 시민법

　지금의 교회와는 다르게 구약시대는 이스라엘이라는 한 나라가 하나님의 나라요, 백성이라는 개념이었습니다(물론 여기서 말씀드리는 교회나 이스라엘이 구원의 기준이라는 의미가 아닌 가시적인 측면에서 말씀드립니다).

　그러다보니 구약의 이스라엘은 나라를 유지하는 나라법과 하나님의 법이 정확히 일치하게 되었습니다. 그러나 지금은 이러한 법이 현실과 맞지 않습니다. 예를 들어 우리나라의 법에 율법을 대신 사용할 수는 없는 것과 같습니다. 그러나 구약의 이스라엘에서는 나라법과 율법은 일치를 했습니다.

　그러면 이러한 율법은 무엇이 있습니까? 이스라엘에 거주하는 이방인에 대한 법, 납세에 관한 법, 병역에 관한 법, 결혼에 관한 법, 동산, 부동산에 관한 법, 소송법이 이에 해당합니다. 이러한 법은 당시의 이스라엘을 유지하기 위해서 필요한 법이었습니다. 이러한 법은 현재는 해당이 되지 않습니다. 한 나라 안의 모든 사람들이 성도인 나라가 아니기 때문입니다. 더구나 지금의 상황과는 전혀 맞지를 않습니다. 현재는 기독교인이지만 각자 그 나라 법의 적용을 받고 있습니다. 이처럼 당시 이스라엘 나라를 유지하고 다스리기 위한 법이 시민법으로 당시에만 적용되었습니다.

3) 도덕법

우리는 하나님의 법인 율법이 본질적으로 누구를 위해 만들어졌는지에 대해서 생각해 볼 필요가 있습니다. 기본적으로 하나님의 법은 하나님의 백성들을 대상으로 합니다. 하나님의 백성들로서, 하나님의 자녀로서 살아가는 데 필요한 것이 하나님의 법인 율법인 것입니다.

한 집의 부모와 자녀들을 보면 성격의 일부나 외모의 일부를 닮은 것을 보게 됩니다. 그리고 이렇게 닮은 것은 당연한 것입니다. 이것이 한 핏줄이라는 증거이기 때문입니다. 하나님의 자녀라면 마땅히 하나님의 성품을 닮아가야 합니다. 자신의 모습에서, 자신의 삶에서 하나님을 나타내고 하나님의 영광을 드러내야 합니다.

이처럼 하나님의 자녀라면 마땅히 하나님의 성품의 특징들을 나타내고 좇아야 하는데 이러한 것에 관한 법은 지금 현재도 유효하며 오히려 예수님은 이러한 법의 온전한 뜻과 정신을 바로 정립하셔서 알려주셨습니다. 이러한 율법이 도덕법입니다. 대표적인 것으로 십계명이 있습니다. 그리고 예수님의 산상수훈(마 5-7장)을 들 수 있습니다.

크리스천이라면 분명히 이것을 지키고 따르는 삶을 살려고 할 것입니다. 왜냐하면 그의 심령 속에는 성령이 거하는 하나님의 자녀들이기 때문입니다. 그런데 이 도덕법과 관련하여서 한 가지 매우 중요한 사실을 간과하면 안 됩니다. 그것은 도덕법을 지켜야 할 하나님의 자녀들은 모두가 예수 그리스도로 인하여 죄 사함을 받고 거듭난 사람들이라는 점입니다. 이 말은 앞서 이 책의 '제2장 영원한 크리스천들'에서 설명한 내용입니다. 곧 예수 그리스도의 생명의 성령의 법으로 죄와 사망의 법에서 놓임을 받은 사람들입니다. 산상수훈에서 눈 빼고 팔, 다리 잘라야 할 것을 예수 그리스도께서 십자가로 피 흘리시고 죽으심으로 대신 당하셨습니다.

바로 도덕법은 그러한 예수 그리스도로 인해서 하나님의 자녀가 된 이들이 삶을 통해서 거룩히 성화되어 하나님을 닮아가는 데 필요한 법입니다. 모세의 율법 중에 지금도 효력을 발생하는 도덕법은 당연히 '현재의' 구원과 관련된 것입니다. 이와 관련해서 중요한 점 한 가지를 언급하고자 합니다. 우리는 '과거의' 구원이 되었든, '현재의' 구원이 되었든 모든 죄의 문제를 하나님 앞에 회개하면 용서를 받게 됩니다. 그런데 '현재의' 구원에서 죄의 회개와 관련하여 지금의 크리스천들이 오인하는 부분이 있고 심각하게 하나님의 영광을 가리는 것이 있습니다. 그래서 이 부분을 언급하고 갔으면 합니다.

우리가 '현재의' 구원에서 범하는 죄는 두 가지로 나누어 볼 수 있습니다. 먼저는 나와 하나님만이 관여된 우리의 죄가 있습니다. 예를 들자면 생각으로 지은 죄는 자신만의 내면적인 죄로 하나님과만 관련이 있습니다. 이러한 죄는 하나님께 회개하고 돌이키면 사함을 받게 됩니다. 다음으로 나와 하나님뿐만이 아니라 다른 사람이 관여된 우리의 죄가 있습니다. 바로 레위기 6장에서 언급하고 있는 죄입니다. 그런데 이 말씀에서 우리로 하여금 주목하게 하는 부분이 있습니다.

레위기 6:1-7 ¹여호와께서 모세에게 말씀하여 이르시되 ²누구든지 여호와께 신실하지 못하여 범죄하되 곧 이웃이 맡긴 물건이나 전당물을 속이거나 도둑질하거나 착취하고도 사실을 부인하거나 ³남의 잃은 물건을 줍고도 사실을 부인하여 거짓 맹세하는 등 사람이 이 모든 일 중의 하나라도 행하여 범죄하면 ⁴이는 죄를 범하였고 죄가 있는 자니 그 훔친 것이나 착취한 것이나 맡은 것이나 잃은 물건을 주운 것이나 ⁵그 거짓 맹세한 모든 물건을 돌려보내되 곧 그 본래 물건에 오분의 일을 더하여 돌려보낼 것이니 그 죄가 드러나는 날에 그 임자에게 줄 것이요 ⁶그는 또 그 속건제물을 여호와께 가져갈지니 곧 네가 지정한 가치대로 양 떼 중 흠 없는 숫양을 속건제물을 위하여 제사장에게로 끌고 갈 것이요 ⁷제사장은 여호와 앞에서 그를 위하여 속죄한즉 그는 무슨 허물이든지 사함을 받으리라.

위의 말씀처럼 다른 사람이 관여된 나의 죄에 대해서 피해자에게 피해액뿐만이 아니라 20%를 더해서 물어주고, 하나님께 회개(속건제물)할 것을 말씀하고 있습니다. 그러나 예수님은 마태복음 5장에서 위의 율법의 말 수준을 넘어서 남에게 말로 지은 죄까지도 그 사람에게 용서를 구하고 하나님께 예물(속건제물), 즉 회개를 하라고 말씀하고 있습니다.

마태복음 5:23-24 ²³그러므로 예물을 제단에 드리려다가 거기서 네 형제에게 원망들을 만한 일이 있는 것이 생각나거든 ²⁴예물을 제단 앞에 두고 먼저 가서 형제와 화목하고 그 후에 와서 예물을 드리라.

그렇다면 왜 예수님은 이렇게 말씀을 하셨고, 율법에도 기록을 하고 있는 것일까요? 세상 사람들 사이에서도 이렇게 남을 착취한다거나 도둑질하거나 자신의 이익을 위해 거짓말을 하고 원망들을 일을 하게 되면 손가락질을 하고 비판을 가하게 됩니다. 그런데 상당수의 크리스천들이 다른 사람들과 관련된 죄의 문제에서 자신이 하나님께 회개했으니 이제 끝났다고 당당히 행동하는 것을 볼 때가 있습니다. 물론 회개하므로 하나님은 기억하지 않으시고 용서를 하십니다(사 1:18). 그러나 사람과의 문제에서는 아직도 남은 것이 있습니다.

　일부 크리스천들의 이러한 당당한 모습 앞에 불신자들은 받은 충격을 토로하며, 나아가 교회를 비판하고 하나님까지 더욱 불신하는 경우를 보게 됩니다. 하나님이 성경에 지금 잘못 오해하고 있는 자녀들의 심각한 문제들에 대해 미리 아시고 말씀하셨습니다. 세상 사람들은 손해 배상만 하거나 문제만을 해결하는 것으로 끝내지만 하나님은 자신의 백성들에게 20%를 더 배상하라고 합니다. 왜 그렇게 말씀하십니까? 철저하게 결말을 지어서 다른 이들로부터 하나님의 백성과 나아가 하나님까지 원망들을 일이 전혀 없도록 하라는 것입니다.

　하나님의 자녀가 복음 때문에 세상에서 고난을 당하는 것은 너무나도 당연한 일입니다. 그러나 자신이 사람에게 죄를 지어놓고도 하나님에게 회개했으니 다 끝났다며 당당해 하는 것은 비난받아 마땅한 일입니다. 하나님의 자녀는 사람들 앞에 부끄러움이 없고, 죄를 멀리하고, 하나님의 성품에 다가가라는 도덕법의 귀한 교훈인 것입니다.

　우리는 우리 자신의 모든 삶의 부분을 말씀 앞에 점검을 해 볼 필요가 있습니다. 혹여나 내가 주변 사람들과의 관계에서 그리스도를 닮아가는 삶은 고사하고 하나님의 영광을 가리는 삶을 살고 있지는 않은지 다 같이 고민을 해 봤으면 합니다.

　이렇게 성경에서는 단지 율법으로 적고 있지만 율법은 의식법과 시민법, 도덕법으로 존재하고 있습니다. 이를 구분해서 분별할 수 있게 되면 하나님의 말씀을 보다 쉽게 이해할 수 있을 것입니다.

2. 율법과 구약시대의 구원

구약시대의 이스라엘 백성들은 이스라엘 백성이기 때문에 이미 구원을 받은 것입니까? 그렇습니까?

하나님은 특별히 모세에게 율법을 주셨습니다. 그러면서 이를 지켜 행하면 살리라고 말씀하셨습니다. 율법은 하나님의 법입니다. 하나님이 '율법을 지켜 행하면 살리라'하셨다면 분명히 그대로 하면 사는 것입니다.

> 레위기 18:5 너희는 내 규례와 법도를 지키라 사람이 이를 행하면 그로 말미암아 살리라 나는 여호와이니라.

위의 말씀을 보면 이스라엘 백성이기 때문에 사는 것이 아니라 율법을 지켜 행하면 산다는 것입니다. 이제 이스라엘 백성들은 살기 위해서 율법을 지키려 애씁니다.

그러면 이후 이들이 율법을 잘 지키고 행하며 살았을까요? 그리고 구원을 받았을까요? 구약의 이스라엘의 역사를 보면 결코 그렇지 않습니다. 이스라엘 백성은 항상 하나님의 마음을 아프게 했고 죄의 길에서 헤어나오지를 못했습니다. 하나님은 선지자를 보내 그런 이스라엘을 책망하고 돌이킬 것을 계속해서 말씀하셨습니다. 그러나 이미 죄로 물든 인간이 거룩하신 하나님의 법을 지킬 수 있다는 것은 불가능한 것이었습니다. 하나의 율법을 지키면 더 많은 것을 범하는 자신을 발견하고 이렇게 괴로워합니다.

'이러면 살지를 못하는데….'

그래서 살기 위해 더욱 열심히 율법을 지키려 합니다. 이렇게 해서 생겨난 것이 바리새인들이요, 율법사들이었습니다. 그러나 그럴수록 죄만 더 쌓아가는 자신을 발견할 뿐이었습니다.

하나님의 법인 율법은 참으로 선하고 좋은 거룩한 것입니다. 그런데 인간이 자신의 힘으로 이것을 지킬 수 있다고 시도할 때 그 결과는 '아! 나로서는 도저히 불가능하구나!' 이러한 절망만을 인식할 뿐인 것입니다. 이 말은 율법은 인간으로 죄를 알게 하고 형벌과 사망만이 기다리고 있음을 철저히 깨닫게 하는 것에 있습니다.

로마서 3:20 그러므로 율법의 행위로 그의 앞에 의롭다 하심을 얻을 육체가 없나니 율법으로는 죄를 깨달음이니라.

북왕국 이스라엘이 앗수르에 멸망하고 이어 남왕국 유다가 바벨론에 멸망을 하였습니다. 죄악으로 멸망당한 이스라엘에게 하나님은 깨닫고 알게 하시고자 하는 바가 있었습니다. 하나님은 바벨론의 포로에서 70년이 지나면 본토로 돌아올 것이라 말씀하셨습니다(렘 29:10). 그런데 중요한 점은 포로에서 이스라엘 땅으로 돌아오게 되는 이유가 율법에 있는 것이 아니라 오직 하나님에 의한 것이었습니다(렘 28:4). 돌아오는 포로들에게 하나님이 하게 하신 것을 보면 매우 중요한 점을 시사케 합니다. 바벨론 포로귀환 때에 하나님은 먼저 스룹바벨을 통해서 성전을 재건하게 하셨습니다(스 1-6장). 이후 에스라를 통하여 율법을 교육시켰습니다(스 7-10장). 그런 다음 하나님은 느헤미야를 통해 예루살렘 성벽을 중수케 하였습니다(느 3장). 여기서 예루살렘에 있는 하나님의 성전의 재건과 하나님의 말씀인 율법 교육 그리고 예루살렘을 두르고 있던 성벽의 중수가 의미하는 바가 무엇일 것 같은가요?

초기 하나님의 인도하심으로 주어진 솔로몬의 성전, 예루살렘성, 모세를 통해 주신 율법은 점점 변질되었습니다. 그런 이후 철저히 자신들의 힘과 노력으로 지키고 유지하려 했던 성전, 율법 준수, 자신들의 도성은 끝내 무너지고 파괴되고 지킬 수 없는 것이 되고 말았습니다. 이스라엘은 철저히 실패를 했습니다. 이스라엘의 죄로 인해 철저히 훼파되고, 포로상태의 절망에서 사람의 힘으로는 도저히 할 수 없는 그것을 이제 하나님이 오직 은혜로 이루기를 시작하셨습니다. 그리고 하나님이 직접 행하시는 이 일에 지도자로 쓰임 받았던 스룹바벨, 에스라, 느헤미야는 하나님의 사람들이었습니다.

우리가 알고 있는 성전, 율법 준수, 예루살렘성이 무슨 의미입니까? 예수님은 자신이 성전이라고 하셨고, 성령께서는 믿는 자를 성전 삼으시고 거하십니다. 율법이 증거하는 것이 곧 예수 그리스도이십니다. 예루살렘성은 믿는 자들의 거처요, 모임입니다. 이 의미는 이제 인간으로는 도저히 이룰 수 없는 일을 하나님이 예수 그리스도를 통해서 직접 이루시겠다는 것을 명확히 보여주는 것입니다.

> 스가랴 4:6 그가 내게 대답하여 이르되 여호와께서 스룹바벨에게 하신 말씀이 이러하니라 만군의 여호와께서 말씀하시되 이는 힘으로 되지 아니하며 능력으로 되지 아니하고 오직 나의 영으로 되느니라.

하나님은 북왕국 이스라엘과 남왕국 유다의 멸망을 통해서 그리고 회복의 과정을 통해서 이스라엘이 빨리 깨우쳐 알기를 원하십니다. 바로 하나님이 구원한다는 것입니다. 구약의 율법은 메시아 즉 그리스도가 아니면 안 된다는 것을 알리고 주께로 인도하는 역할을 할 뿐인 것입니다. 그렇다면 구약시대에는 어떻게 구원을 받았겠습니까?

　우리가 신앙생활을 하면서 목회자들이나 신앙의 선배들로부터 항상 귀가 따갑게 듣는 말이 '예수님을 믿어야 구원 받는다'는 것입니다. 구약시대는 다를까요? 그렇지 않습니다. 구약시대에도 오직 그리스도를 믿음으로 구원을 받았습니다. 바로 하나님이 그리스도를 통하여 구원하시리라는 약속을 믿은 것입니다.

> 갈라디아서 3:16-18 [16]이 약속들은 아브라함과 그 자손에게 말씀하신 것인데 여럿을 가리켜 그 자손들이라 하지 아니하시고 오직 한 사람을 가리켜 네 자손이라 하셨으니 곧 그리스도라 [17]내가 이것을 말하노니 하나님이 미리 정하신 언약을 사백삼십 년 후에 생긴 율법이 폐기하지 못하고 그 약속을 헛되게 하지 못하리라 [18]만일 그 유업이 율법에서 난 것이면 약속에서 난 것이 아니리라 그러나 하나님이 약속으로 말미암아 아브라함에게 주신 것이라.

　하나님이 아담과 하와를 창조하신 이래 모든 사람의 구원과 관련하여 성경 전체에 흐르는 절대 법칙은 오직 예수 그리스도를 믿는 것입니다. 아담과 하와가 범죄 하였을 때 하나님은 뱀인 사탄에게 아래와 같이 말씀하셨습니다.

> 창세기 3:15 내가 너로 여자와 원수가 되게 하고 네 후손도 여자의 후손과 원수가 되게 하리니 여자의 후손은 네 머리를 상하게 할 것이요 너는 그의 발꿈치를 상하게 할 것이니라 하시고.

　이 말씀을 우리는 원시 복음, 최초의 복음이라고 표현을 합니다. 최초의 인류요, 원죄를 범한 아담과 하와 앞에서 하나님이 말씀하셨다는 것은 참으로 중요한 의미를 지닙니다. 바로 복음이 인류의 시작과 함께, 죄의 시작과 함께 증거된 것이기 때문입니다. 인류의 시작부터 그 이후로 성경을 비추어 볼 때, 약속을 믿음으로 구원받은 사람들은 과연 누가 있겠습니까? 먼저는 아담과 하와를 들 수 있습니다. 아담과 하와가 구원받았다는 직접적인 증거는 없지만 중요한 암시를 볼 수 있습니다. 그것은 그들의 두 아들 가인과 아벨이 하나님 앞에 제사를 드린 것입니다.

아들들이 어찌 하나님께 제사를 드릴 수 있겠습니까? 분명 과거 부모와 함께 제사를 드렸을 것입니다. 그리고 마귀에게 속아 죄를 범했지만 예전의 에덴의 영광을 하나님이 회복시키시고 구원하시리라는 것을 배운 것입니다. 따라서 자라 면서 배우고 행한 그대로 독립한 이후에도 그들은 각자 하나님께 제사를 드렸습니다. 물론 믿음으로 드린 아벨과 그렇지 못한 가인의 차이는 있었지만 말입니다. 이와 같은 견지에서 아담과 하와는 구원을 받았습니다. 이러한 믿음의 계보는 아벨, 셋, 에노스로 이어지는 창세기 5장의 계보이며 이후 노아로 이어집니다. 그리고 특별히 아브라함과 관련해서는 예수님도 유대인들 앞에서 다음과 같이 말씀하셨습니다.

요한복음 8:56 너희 조상 아브라함은 나의 때 볼 것을 즐거워하다가 보고 기뻐하였느니라.

아브라함이 예수님의 무엇을 보고 기뻐했다는 말씀입니까? 아브라함은 믿음으로 예수 그리스도께서 십자가 사건과 부활로 구원을 이루신 것을 보고 즐거워하고 기뻐했다는 것입니다. 예수님의 말씀입니다.

아브라함은 율법을 따르는 이스라엘 민족의 조상입니다. 그러나 그 이

전에 이미 아브라함은 본질적으로 믿음을 따르는 믿는 자들의 조상으로 세워졌습니다. 이와 관련된 로마서 4장의 말씀입니다.

로마서 4:11 그가 할례의 표를 받은 것은 무할례시에 믿음으로 된 의를 인친 것이니 이는 무할례자로서 믿는 모든 자의 조상이 되어 그들도 의로 여기심을 얻게 하려 하심이라.

위의 말씀을 볼 때 아브라함이 세워지는 것도 믿음으로 인한 것이지 율법을 대표하는 것 중의 하나인 할례로 인함이 아님을 잘 보여주고 있습니다.
창세기 49장에 보면 야곱이 생을 마감하기 직전에 자신의 열두 아들들을 불러 축복을 해주는 내용이 나옵니다. 아들 단에게 축복을 해준 이후 야곱은 하나님께 자신의 구원에 대한 소망을 기도드립니다. 야곱은 육적 이스라엘 백성이기에 앞서 영적 이스라엘 백성이었습니다.

창세기 49:18 여호와여 나는 주의 구원을 기다리나이다.

믿음으로 구원받은 사람들과 관련하여 히브리서 11장은 자세히 증거하고 있습니다. 우리는 통상 히브리서 11장을 믿음장이라 부르며, 믿음이 남달리 좋았던 선진들을 본으로 삼아야 한다고 생각하고 또 말합니다. 물론 히브리서 11장은 '현재의 구원'과 관련된 믿음도 포함하고 있지만, 근본적으로는 '과거의 구원'을 얻는 믿음에 대해서 말씀하고 있습니다. 이해를 돕기 위해 히브리서 10장 마지막 절부터 보겠습니다.

히브리서 10:39-11:2 [39]우리는 뒤로 물러가 멸망할 자가 아니요 오직 영혼을 구원함에 이르는 믿음을 가진 자니라 [1]믿음은 바라는 것들의 실상이요 보이지 않는 것들의 증거니 ²선진들이 이로써 증거를 얻었느니라.

구약에 나오는 모든 믿음의 선진들, 대표적으로 히브리서 11장에 나오는 믿음의 사람들은 하나님이 메시아를 보내실 것을 실상으로 바랐던 믿음의 사람들입니다. 다시 말해서 믿음의 선진들은 자신들 눈앞에는 지금 메시아인 그리스도가 없지만 믿음으로 하나님이 보내주실 그리스도를 실상으로 붙들었다는 것입니다. 이것은 히브리서 11장에 나오는 모든 믿음의 선진들이 오실 그리스도를 믿어 구원을 받은 것을 말씀합니다.

히브리서 11:25-26의 말씀을 보겠습니다.

히브리서 11:25-26 ²⁵도리어 하나님의 백성과 함께 고난 받기를 잠시 죄악의 낙을 누리는 것보다 더 좋아하고 ²⁶그리스도를 위하여 받는 수모를 애굽의 모든 보화보다 더 큰 재물로 여겼으니 이는 상 주심을 바라봄이라.

계속해서 말씀드리지만 하나님이 택정하시고 구약시대에 부르신 자들은 오실 예수를 믿었으며, 이렇게 (과거의) 구원을 받은 믿음의 선진들은 부르심의 상을 쫓아 (현재의) 구원의 열매를 맺으며 오직 주를 위해 사는 것을 보게 됩니다. 이들은 우리와 동일한 크리스천 선진들입니다.

이 히브리서 11장에 전하는 믿음의 사람들은 누구입니까? 아벨, 에녹, 노아, 아브라함, 사라, 이삭, 야곱, 요셉, 모세, 기생 라합, 기드온, 바락, 삼손, 입다, 다윗, 사무엘, 선지자들이라고 말씀합니다. 이들은 다 믿음으로 구원받은 사람들입니다. 그러면 구약시대에 이처럼 특별한 소수만 구원을 받았을까요?

이스라엘의 선지자로서 큰 능력을 행했던 엘리야가 갈멜산에서 바알의 선지자 사백오십 명과 대결하고 승리한 후 악한 왕비 이세벨에 쫓겨 도망할 때 하나님께 언약을 붙들고 남은 자가 자신뿐이라고 말합니다. 그 때 하나님은 바알에게 무릎을 꿇지 않은 자가 칠천 명이 있다고 말씀하셨습니다(왕상 18, 19장). 겉으로 보이지는 않지만 하나님의 약속을 붙들고, 믿고, 구원받는 택정된 하나님의 자녀들은 분명 곳곳에서 믿음으로 살고 있습니다.

성경에 보면 평범하지만 약속을 믿고 이를 붙들고 평생을 살던 사람의 이야기가 나옵니다. 바로 누가복음 2장에 나오는 시므온이란 사람입니다. 예루살렘에 사는 평범한 사람이지만 그는 이스라엘의 위로를 기다리는 사람으로 어린 예수님을 직접 보는 축복을 받게 됩니다.

> **누가복음 2: 25-33** ²⁵예루살렘에 시므온이라 하는 사람이 있으니 이 사람은 의롭고 경건하여 이스라엘의 위로를 기다리는 자라 성령이 그 위에 계시더라 ²⁶그가 주의 그리스도를 보기 전에는 죽지 아니하리라 하는 성령의 지시를 받았더니 ²⁷성령의 감동으로 성전에 들어가매 마침 부모가 율법의 관례대로 행하고자 하여 그 아기 예수를 데리고 오는지라 ²⁸시므온이 아기를 안고 하나님을 찬송하여 이르되 ²⁹주재여 이제는 말씀하신 대로 종을 평안히 놓아 주시는도다 ³⁰내 눈이 주의 구원을 보았사오니 ³¹이는 만민 앞에 예비하신 것이요 ³²이방을 비추는 빛이요 주의 백성 이스라엘의 영광이니이다 하니 그의 부모가 그에 대한 말들을 놀랍게 여기더라.

평범하지만 하나님의 사람 시므온이 "내 눈이 주의 구원을 보았사오니"라고 감격한 것처럼 약속을 믿고 기다렸던 구약의 많은 무명의 크리스천들이 있었습니다.

이스라엘 민족 중에는 위의 시므온과 같은 약속을 믿고 기다리는 사람이 있는 반면에 예수님으로부터 독사의 자식이라고 강하게 책망을 받았던 바리새인들도 있습니다. 같은 유대민족이지만 구원은 약속을 믿는 믿음의 계보에 속한 택정된 자와만 관련이 있는 것입니다.

3. 구약시대의 이스라엘 민족

앞에서 말씀드린 내용이 한편으로 이해가 되면서도 불편할 수도 있을 것입니다. 그리고 이런 의문이 생길 것입니다.

"그렇다면 구약시대의 이스라엘은 무슨 의미가 있는가? 없어도 그만 아닌가? 어차피 믿음으로만 구원받는데 …."

그럴 것 같지만 결코 그렇지 않습니다. 창세 전 하나님이 영원한 크리스천들에 대한 계획과 실행에서 이스라엘 민족의 위치와 역할은 실로 너무나 중요하기 때문입니다.

구약의 이스라엘은 중요한 목적을 수행하기 위해 부름을 받았습니다. 그것은 첫째, 이스라엘이 도저히 율법을 지킬 수 없는 것을 보임으로 죄라는 것이 얼마나 심각한 것인지를 모든 족속에게 깨닫게 하는 것이었습니다. 둘째, 그런 죄로 멸망하지만 그래도 은혜로 다시 회복시키는 하나님의 모습을 보이는 것이었습니다. 셋째, 인간의 어떤 행위나 노력, 그 무엇으로도 결코 의롭게 될 수 없음을 이스라엘의 산 역사로 증명하는 것이었고, 실제 그렇게 되었습니다. 그리고 한 가지 우리가 바로 이해해야 할 것이 있습니다. 그것은 성경에서 언급하고 있는 (육적) 이스라엘과 이방인의 관계입니다.

많은 이들이 이렇게 말합니다. 이스라엘 민족이 하나님께 택함을 받은 민족이고 이 이스라엘 민족이 예수 그리스도를 영접치 않아서 구원의 축복이 다른 이방인에게로 가게된 것이 아닌가하는 것입니다.

한 가지 묻겠습니다. 이스라엘 민족은 언제부터 시작되었습니까? 첫 사람 아담으로부터 2,000여 년이 지나고 하나님이 아브라함을 부르심으로서 시작되었습니다.

창세기 12:1-2 ¹여호와께서 아브람에게 이르시되 너는 너의 고향과 친척과 아버지의 집을 떠나 내가 네게 보여 줄 땅으로 가라 ²내가 너로 큰 민족을 이루고 네게 복을 주어 네 이름을 창대하게 하리니 너는 복이 될지라.

창세기 22:17 내가 네게 큰 복을 주고 네 씨가 크게 번성하여 하늘의 별과 같고 바닷가의 모래와 같게 하리니 네 씨가 그 대적의 성문을 차지하리라.

신명기 7:6 너는 여호와 네 하나님의 성민이라 네 하나님 여호와께서 지상 만민 중에서 너를 자기 기업의 백성으로 택하셨나니.

왜 하나님은 이스라엘 민족을 아담 이후 2,000여 년이 지나서 택했을까요? 그것은 창세 전에 하나님이 준비하신 거대한 계획의 한 부분이었기 때문이며 또한 (육적) 이스라엘에 대한 특별한 목적이 있었기 때문입니다.

출애굽기 19:5-6 ⁵세계가 다 내게 속하였나니 너희가 내 말을 잘 듣고 내 언약을 지키면 너희는 모든 민족 중에서 내 소유가 되겠고 ⁶너희가 내게 대하여 제사장 나라가 되며 거룩한 백성이 되리라 너는 이 말을 이스라엘 자손에게 전할지니라.

위의 말씀은 이스라엘 백성이 출애굽한 이후 시내산에서 하나님이 모세에게 하신 말씀입니다. 이 말씀에서 보듯이 이스라엘 민족을 택하신 이유는 제사장 나라로 사용하기 위해 부르신 것입니다.

구약시대에는 하나님의 종으로 선지자와 제사장이 쓰임을 받았습니다. 선지자의 일은 하나님의 말씀을 백성들에게 전하는 것이었고, 제사장의 일은 반대로 백성들을 대변해서 하나님께 아뢰는 것이었습니다. 제사장이 그의 일을 잘 수행하려면 하나님 앞에 모든 백성의 본이 되어야 하는 것은 당연합니다.

위의 말씀의 의미는 하나님께 제사장 나라로 선택된 이스라엘 민족이 하나님을 잘 섬겨서 축복을 받게 되고, 이를 지켜본 이방민족들이 하나님만이 유일한 참신인 것을 깨닫고 하나님께 나아와서 같이 복을 받게 하겠다는 것입니다. 이와 같은 의미는 하나님이 아브라함을 부르셨을 때도 이미 하신 말씀입니다.

> 창세기 12:3 …땅의 모든 족속이 너로 말미암아 복을 얻을 것이라 하신지라.
>
> 창세기 22:18 또 네 씨로 말미암아 천하 만민이 복을 받으리니 이는 네가 나의 말을 준행하였음이니라 하셨다 하니라.

그러나 이스라엘 백성은 하나님의 말씀을 지켜 따르지 않습니다. 이들은 출애굽 후 모세에게 하나님이 율법을 주신 이후 1,500여 년 동안 계속해서 불순종하고 우상을 숭배하며 죄만을 지었습니다. 그러면 이렇게 택하신 이스라엘이 제 역할을 못하자 하나님이 계획을 이방인 구원으로 바꾸신 것인가요?

이와 관련해서 지금은 비록 소천 하셨지만 비중 있는 각종 저서들로 전 세계에 많은 영향력을 미치고 있는 로이드 존스(D. M. Lloyd-Jones) 목사님의 『교회와 종말에 일어날 일』이란 책을 보면 유대인과 이방인의 관계와 이들의 구원에 대해서 잘 설명을 하고 있습니다.

"사도 바울은 로마서 11:25-26에서 '…이방인의 충만한 수가 들어오기까지 이스라엘의 더러는 우둔하게 된 것이라 그리하여 온 이스라엘이 구원 을 받으리라…'고 말하고 있습니다. 여기서 '온 이스라엘이 구원을 받으리라'에서 '온 이스라엘'은 유대인들 모두를 지칭하는 것인가 하는 것입니다. 문자적으로 '이스라엘'이란 용어는 모든 유대인을 지칭하므로 해석에 어려움을 겪으나, 성경에서는 '이스라엘'이란 용어가 모든 유대인 개개인을 가리키지 않습니다. 언제나 남은 자, 즉 영적 이스라엘에 대한 언급을 가지고 있는데 즉 마음과 영에 할례를 받은 자들임을 밝힙니다. 하나님의 약속은 그 민족 안에서 선택하신 이 특별한 사람들에 대한 것이었습니다.
그러므로 '온 이스라엘'이 가리키는 것에 대한 이 문제의 해결의 열쇠가 여기에 있습니다. 하나님이 이방인 중에서 부를 모든 사람들과 하나님이 유대인 중에서 부를 모든 사람들은 구원을 얻을 것입니다. 하나님이 태초부터 마음에 두신 전체 이스라엘이 모두 들어오게 될 것입니다. 어떤 세대들은 거의 없을 수도 있고 다른 세대는 다수일 수도 있지만 그들은 모두 들어오게 될 것입니다. '온 이스라엘'은 그러한 의미와 함축을 지니고 있음이 틀림없습니다."

창세 전 하나님의 계획으로 이스라엘 민족이 하나님의 경륜(하나님이 직접 계획하신 대로 역사를 이루어 가는 것)에서 큰 쓰임을 받은 이유는 이스라엘 민족과 이방인들 안에 있는 (영적) 이스라엘을 구원키 위한 것이었습니다. 이러한 내용을 잘 알고 있던 사도 바울도 이스라엘 민족 출신으로서 이스라엘민족이 복음을 받아들이지 않는 것을 같은 형제요, 골육에 대한 안타까움을 로마서에 기록하고 있습니다(롬 9:1-3). 그리고 이스라엘 민족이 모두 다 구원을 받았으면 좋겠다고 적고 있습니다. 이유가 이렇습니다.

로마서 9:4-5 ⁴그들은 이스라엘 사람이라 그들에게는 양자 됨과 영광과 언약들과 율법을 세우신 것과 예배와 약속들이 있고 ⁵조상들도 그들의 것이요 육신으로 하면 그리스도가 그들에게서 나셨으니 그는 만물 위에 계셔서 세세에 찬양을 받으실 하나님이시니라 아멘.

같은 유대인으로서 바울 자신도 육적 이스라엘이 하나님의 구원계획에서 얼마나 중요한 역할을 담당했는지를 잘 알고 있었습니다. 그래서 그들이 구원을 받았으면 좋겠다고 간절히 적고 있습니다. 그렇지만 사도 바울은 큰 실상인 영적 이스라엘의 실체를 알고 있었기에 바로 이어서 이렇게 말씀하고 있습니다.

로마서 9:6 그러나 하나님의 말씀이 폐하여진 것 같지 않도다 이스라엘에게서 난 그들이 다 이스라엘이 아니요.

사도 바울은 폐하여지지 않은 하나님의 말씀을 잘 알고 있습니다.

로마서 9:11 …택하심을 따라 되는 하나님의 뜻이 행위로 말미암지 않고 오직 부르시는 이로 말미암아 서게 하려 하사.

로마서 9:24 이 그릇은 우리니 곧 유대인 중에서뿐 아니라 이방인 중에서도 부르신 자니라.

하나님의 구원계획은 택하심을 따라 진행되는 것이며 율법의 행위가 아니었습니다. 예수 그리스도로 말미암는 하나님의 구원계획을 더욱 온전하게 하는데 육적 이스라엘은 그 역할을 다했던 것입니다. 그리고 육적 이스라엘과 이방인의 관계는 하나님이 영적 이스라엘을 얻으시려는 경륜의 방편이었습니다.

> 골로새서 3:11-12 ¹¹거기에는 헬라인이나 유대인이나 할례파나 무할례파나 야만인이나 스구디아인이나 종이나 자유인이 차별이 있을 수 없나니 오직 그리스도는 만유시요 만유 안에 계시니라 ¹²그러므로 너희는 하나님이 택하사…

구약의 이스라엘은 있어도 그만 없어도 그만인 존재가 아닙니다. 그리스도의 복음만이 진리요 구원의 길임을 명백히 밝히는데, 구약의 이스라엘은 참으로 중요한 의미를 지니며, 그런 점에서 하나님의 구원계획에 지대한 역할을 담당했습니다.

4. 이제 이스라엘 민족의 역할은 완전히 끝났는가?

앞서 육적 이스라엘이 지니는 의미와 역할에 대해서 알아보았습니다. 우리는 이제 이스라엘을 수많은 민족이나 나라들 중의 하나로 동등한 위치에서 바라보고 선교해야 함은 당연할 것입니다. 그런데 구약시대 이스라엘이란 민족의 중요한 역할들이 다 끝났다고 해서 우리가 쉽게 툭툭 털어버리고 단순히 한 민족으로 바라볼 수 있을 것 같지는 않습니다.

왜냐하면 이스라엘 민족이 차지했던 위치가 역사적으로나 성경으로나 너무 컸기 때문입니다. 그리고 근 2,000여 년간 나라가 없던 이스라엘이 이 시대에 기적적으로 나라를 이루었으며, 이스라엘은 알게 모르게 비중 있는 영향력을 지금도 세계사에 미치고 있기 때문입니다.

특별히 근현대사에서 히틀러에 의해 자행된 대량학살은 유대인을 대상으로 행해졌다는 점에서 우리에게 특별한 관심으로 다가옵니다. 그리고 우리에게 의문을 던집니다.

하나님은 지금의 이스라엘을 통해서 우리에게 무엇을 말씀하려는 것인가? 참새 한 마리도 하나님이 허락지 않으시면 땅에 떨어지지 않는다고 하셨는데, 모든 역사는 하나님의 경륜 안에서 움직이는 것이 아닌가? 그렇다면 지금의 이스라엘을 보면서 우리는 무엇을 발견해야 하는가?

이러한 의문을 풀어나가는 과정에서 먼저 우리는 해결을 위한 기준을 세워야 합니다. 그런데 그 기준은 이미 언급한 대로 성경의 목적을 이루기 위한 이스라엘의 중요한 역할은 끝났다는 것입니다.

그럼에도 중요한 의미부여는 할 수 있을 것입니다. 얼마 전 이어령 전 문화부장관의 회심은 많은 세간의 관심을 불러 일으켰고 출간된 책은 베스트셀러가 되었습니다. 일반인의 회심이었다면 이처럼 뉴스거리가 되지는 않았을 것입니다. 그러나 그는 학자로서, 작가로서, 장관으로서 이미 중요한 인물이었기 때문에 그의 회심은 충분한 관심의 대상이며 또한 불신자들에게 기독교와 영생에 대한 고민을 불러일으키는 계기가 되기도 하는 것은 당연할 것입니다. 한 개인의 회심은 누구든지 동일합니다. 그러나 특정한 개인에 따라서는 주변에서 바라보는 시선은 같은 수가 없습니다. 현재의 이스라엘을 이러한 측면에서 이해할 수 있을 것입니다.

실제 크리스천으로서 이스라엘을 바라보는 눈은 남다를 수밖에 없습니다. 그러다보니 이스라엘에게서 일어나는 일들은 그들과 관련된 성경의 내용을 확증해 주는 것은 물론이요 불신자들에게 성경의 사실성을 실증하는 귀한 측면이 있습니다. 그런 반면에 짚고 넘어가야 할 것도 있습니다. (육적) 이스라엘과 관련해서 때로는 일부의 잘못된 판단으로 과민반응하기도 합니다.

■ 나라 없이 세계를 전전하던 이스라엘 민족이 옛 이스라엘 땅에 다시 나라를 세우고 독립한 이후 그 땅에 터를 잡고 있던 팔레스타인(블레셋)과 마찰이 생겼습니다. 지금도 이 두 민족의 갈등은 세계 정치에 큰 고민거리로 남아 있습니다. 따라서 우리는 이스라엘을 선을 넘어 특별하게 주목합니다.

다시금 말씀드리지만 우리는 중요한 점을 간과하면 안 됩니다. 앞서 기준으로 세운 이스라엘의 역할은 이미 끝났습니다. 이는 창세 전 하나님의 계획의 중요한 부분입니다. 왜 이것이 그렇게 중요합니까?

하나님의 모든 계획의 중심 사건은 예수 그리스도의 십자가와 부활 사건입니다. 구약의 이스라엘은 이 사건이 이루기까지 역할을 다했습니다. 이제 율법의 모형들의 역할이 끝났다는 것입니다. 실상이 이룬 이후 모형이 여전히 남아있다면 혼란만 가중될 것입니다. 그래서 예수 그리스도께서 모든 것을 이루신 이후 주후 70년에 로마의 디도 장군에 의해 예루살렘 성전과 예루살렘성이 훼파되고 자취를 감췄고, 이후 이스라엘 민족은 흩어졌고 나라도 없어졌습니다. 물론 이 일은 이스라엘의 죄악 때문이었습니다.

마태복음 27:25-26 ²⁵백성이 다 대답하여 이르되 그 피를 우리와 우리 자손에게 돌릴지어다 하거늘 ²⁶이에 바라바는 그들에게 놓아 주고 예수는 채찍질하고 십자가에 못 박히게 넘겨 주니라.

　본디오 빌라도가 그리스도의 피에 대해 자신은 무죄하다고 했을 때 이스라엘 백성들은 그 피 값을 자신들과 자손에게 돌리라고 했습니다. 이러한 일련의 일들을 통해서 이스라엘은 그 모든 역할을 마쳤습니다. 그렇다면 현재의 이스라엘과 팔레스타인의 갈등을 어떻게 보아야 할까요?
　지금의 이스라엘이나 팔레스타인은 똑같이 예수님의 복음을 전해야 할 선교 대상국입니다. 이제 우리는 단지 성경에서 이스라엘 민족이 가나안 땅에 들어가거든 그곳의 모든 족속들을 진멸하라는 하나님의 명령에 불순종해서 남겼던 블레셋(팔레스타인)과 이스라엘이 지금도 영토로 갈등을 빚고 있는 사실을 보면서 성경의 사실성을 믿는 기회로 삼아야 합니다.

■ 마태복음 24장에 보면 예수님의 재림에 대한 비유가 있습니다.

마태복음 24:32-35 [32]무화과나무의 비유를 배우라 그 가지가 연하여지고 잎사귀를 내면 여름이 가까운 줄을 아나니 [33]이와 같이 너희도 이 모든 일을 보거든 인자가 가까이 곧 문 앞에 이른 줄 알라 [34]내가 진실로 너희에게 말하노니 이 세대가 지나가기 전에 이 일이 다 일어나리라 [35]천지는 없어질지언정 내 말은 없어지지 아니하리라.

　예수님이 무화과나무를 비유로 들어 하신 말씀은 이스라엘의 독립(1948년 5월 14일)과 함께 논란의 중심에 서기도 했습니다.
　무화과나무는 이스라엘을 상징하는 나무입니다. 나라 없이 방황하던 이스라엘이 나라를 세워 독립한 것을 핸드릭슨(W. Hendriksen) 등 많은 학자들은 그리스도 재림의 강력한 징조로 보았습니다. 그리고 이 세대가 가기 전에 그리스도께서 재림할 것으로 보았습니다. 바로 "잎사귀를 내면"을 이스라엘의 독립으로 보았고, "여름"을 그리스도의 재림으로 보았습니다. 여름이 되면 무화과나무의 열매를 맺기 때문입니다.

또한 이 세대가 가기 전에 주님이 재림하신다고 하여 '한 세대'에 대한 많은 주장들이 나왔습니다. 이스라엘이 한 세대로 정한 40년설 그리고 50년 희년설, 일반적인 한 세대의 기준인 20-30년 등이었습니다. 그러나 이 모두가 맞지 않았고 오히려 종말론을 주장하는 이단들로 인해서 많은 문제를 낳았습니다. 물론 아직 기간이 끝나지 않은 주장들도 있습니다. 이와 관련하여 잠시 언급을 하면 이렇습니다.

첫째, "우리의 연수가 칠십이요 강건하면 팔십이라도…"(시 90:10)의 말씀에 근거하여 70년, 혹은 80년이라고 주장하는 이들이 있습니다.

둘째, 창세기 15:13-16의 이스라엘 백성이 애굽에서 400년간 종살이를 하다가 4대만에 돌아올 것이란 말씀에 근거하여 한 세대를 100년이라고 말합니다.

셋째, "…그들의 날은 백이십 년이 되리라 하시니라"(창 6:3)는 말씀에 근거하여 노아시대의 죄악상을 보신 하나님이 죄악에 물든 그들의 남은 날수가 120년이고, 이 120년이 지나면 심판하실 것을 알려 주신 것이므로 동일하게 마지막 때인 현재의 한 세대도 120년이라 주장합니다. 나름대로 다들 타당성을 제시하고 있습니다.

한 번 고민을 해봐야 할까요? 위의 마태복음 24장 말씀의 앞뒤 문맥과 정황으로 보아 분명 재림과 관련된 말씀입니다. 그렇다면 이를 어찌 보아야 할까요?

이스라엘 독립을 경험한 세대 중에 마지막 주자들인 1948년에 출생했던 사람들이 지금 60대 중반의 나이입니다. 그렇다면 이들이 생을 다 하는 날까지 기다려보면 알 수 있을까요? 혹여 이들이 모두 명을 달리한 후가 되지는 않을까요? 그 세대 사람들이 아무도 살아 있지 않아도 그 세대일까요?

물론 우리는 지금 말세지말(末世之末)을 살아가고 있고, 언제 주님이 다시 오실지 모르는 시대입니다. 분명 그렇습니다. 하지만 위의 말씀은 (육적) 이스라엘의 독립과는 전혀 무관한 말씀입니다.

앞서 이스라엘에 대한 판단의 기준을 제시하였습니다. 바로 이스라엘의 중요한 역할은 끝났다는 것입니다. 그리고 계속해서 강조하는 것은 성경을 잘 해석키 위해서는 단어에서 어절, 장, 권으로 넓혀서 보아야 한다는 것입니다. 사실은 해석이 너무나도 간단한 내용입니다.

위의 무화과나무의 비유에 앞서 그리스도의 재림 때까지 이 땅에 닥칠 환란에 대한 기록과 재림 때의 상황에 대해서 말씀을 하셨습니다. 예수님은 환란의 상황을 말씀하신 후 이어서 무화과나무의 비유를 말씀하셨습니다.

32. 무화과나무의 비유를 배우라 그 가지가 연하여지고 잎사귀를 내면 여름이 가까운 줄을 아나니
33. 이와 같이 너희도 이 모든 일을 보거든 인자가 가까이 곧 문 앞에 이른 줄 알라
34. 내가 진실로 너희에게 말하노니 이 세대가 지나가기 전에 이 일이 다 일어나리라
35. 천지는 없어질지언정 내 말은 없어지지 아니하리라.

그런데 중요한 점은 무화과나무가 의미하는 바가 (육적) 이스라엘이 아니라는 사실입니다. 이 무화과나무는 '영적인 이스라엘'(크리스천)을 상징으로 하신 것입니다. 곧 크리스천들이 앞서 언급하신 겨울 같은 환란의 날들에 메마른 가지처럼 고난을 당하지만, 그래도 그리스도의 재림의 때가 되면 열매를 맺고 추수케 된다는 것입니다. 그러시면서 33절의 "이와 같이 너희도 이 모든 일을 보거든 인자가 가까이 곧 문 앞에 이른 줄 알라" 는 말씀은 앞의 24:3-31의 환란의 일어나는 일을 보거든, 즉 다시 말씀드려서 너희가 역사의 진행 과정 중에 성경에 언급된 환란들을 겪거든 인자가 가까이 문 앞에 이른 줄 알라는 말씀입니다.

이어서 34절의 "이 세대가 지나가기 전에 이 일이 다 일어나리라" 는 말씀은 특별히 마태복음 24:15-28의 말세지말의 큰 환란([21]이는 큰 환란이 있겠음이라…)의 세대가 지나기 전에, 바로 그 세대 때에 주님이 다시 오셔서 다 이루리라는 말씀입니다(살후 2:1-4; 계 20:3). 이는 큰 환란 후에 곧 주님께서 재림하시기 때문입니다(마 24:29-31). 따라서 위의 말씀은 전혀 (육적) 이스라엘 민족과는 상관이 없는 말씀입니다.

■ 로이드존스의 이스라엘과 이방인에 대한 견해를 보면 로마서 11:25-26을 언급하였습니다. 이것에 대해 더 언급하겠습니다.

로마서 11:25-26 [25]형제들아 너희가 스스로 지혜 있다 하면서 이 신비를 너희가 모르기를 내가 원하지 아니하노니 이 신비는 이방인의 충만한 수가 들어오기까지 이스라엘의 더러는 우둔하게 된 것이라 [26]그리하여 온 이스라엘이 구원을 받으리라….

위의 말씀에 근거해서 많은 이들이 이렇게 말합니다. "이스라엘 민족이 하나님께 택함을 받은 민족이고 이 이스라엘 민족이 예수 그리스도를 영접하지 않아서 구원의 축복이 다른 이방인에게로 가게된 것이다. 그러나 종국에는 이스라엘이 구원받을 것이다." 이러한 말은 맞는 말이면서 틀린 것이기도 합니다.

맞다는 의미는 하나님이 경륜이라는 역사의 수레바퀴 속에서는 그렇게 하셨습니다. 하나님의 계획, 역사의 흐름 안에서 이스라엘 민족이 그리스도를 영접치 않아서 이방인에게로 복음이 들어가게 되었습니다. 그러한 방법을 하나님이 사용하셨습니다.

그러나 틀렸다는 의미는 (육적) 이스라엘 민족이 택정된 백성인데도 이들이 복음을 부인하여 할 수 없이 이방인에게로 들어간 것은 아닙니다. 하나님은 택정된 (영적) 이스라엘을 구원하는 것이 목적입니다. 이를 이루시기 위해 (육적) 이스라엘 민족과 이방인이라는 방법을 역사의 현장 속에서 사용하였습니다.

일부에서는 "…그리하여 온 이스라엘이 구원을 받으리라…"는 말씀을 모든 시대의 이스라엘 민족이 구원을 받는다든지, 이방의 구원을 이룬 후 그 당시에 남아 있는 모든 (육적) 이스라엘 민족이 구원을 받는다고 말합니다. 그러나 이러한 견해는 성경에 절대로 부합하는 것이 아닙니다. 단지 (육적) 이스라엘 민족이라 하여 믿지 않고 죽었는 데도 구원이 임할 수는 없습니다. 남아 있는 자들의 경우도 마찬가지입니다. 물론 그리스도의 재림 직전에 남아있던 (육적) 이스라엘의 모두가 택정된 자일 수는 있습니다. 그러나 우리는 변할 수 없는 성경의 절대 진리를 항상 인식하고 있어야 합니다. 그것은 구원은 오직 예수 그리스도를 믿음으로만 가능합니다.

위의 로마서 11:25-26의 의미는 이렇습니다. 이방인 중에서 모든 택정된 크리스천이 복음을 통해 구원의 길로 인도를 받고 나면, (육적) 이스라엘 중에서도 택정된 모든 크리스천이 구원으로 인도될 것임을 말하는 것입니다. 그러면 왜 사도 바울은 굳이 그렇게 말해야만 했을까요? 왜냐하면 이것은 하나님이 역사의 현장에서 쓰신 경륜 속에서는 (육적) 이스라엘이 중요하게 사용되었으며, 이방인들을 포함한 모두의 관심사이기 때문입니다. 지금의 우리들 또한 그렇게 여기고 있습니다.

그럼에도 육적 이스라엘은 그들의 중요한 역할을 이미 다 완수했습니다. 복음시대요 교회시대인 지금 성경을 해석할 때 육적 이스라엘의 존재는 자칫하면 성경을 잘못 이해하는 깊은 오류에 빠질 수도 있으므로 조심해야 합니다. 물론 선교와 관련하여서는 복음의 문을 닫고 있는 이스라엘 에게도 다른 족속들과 마찬가지로 우리는 문을 계속 두드려야 할 것입니다.

마태복음 24:14 이 천국 복음이 모든 민족에게 증언되기 위하여 온 세상에 전파되리니 그제야 끝이 오리라.

Marvellous and Immense Work of God, Everlasting Christians

제6장

복음(福音)

1. 율법과 복음
2. 십자가와 부활
3. 사도신경

이제 우리는 기독교의 심장부에 다다른 것 같습니다. 인체의 심장이 전신에 혈액을 공급하고 생명을 유지케 하듯 예수 그리스도의 복음은 기독교의 심장이요, 크리스천을 크리스천 되게 하는 유일한 법칙입니다. 우리가 신앙생활을 하면서 너무나도 자주 듣는 단어들 중에 복음이 있습니다. 복음은 인간이 이 땅에서 들을 수 있는 가장 복된 소식(Good News)입니다.

성경의 마태복음, 마가복음, 누가복음, 요한복음을 사복음서라고 부르는 이유는 복음을 다루는 성경이기 때문입니다. 이 말은 복음서에 나온 예수님에 관한 모든 내용들이 바로 복음이란 뜻입니다. 물론 성경 자체가 복음을 다루는 것이지만, 직접적으로 복음에 대한 내용을 다루었기 때문에 복음서인 것입니다. 그렇다면 사복음서에서 공통적으로 말씀하는 것이 무엇입니까?

하나님의 아들이신 예수님이 성령으로 잉태되어 태어나셨습니다. 삼십 세쯤 되셨을 때 요한에게 세례를 받으시고 공생애를 시작하시며 천국이 가까웠다고 말씀하셨습니다. 이스라엘 각처를 다니시며 병자를 고치시고 능력과 기적을 베푸시고 자신이 그리스도이심을 나타내셨습니다. 이후 예수님은 고난, 고초를 겪으시며 인류의 죄와 허물을 지시고 십자가로 죽으셨습니다. 사흘 뒤 예수님은 부활의 첫 열매로 살아나셨고, 사십일 뒤 하늘로 승천하셨습니다. 그리고 심판주로 다시 오실 것을 천사를 통하여 알리셨습니다.

이것이 복음입니다. 사복음서의 이러한 기록의 말씀들이 그리스도의 복음입니다. 우리는 이 복음이 우리 크리스천을 있게 했다는 사실을 잘 압니다. 특별히 복음서의 예수님의 하신 일들을 보면서 크리스천들과 관련해서 중요한 의미를 나타내는 부분을 한 번 보겠습니다.

먼저 복음서와 사도행전을 한 번 떠올려 보십시오. 시작부터 끝까지를 마치 하늘 위 비행기에서 서울 시내를 한눈에 내려다 봤을 때처럼 자신과 관련해서 전체가 확 드러나 보여야 합니다.

성경 전체가 다 소중하고 귀하지만 특별히 예수님과 초기 교회의 중심 사건들이 전개되는 곳입니다. 내용을 보면 먼저 이스라엘 백성들에 대해서 세례 요한의 "회개하라 천국이 가까웠느니라"며 회개의 세례를 베풀었습니다. 이어서 예수 그리스도의 사역과 십자가에 죽으심과 부활이 있었습니다(한 가지 중요한 점은 예수님 말씀의 많은 부분이 거룩한 제자도의 삶에 대한 것입니다). 그리고 오순절 성령의 강림과 제자들의 전도와 선교의 행전들에 대한 것들이 다루어졌습니다. 이것을 보고 번뜩 느껴지는 것이 있어야 합니다. 하나님은 우리들 영적 이스라엘 백성들을 먼저는 회개로 인도하십니다. 이어서 예수 믿게 하신 후 성령이 임하시고, 그 사람은 교회의 일원이 되어 내적으로는 예수님을 닮는 거룩한 삶을 쫓게 하시고 외적으로는 전도와 선교를 위해 충성하며 매진케 하신다는 것입니다.

사실 성경의 큰 행보 하나하나는 천하보다도 귀한 한 영혼 한 영혼들인 크리스천들을 위한 일이었습니다. 이는 한 명의 크리스천이 어떻게 만들어지는가를 보여주시는 귀한 장면입니다. 별다른 군더더기가 필요치 않습니다. 진리는 너무나도 단순하고 쉽습니다. 이어서 귀한 부분이 있습니다. 요단강에서 예수님이 세례 요한에게 세례를 받으시는 아래의 말씀을 보겠습니다.

> 마태복음 3:16-17 [16]예수께서 세례를 받으시고 곧 물에서 올라오실새 하늘이 열리고 하나님의 성령이 비둘기 같이 내려 자기 위에 임하심을 보시더니 [17]하늘로부터 소리가 있어 말씀하시되 이는 내 사랑하는 아들이요 내 기뻐하는 자라 하시니라.

위의 말씀을 보면서 먼저 느껴지는 점은 삼위일체 하나님이 성부 하나님, 성자 예수님, 성령님의 삼위격으로 동시에 드러나는 귀한 장면이라는 것입니다. 이와 함께 이 사건은 크리스천들에게 있어 매우 중요한 한 가지를 알려줍니다.

예수님이 세례를 받으시고 물에서 나오셨을 때 성령이 임하시고, 성부 하나님은 이는 내 사랑하는 아들이요 기뻐하는 자라 말씀하셨습니다. 이 말씀을 보면서 우리가 만약 세례를 받는다면 어떻게 되겠습니까?

우리도 이와 마찬가지입니다. 우리가 회개하고 진실로 예수님을 믿고 세례를 받으면 그런 우리에게도 성령께서 비둘기같이 임하십니다. 그리고 하나님은 우리를 보시고 "너는 내 사랑하는 아들이요 기뻐하는 자라" 하신다는 사실입니다. 이는 성경 전체가 강조하는 바임을 우리는 잘 압니다. 예수님의 세례의 모습에서 우리 또한 하나님의 자녀가 될 때 어떻게 변화될지를 잘 보여주고 계십니다.

성령께서 우리에게 임하시는 순간 이제는 죄의 종도, 사탄의 종도 아닙니다. 구원과 함께 하나님을 아빠 아버지라 부를 수 있는 특권을 부여받는 귀한 사건입니다. 이것을 예수님은 직접 드러내 보이셨습니다. 복음의 기쁜 소식은 죄인이요 피조물인 우리로 하나님을 당당히 아빠 아버지라 부르게 했습니다. 이것이 진리입니다.

1. 율법과 복음

복음을 쉽게 이해하기 위해서는 율법과 대조를 해보는 것이 좋은 방법입니다. 율법이 하는 일 중에 중요한 하나가 복음의 그림자로써의 역할입니다(히 10:1). 성경은 율법은 모세의 율법이요, 복음은 그리스도의 복음이라고 말씀합니다(요 1:17). 성경말씀을 보면 모세는 하나님의 종으로 쓰임을 받았고, 그리스도는 하나님의 아들로 세움을 받았다고 말씀합니다(히 3:5-6). 그리고 율법은 너희가 행하면 살 것(레 18:5)이라고 말씀하지만, 복음은 너희가 하나님의 은혜로 이제 살았다 그러니 하나님의 자녀로서 행하라(엡 2:8-10)고 합니다.

율법과 복음을 선명히 구별할 수 있는 중요한 것이 있습니다. 율법은 너희가 거룩하라(레 19:2)고 말씀합니다. 그러나 복음은 그리스도로 인하여 우리가 거룩케 되었다(히 10:10)고 말씀합니다. 우리는 율법과 복음을 이해함에 있어서 아래의 두 말씀을 상고해 볼 필요가 있습니다.

> 신명기 6:5 너는 마음을 다하고 뜻을 다하고 힘을 다하여 네 하나님 여호와를 사랑하라.
>
> 요한일서 4:10 사랑은 여기 있으니 우리가 하나님을 사랑한 것이 아니요 하나님이 우리를 사랑하사 우리 죄를 속하기 위하여 화목 제물로 그 아들을 보내셨음이라.

이스라엘의 유대교에서는 하나님의 명령을 지키기 위해서 지금도 이마와 손목에 신명기 6:5의 말씀을 기호로 달고 다닙니다. 그러나 그들은 결코 자신들의 노력으로 율법을 온전히 지킬 수도, 하나님을 진정 사랑할 수도 없었습니다. 오히려 사랑을 보이신 분은 하나님이셨습니다. 하나님 자신이 사랑치 않는 우리를 향하여 그리스도로 사랑을 보이셨습니다. 이것이 율법과 복음의 진정한 차이입니다.

구약시대에 율법을 온전히 지키고 율법으로 사랑을 이룬 사람은 아무도 없습니다. 이미 죄로 물든 인간이 율법을 범하지 않고 온전히 지킨다는 것은 불가능하기 때문입니다.

혹시 사람의 그림자가 사람이 되었다는 말이 납득이 가십니까? 이것은 당연히 말도 되지 않습니다. 그림자는 오직 그림자일 뿐입니다. 단지 그림자를 보고 그 사람의 모습이 이런가보다 하고 짐작을 할 수는 있을 것입니다. 그리고 그 그림자를 보고 분명 그림자가 있으니 실상이 있을 것임을 알 수 있을 뿐입니다. 율법은 복음의 그림자로서 그 기능을 분명 충실히 다했습니다. 그리고 실상인 그리스도께서 오셨을 때 자신의 자리를 예수님께 양도했습니다.

2. 십자가와 부활

크리스천들은 '십자가와 부활'이란 단어를 접할 때면 주님에 대한 엄숙한 경외심을 느끼게 됩니다. 그 이유는 십자가와 부활이 주님의 복음의 핵심 사건이며 이로 인하여 우리의 구주가 되셨기 때문입니다.

1) 십자가

우리가 성경을 말할 때 일반 서적들과는 달리 생명의 책이란 말을 곧잘 합니다. 생명이 있다는 것은 살아있다는 말이 되고, 이것을 의학적으로는 심장이 뛰고 있고 그래서 피가 전신으로 공급되고 있음을 의미합니다. 성경을 보면 창세기부터 요한계시록까지 피에 대해서 말씀을 합니다. 그리고 우리를 향하여 직접적으로 피에 대해서 언급을 하기도 합니다.

레위기 17:11 육체의 생명은 피에 있음이라 내가 이 피를 너희에게 주어 제단에 뿌려 너희의 생명을 위하여 속죄하게 하였나니 생명이 피에 있으므로 피가 죄를 속하느니라.

위의 말씀이 의미하는 바와 같이 생명은 피에 있고 그 피는 당연히 그리스도의 보혈을 의미합니다.

성경은 교회를 그리스도의 몸이라고 말씀하고, 크리스천들을 그리스도의 지체라 표현합니다. 이 몸 안에서 그리스도께서는 교회의 머리가 되시고 우리 각자는 각 지체들이 됩니다. 그런데 몸 안에서의 피의 역할은 참으로 귀한 것을 보여줍니다. 각 지체의 생명 유지는 피를 통해서만이 가능합니다. 뿐만 아니라 피를 통해서 영양분을 공급 받아 자라게 되고 찌꺼기는 피를 통해서 배출됩니다. 그리고 각 지체들은 피로써 연결되고 있습니다.

이 말은 곧 크리스천이 되고 교회가 이루어질 수 있는 근거는 바로 그리스도의 보혈에 있다는 것을 잘 보여줍니다. 십자가를 통해서 예수 그리스도께서는 그 보혈을 흘리셨습니다. 그런데 인간의 입장으로 볼 때, 보혈을 흘리셨다는 것은 중대한 심각성을 내포합니다. 왜냐하면 생명이 피에 있는 것이므로 피는 절대로 흘리면 안 되는 것입니다. 죽기 때문입니다. 그럼에도 그리스도께서는 피를 스스로 다 흘려버렸습니다. 이 말의 의미는 그리스도의 보혈은 너무나도 귀한 사랑, 그 자체임을 보이는 것입니다.

히브리서 9:22 율법을 따라 거의 모든 물건이 피로써 정결하게 되나니 피흘림이 없은즉 사함이 없느니라.

그리고 참으로 중요한 점을 우리가 간과할 때가 있습니다. 그것은 예수 그리스도의 십자가 사건이 당시에 이 지상 위에만 국한된 사건으로 제한할 수 있다는 것입니다. 그렇게 했을 때 나타나는 문제는 성경을 왜곡할 수도 있다는 사실입니다. 그리스도의 십자가 사건은 하늘과 땅과 땅 아래, 과거와 현재와 미래를 아우르는 초우주적인 사건입니다.

■ 일부에서 성경의 난제로 여기는 말씀들이 있습니다. 그러나 이 말씀들은 모두 예수 그리스도의 십자가 승리에 대한 초우주적인 웅장한 선포입니다

> 베드로전서 3:19 그가 또한 영으로 가서 옥에 있는 영들에게 선포하시니라.
>
> 베드로전서 4:6 이를 위하여 죽은 자들에게도 복음이 전파되었으니 이는 육체로는 사람으로 심판을 받으나 영으로는 하나님을 따라 살게 하려 함이라.

먼저 베드로전서 3:19의 말씀을 살펴보겠습니다. 19절의 말씀은 앞뒤의 18, 20절 말씀과 이어지는데 의문스럽기 그지없습니다.

> 베드로전서 3:18-20 [18]그리스도께서도 단번에 죄를 위하여 죽으사 의인으로서 불의한 자를 대신하셨으니 이는 우리를 하나님 앞으로 인도하려 하심이라 육체로는 죽임을 당하시고 영으로는 살리심을 받으셨으니 [19]그가 또한 영으로 가서 옥에 있는 영들에게 선포하시니라 [20]그들은 전에 노아의 날 방주를 준비할 동안 하나님이 오래 참고 기다리실 때에 복종하지 아니하던 자들이라 방주에서 물로 말미암아 구원을 얻은 자가 몇 명뿐이니 겨우 여덟 명이라.

위의 말씀이 무슨 의미입니까? 예수 그리스도께서 십자가에 죽으신 후 지옥에 내려가서 노아의 홍수에 죽었던 이들에게 복음을 전하신 것입니까? 죽은 자들에게도 복음이 전해질 수 있습니까? 그렇다고 한다면 지금껏 우리가 알고 있는 기독교의 신앙지식에 정면으로 대치하는 것이 아닙니까? 그도 아니라면 그럼 무슨 다른 의미가 있는 것일까요?

먼저 18-19절의 의미는 이렇습니다. 예수 그리스도께서 십자가로 죽으신 후 육신은 죽어 장사되어 3일간 무덤 속에 계셨습니다. 그러나 그리스도의 영은 지옥에 내려가서 자신을 믿지 않고 죽은 영들에게 십자가로 복음을 이루시고 승리하셨음을 직접 선포하셨습니다. 불신하고 믿지 않았던 너희들도 그리스도가 십자가로 이긴 것을 알라는 선포였습니다. 그리고 이제 믿지 않은 결과인 심판을 기다리라는 선포였습니다.

그런데 이후의 20절의 말씀이 혼돈을 줍니다.

베드로전서 3:20 그들은 전에 노아의 날 방주를 준비할 동안 하나님이 오래 참고 기다리실 때에 복종하지 아니하던 자들이라….

아니 창세로부터 예수님 이전까지 믿지 않고 죽은 사람이 얼마인데, 왜 노아의 심판 때 죽은 자들만을 거론하는 것인가요? 왜 이런 수수께끼 같은 말씀을 하고 있는 것일까요?

일제시대 때 우리나라 사람들은 하루 속히 해방이 되기를 바랐습니다. 그렇다고 일본인들 앞에서 해방이란 말을 쓸 수는 없었습니다. 그래서 사용한 말이 '봄이여, 하루 속히 오라!'는 것이었습니다. 이 말을 들은 우리나라 사람들은 그것이 계절의 봄이 아닌 해방을 암시하는 것임을 의심하는 사람은 없었습니다. 우리는 위의 말씀에서 "전에 노아의 날 방주를 준비할 동안"이란 의미를 주의해서 보아야 합니다.

베드로전서가 기록될 당시인 주후 1세기 전후의 묵시문학에서는 '노아의 날, 노아의 홍수'란 말은 '종말에 있을 심판'이란 의미로 통용되고 있었습니다. 종말에 있을 심판이 물심판은 아니지만 노아 때의 심판과 같은 인류의 심판의 날이기 때문이었습니다(벧후 3:3-10). 이것을 토대로 말씀을 다시 보겠습니다.

> 베드로전서 3:20 그들은 전에 노아의 날 방주를 준비할 동안 (마지막 날에 심판이 임하기 전까지) 하나님이 오래 참고 기다리실 때에 복종하지 아니하던 자들이라….

따라서 18-20절의 의미는 예수 그리스도께서 십자가로 이제 승리하셨으니 창세 이후로 믿지 않았던 지옥에 있는 사람들은 모두 마지막 날에 심판을 받게 될 것이라는 강력한 선포였습니다.

■ 베드로전서 4:6의 말씀을 살펴보겠습니다

> 베드로전서 4:6 이를 위하여 죽은 자들에게도 복음이 전파되었으니 이는 육체로는 사람으로 심판을 받으나 영으로는 하나님을 따라 살게 하려 함이라.

이 말씀도 베드로전서 3:20의 말씀처럼 혼란을 가중시킵니다. 죽은 자들에게도 복음이 전해지고 그들의 영이 살 수 있다는 의미인가요? 당연히 우리는 그런 뜻이 아니라는 것을 잘 압니다. 그러면 무슨 의미일까요?

먼저 베드로전서 4:1-6까지의 말씀을 보겠습니다.

1. 그리스도께서 이미 육체의 고난을 받으셨으니 너희도 같은 마음으로 갑옷을 삼으라 이는 육체의 고난을 받은 자는 죄를 그쳤음이니
2. 그 후로는 다시 사람의 정욕을 따르지 않고 하나님의 뜻을 따라 육체의 남은 때를 살게 하려 함이라
3. 너희가 음란과 정욕과 술취함과 방탕과 향락과 무법한 우상 숭배를 하여 이방인의 뜻을 따라 행한 것은 지나간 때로 족하도다
4. 이러므로 너희가 그들과 함께 그런 극한 방탕에 달음질하지 아니하는 것을 그들이 이상히 여겨 비방하나
5. 그들이 산 자와 죽은 자를 심판하기로 예비하신 이에게 사실대로 고하리라
6. 이를 위하여 죽은 자들에게도 복음이 전파되었으니 이는 육체로는 사람으로 심판을 받으나 영으로는 하나님을 따라 살게 하려 함이라

위의 말씀을 집중해서 읽어보셔야 합니다. 위의 말씀을 이해하기 위해서는 4-5절의 '그들'과 6절의 '죽은 자들'이 같은 사람들이 아니라는 것을 이해해야 합니다. 위의 '그들'은 '이방인의 뜻을 따라 행한' 그들입니다. 이들은 심판 때 멸망받기로 예정된 자들입니다.

그러면 6절의 '죽은 자들'은 누구일까요? 위의 6절의 말씀은 심판 받을 자들에 대한 말씀이 아닙니다. 이들은 믿고 죽어 낙원에 있는 성도들입니다. 예수 그리스도의 십자가 사건 이전에 육체로는 죽었으나 영으로는 낙원에 가서 안식하고 있는 이들은 구원하실 예수님을 믿었던 구약의 성도들입니다.

그리고 6절의 "복음이 전파되었으니"(εὐηγγελίσθη)는 원문에 "복음이 선

제6장 복 음(福音) 201

포되었으니"의 의미를 지니고 있습니다. 그러면 위의 1-6절까지의 의미를 간추려 보겠습니다. 먼저 1-5절을 보면 이렇습니다. 베드로는 당시 로마의 박해 등 환란 가운데 있는 성도들에게 너희가 예수 그리스도를 믿기 전에는 온갖 죄악 가운데 살았지만 죄는 그때로 족하다고 말씀합니다. 주위의 불신자들이 왜 예전처럼 그렇게 살지 않느냐고 조롱하고 비방하지만, 이제는 육체로 죽기까지 고난당하신 예수님을 쫓아 그처럼 살라는 것입니다. 불신자들이 지금은 비방하지만 심판 때에는 심판주인 그리스도 앞에 직접 고하기를 자신들처럼 산 것이 옳은 것이 아니라 너희가 옳았음을 입으로 시인한다는 것입니다.

　이상의 1-5절의 말씀과 관련하여 베드로는 6절의 말씀을 통해서 환란 중에 있는 성도들에게 힘을 줍니다. 6절의 내용은 이렇습니다. 예수 그리스도께서 십자가로 승리하셨을 때, 예수님 이전에 환란과 핍박 가운데서도 믿고 살다가 끝내는 승리의 소식을 듣지 못하고 육신의 죽음을 맞았던 이들에게도 그토록 고대했던 십자가의 승리를 선포해서 그들에게 기쁨을 전했다는 것입니다.

　결론적으로 종합해보면, 너희는 십자가 사건 이전의 성도들처럼 고난에 끝까지 인내로 그리스도를 쫓아 심판의 날, 곧 불신자들이 자신들의 입술로 누가 옳았는지를 실토하는 그날을 바라보며 소망을 품고 살라는 것입니다.

　예수 그리스도의 십자가 사건은 이 땅 뿐이 아니라 땅 아래와 천상에까지도 선포된 초우주적인 대사건입니다. 아래의 빌립보서 2장의 말씀은 비록 죽어 지옥에 있는 자들까지도 그들의 입술로 예수가 그리스도였음을 시인하게 합니다.

빌립보서 2:8-11 ⁸사람의 모양으로 나타나사 자기를 낮추시고 죽기까지 복종하셨으니 곧 십자가에 죽으심이라 ⁹이러므로 하나님이 그를 지극히 높여 모든 이름 위에 뛰어난 이름을 주사 ¹⁰하늘에 있는 자들과 땅에 있는 자들과 땅 아래에 있는 자들로 모든 무릎을 예수의 이름에 꿇게 하시고 ¹¹모든 입으로 예수 그리스도를 주라 시인하여 하나님 아버지께 영광을 돌리게 하셨느니라.

예수 그리스도의 십자가는 실로 하늘과 땅과 땅 아래, 바로 초우주적인 승리의 선포인 것입니다.

2) 부활

예수 그리스도께서는 십자가의 승리를 자신의 부활로 마무리하며 복음을 완성하셨습니다. 예수 그리스도는 교회의 머리가 되십니다(에베소서 1:22). 머리이신 예수님이 부활의 첫 열매가 되셨으니 그 몸에 달린 지체들도 당연히 부활하게 되는 것입니다. 이것이 크리스천들에게는 '우리도 주님처럼 부활한다'는 소망을 주게 됩니다.

우리 기독교는 부활절을 최고의 절기로 기념합니다. 왜냐하면 다른 모든 종교들과 구별되는 최고의 가치인 참된 진리가 드러난 날이 부활절이기 때문입니다.

예전에 유명한 승려였다가 개종하여 목사가 된 김성화 목사님은 부활과 관련하여 이렇게 설명한 적이 있습니다.

내가 불교에서 기독교로 개종하게 된 결정적인 차이가 이것입니다. 옛날 인도의 구시라성의 시디림에서 한 젊은 과부의 심하게 애통함을 본

석가모니가 그 사유를 물은 즉 병중의 외아들을 살려달라는 애원이었습니다. 이에 석가모니는 한 번도 사람이 죽은 적이 없는 집의 쌀을 한 줌 얻어다가 죽을 끓여 먹이면 살아날 것이라 말합니다. 그러나 오후에 돌아온 그 과부는 "부처님이시여, 하루 종일 다녀도 그런 집은 없어 빈손으로 왔습니다"라고 고백했습니다. 그때 석가모니는 과부에게 이런 결론을 줍니다. "자매여, 생사필멸이라 사람이 나면 반드시 죽는 것, 인연 따라 일어나 인연 따라 없어지는 것이니 너무 슬퍼할 것이 없느니라." 이것이 석가모니의 가르침이었습니다. 그러나 이에 반해 예수님의 처방은 달랐습니다. 예수님은 나인성 과부의 외아들의 애통스런 장례 행렬을 보시고 불쌍한 마음에 은혜를 베푸십니다. 그 외아들을 죽음에서 생명으로 살리신 것입니다. 불교와 기독교의 생사문제의 근본적인 차이가 여기에 있었습니다.

우리 크리스천들은 그리스도의 부활에 자부심을 가져야 합니다. 세상의 어느 종교 앞에서도 당당히 복음을 전할 수 있는 증거가 그리스도의 부활이기 때문입니다. 그리고 그리스도의 부활은 새로운 변화의 출발이요, 기준점이 되었습니다. 이 말이 무슨 뜻인지 이해가 되셔야 합니다. 이 점을 바르게 이해하는 것은 하나님의 창세 전 계획을 더욱 뚜렷이 하는 데 매우 중요합니다.

그리스도께서 부활하심으로 죽음에서 다시 사는 길을 여셨습니다. 그리고 지금까지 하나님의 거대한 계획의 실행이 구약의 모형인 그림자로 설명되고 진행되어 왔다면 이제는 그리스도의 부활을 계기로 뚜렷한 실상으로 진행되게 되었습니다. 이러한 변화의 기준이 그리스도의 부활입니다. 그리고 이러한 변화는 교회의 시작과 함께 우리 앞에 나타났습니다.

먼저 오순절 성령의 강림으로 교회가 시작되었습니다. 성령의 강림과 교회가 시작될 수 있었던 이유는 바로 예수 그리스도께서 십자가와 함께 부활로 복음을 완성하셨기 때문입니다. 이것은 구약의 이스라엘이 실상인 교회로 드러난 것이기도 합니다(롬 9:8).

그리고 안식일을 지키던 것에서 주님께서 부활하신 주일을 지키는 것으로 바뀌었습니다. 왜 바뀌었을까요? 이와 관련하여 언급을 해야 할 이야기가 있습니다.

예전에 한분이 인터넷의 한 기독교계통의 사이트를 드나들면서 그만 기존에 자신이 알던 신앙관에 혼돈이 생겼습니다. 그중의 하나가 주일성수냐 안식일 성수냐는 것이었습니다. 이 때문에 제가 그 인터넷 사이트를 들어가 보았습니다. 그곳에서 주장하는 내용이나 회원들이 적은 글들을 보니 모두가 기존의 교회를 비판하고 성경에서 말씀하는 내용과는 전혀 다른 것이었습니다. 그곳에 안식일과 주일에 대한 글을 올렸습니다. 다음 날 그 사이트에 들어가서 로그인을 하려 하자 되지 않는 것입니다. 알고 보니 제가 올린 글과 함께 저는 강제 탈퇴되어 있었습니다. 인터넷은 지식과 정보의 보고인 것은 맞지만, 한편으로 볼 때는 기독교적으로 지금까지 별다른 대처가 없어서 이단들이 상당수 점령을 했다는 사실에 우리는 주의해야 합니다. 멋모르고 순수하게 신앙상담을 하는 이들도 보였습니다. 참으로 위험천만한 일입니다.

안식일과 관련하여 그 사이트가 주장하는 바는 마치 안식교나 안상홍 증인회 등 일부 이단들의 주장과 같았습니다. 그러면 안식교나 안상홍 증인회 등의 이단들의 주장은 어떠할까요? 이들의 주장을 비교해 보면 보다 쉽게 진리를 알 수 있습니다. 저들은 하나님이 천지를 엿새 동안 창조하시고 일곱째 날 안식하셨고, 십계명의 제4계명에 안식일을 거룩히 지키라고 말씀하셨는데 안식일을 지키지 않고 주일로 바꾸어 지키는 것이 오히려 잘못된 이단이라는 것입니다. 그러면서 신약성경의 어느 곳에도 주일을 지키라는 곳이 없다고 말합니다.

　이들의 주장이 맞는 것일까요? 당연히 말도 안 되는 소리입니다. 이들이 이렇게 주장한다는 자체가 성경을 전혀 바르게 이해를 못하고 있음을 보여주는 것입니다. 그러면 안식일이 주일로 바뀌어 지키게 된 이유를 알아보겠습니다.

- 가장 큰 오류는 이들이 그리스도의 부활을 이해하지 못한 데 있습니다. 먼저 예수님이 비유로 하신 누가복음 5:36의 말씀을 보겠습니다

> 누가복음 5:36 또 비유하여 이르시되 새 옷에서 한 조각을 찢어 낡은 옷에 붙이는 자가 없나니 만일 그렇게 하면 새 옷을 찢을 뿐이요 또 새 옷에서 찢은 조각이 낡은 것에 어울리지 아니하리라.

　예수님이 비유로 말씀하신 내용입니다. 이 내용에서 새 옷은 복음을 말씀하는 것이고 낡은 옷은 율법을 의미합니다. 예수님이 이 땅에 복음을 들고 오시기 전까지는 이스라엘의 모든 판단이나 생활과 신앙의 기준은 율법이었습니다. 지금까지 그러한 것이 당연한 줄로 알고 믿고 있던 바리새인들과 서기관들에게 율법적인 판단의 잣대를 지닌 체 복음과 조화를 시도하려는 것이 전혀 조화될 수 없는 심각한 문제를 일으킨다는 것을 예로 설명하신 것입니다. 새 옷과 같은 온전한 복음이 오히려 율법으로 인해서 혼란스러워 짐을 말씀하셨습니다.

　이는 현재 안식교나 안상홍 증인회 같은 이단이 바로 복음에 율법의 조각을 잘라 붙이고 있는 것입니다. 이들은 예수님 당시의 바리새인들이나 서기관들이 율법과 복음을 정확히 이해를 못해서 멸망한 것과 같은 상황입니다.

■ 예수 그리스도께서 십자가와 함께 부활로 완성하신 복음은 새로 회복하신 창조질서입니다

이것이 무슨 의미냐면 이렇습니다. 하나님이 천지를 창조하셨습니다. 하나님이 보시기에 좋은 것들이었습니다. 그러나 이 창조질서 안에서 인간의 범죄로 인하여 모든 것들이 저주를 받고 말았습니다(창 3:16-19). 물론 이 말은 하나님의 창조가 실패했다는 의미가 아닙니다. 하나님의 창세 전 계획의 완성을 위한 과정의 일환이었습니다. 그리고 이후에 구약의 이스라엘에게 하나님이 율법을 주셨으나 이것으로 창조질서를 회복시키는 것은 불가능한 일이었습니다. 이러한 불가능을 하나님이 예수 그리스도를 통하여 직접 다시 회복시키는 일을 하셨습니다. 그것이 십자가와 부활로 이루어진 것입니다. 이제부터는 새로 회복된 창조질서가 시작되었습니다. 그러나 이것은 현재는 직접 눈으로 보이는 것이 아닌 영적 회복으로부터 시작되었습니다. 그래서 니고데모처럼 많은 이들이 이해를 못합니다.

예수님은 복음을 전하시면서 하나님의 나라가 임했다고 말씀하셨습니다. 하나님의 나라가 이 땅에 임했다는 의미가 무엇일까요? 이 말씀의 의미는 죄로 물든 세상을 구원하시러 오신 예수님이 하나님 나라의 문을 열어 믿는 사람을 들여보내시겠다는 것입니다. 지금까지는 문이 닫혀서 못 들어갔는데 문을 여시겠다는 것입니다.

이를 좀 더 자세히 설명을 드리겠습니다. 인간이 범죄해서 쫓겨나기 전의 에덴동산에는 하나님의 임재가 있었습니다. 이곳에는 죄 없는 아담과 하와가 있었습니다. 이 말은 죄 없는 백성인 아담과 하와가 살고 있는 하나님의 나라라는 의미입니다. 하나님의 나라에서 이들이 죄를 범하고 쫓겨난 후 하나님은 죄범한 아담과 하와가 다시 돌아오지 못하게 천사들과

불 칼로 지키게 하십니다. 그런데 지키게 하신 곳이 동쪽 단 한 곳이었습니다. 이 말씀은 에덴의 문은 동쪽 단 한 곳임을 의미합니다.

> 창세기 3:24 이같이 하나님이 그 사람을 쫓아내시고 에덴 동산 동쪽에 그룹들과 두루 도는 불 칼을 두어 생명 나무의 길을 지키게 하시니라.

이 말씀과 함께 우리는 구약의 성막이 예표하는 바가 곧 예수 그리스도임을 잘 알고 있습니다. 이 성전에도 문은 오직 동쪽의 한 곳 뿐입니다(출 38:13-20). 이 의미는 구원은 오직 예수 그리스도 한 분 뿐임을 말씀하는 것입니다.

지금까지는 단 하나뿐인 동쪽 문이 닫혀 있어서 누구도 하나님의 나라에 들어갈 수 없었습니다. 그런데 이제 예수님이 하나님 나라의 문을 여시고 들어갈 수 있게 만드실 것임으로 하나님의 나라가 임했다고 하는 것입니다.

> 요한복음 10:9 내가 문이니 누구든지 나로 말미암아 들어가면 구원을 받고….

이처럼 첫 창조질서에서 아담과 하와의 범죄로 막혀 있던 문이 그리스도가 이 땅에 오시고 십자가와 부활로 그 문이 다시 열린 것입니다. 이렇게 시작된 새 창조질서는 그리스도의 재림으로 새 하늘과 새 땅이 임하고 크리스천들이 신령한 몸인 부활체로 변화할 그때 완성하게 됩니다(고전 15:52). 이러한 변화의 시발점이 되는 사건이 그리스도의 부활입니다.

그래서 기존의 질서와 새로 회복된 질서를 나누는 분수령이 그리스도의 부활인 것입니다. 예수님은 안식일의 주인이 자신이라고 말씀하셨습니다(마 12:8). 이 말씀은 율법의 대표적인 위치에 있던 안식일도 결국 그리스도 앞에 종의 신분일 수밖에 없다는 것입니다. 그 주인이 예수님이시기 때문입니다. 따라서 새로 회복된 창조질서의 시작을 알리는 그리스도의 부활의 날, 즉 안식 후 첫날인 한주간의 첫날(행 20:7; 고전 16:2), 주의 날(계 1:10)에 예배로 모였습니다. 안식일이 실상인 주일로 대치되었습니다.

그리스도께서 부활하신 날은 바로 첫 창조 때의 하나님의 영광이 인간의 죄악으로 가려졌다가 다시 그리스도로 인하여 회복된 날입니다. 하나님의 창조계획의 목적인 영원한 크리스천들이라면 당연히 그리스도의 부활로 하나님의 영광이 회복된 날, 주일에 예배로, 찬송으로 하나님께 영광을 돌리는 것은 너무나도 당연한 일인 것입니다.

■ 출애굽기 4:24에 보면 하나님이 모세를 죽이려는 내용이 나옵니다

> 출애굽기 4:24 모세가 길을 가다가 숙소에 있을 때에 여호와께서 그를 만나사 그를 죽이려 하신지라.

당시의 모세는 미디안에서 목동으로 40년간의 훈련을 마치고 이제 막 하나님이 이스라엘 백성의 출애굽에 사용하시려 할 때였습니다.

그런데 하나님은 별안간 모세를 죽이려합니다. 왜 일까요? 하나님은 아브라함에게 언약하시길 너의 모든 남자는 난지 8일 만에 할례를 받으라고 명하셨습니다. 그렇지 않으면 백성 중에서 끊어지리라고 말씀하셨습니다(창 17:9-14). 그런데 그 당시까지 모세는 자신의 아들들에게 할례를 행하지 않고 있었습니다. 모세의 장인인 이드로나 그의 아내 십보라는 미

디안 이방족속이었습니다. 따라서 그들은 할례를 행하는 일을 대수롭지 않게 여기고 있었을 것입니다. 그러면 모세는 그의 아내에게 아들들에게 할례를 행해야 됨을 말하지 않았을까요? 분명 수없이 이야기를 했을 것입니다. 그래서 그의 아내도 분명히 알고 있었습니다. 그 이유는 하나님이 모세를 죽이려 하자 십보라는 바로 돌칼을 가져다가 자신의 아들들에게 할례를 행합니다. 물론 어쩔 수 없이 할례를 행한 그녀는 언짢아서 모세를 향하여 "피 남편"이라는 말로 화풀이를 합니다.

> 출애굽기 4:25-26 ²⁵십보라가 돌칼을 가져다가 그의 아들의 포피를 베어 그의 발에 갖다 대며 이르되 당신은 참으로 내게 피 남편이로다 하니 ²⁶여호와께서 그를 놓아 주시니라 그때에 십보라가 피 남편이라 함은 할례 때문이었더라.

이 말씀을 보면서 의문이 드는 것은 모세가 아들을 낳은 후 오랜 시간이 지난 후에야 하나님은 왜 모세를 죽이려 하셨냐는 것입니다. 그리고 진짜 모세를 죽이실 목적이었을까요? 분명 그렇지 않습니다. 하나님은 이 사건을 통해서 모세의 아들들에게 반드시 받아야 할 할례를 베푸시려 하신 것입니다. 왜냐하면 할례는 반드시 받아야 할 매우 중요한 의미를 지니기 때문입니다.

할례를 바로 이해하는 것은 참으로 중요합니다. 성경 전체를 바로 이해하는 것과 직결됩니다. 남자에게만 할례를 행하고 여자에게는 다른 무엇으로든 별다른 말씀이 없는 것은 여자가 열등하거나 차별을 해서가 아닙니다. 한 가정의 자손이 계속 이어진다는 것은 자손을 통한 생명의 지속이라는 면에서 참으로 중요한 의미를 지닙니다. 그런 뜻으로 볼 때 그 매개가 되는 표피는 생명을 상징하는 중요한 의미가 있는 것입니다. 그런데 표피를 잘라냈습니다. 이것은 죄로 물든 생명을 자른다는 의미입니다. 바로 세례를 의미하는 것이요, 더 나아가서는 죄악 된 자신의 죽음 이후 새롭게 태어난 거듭남을 의미하는 것입니다.

하나님이 모세를 죽이려하신 말씀을 보면서 우리는 깊이 명심해야 할 것이 있습니다. 비록 모세라 할지라도 할례, 즉 세례, 거듭남이 없으면 구원이 없는 것이란 사실입니다. 이는 매우 중요합니다.

그런데 하나님은 이 할례를 팔 일째 되는 날에 행하라 하셨습니다. 우리가 예수님을 믿고 세례를 받고 거듭나게 되는 일련의 일들은 무엇 때문에 가능하게 되었습니까? 그것은 십자가 사건 이후 그리스도께서 부활하심으로 복음이 완성되었기에 가능한 것입니다. 바로 그 팔 일째 되는 날이 주일입니다. 그래서 이제 크리스천들은 주의 날에 그리스도로 기뻐하며 하나님께 감사하며 예배로 나아갑니다.

■ 구약의 절기 중에 초실절은 항상 안식 후 첫날로 정해져 있었습니다(레 23:9-14). 한 해에 이스라엘 땅에서 최초로 추수하는 보리 중 첫 한 단으로 하나님께 제사를 드렸는데 이것의 본 의미는 그리스도께서 부활의 첫 열매가 되심을 상징하는 것입니다. 이 날은 항상 안식일 다음날이었습니다. 이단들은 이러한 참 의미를 이해하지를 못합니다

■ 성령께서 강림하신 날도 안식일 다음날인 오순절이었습니다(레 23:15-21; 행 2:1-4). 성령께서 주일에 강림하신 것은 부활의 첫 열매가 되신 그리스도 이후 교회를 통한 영적 추수의 시작을 그리스도 부활의 날인 주일에 시작했다는 점에서 매우 중요한 의미를 지닙니다

■ 초기교회 시대에 주일을 지켰다는 문헌의 기록들이 많이 있습니다. 그중에서도 주후 100년 전후에 기록된 당시의 예배 지침서이며 성경공부 교재였던 『디다케³』에 보면 이런 기록이 있습니다

'매 주님의 날에, 너희는 함께 모여서 너희의 제물이 순결하게 되기 위해서 너희의 죄를 고백한 후 빵을 나누고 하나님께 감사하라' 이는 주일에 성도들이 모여 예배와 함께 성찬식을 거행했다는 것입니다.

주일성수와 관련하여 사도 요한의 직계 제자요, 안디옥 교회의 감독이었던 이그나티우스는 마그네시아 사람들에게 보낸 편지에서 이렇게 적고 있습니다.

> 우리는 더 이상 안식일을 준수하지 않고 주일을 준수하는 새 희망을 소유하게 되었습니다. 이 주일에 우리들의 생명도 그리스도와 그의 죽음으로 인하여 다시금 용솟음칩니다.

안식일과 주일에 대하여 웨스터민스터 신앙고백서에는 아래와 같이 말합니다.

> 이것은 창세로부터 그리스도의 부활까지는 한 주일의 마지막 날이었고 그리스도의 부활 이후에는 한 주일의 첫 날로 변하였으니 이 날을 성경은 주의 날이라 칭하였고 세상 끝 날까지 그리스도인의 안식일로 지속될 것이다.

---

3 이 『디다케』를 보면 세례와 관련해서 관심을 끄는 내용도 있다. '세례에 관해서, 이렇게 세례를 베풀라. 이 모든 것을 먼저 말하고 나서 아버지와 아들과 성령의 이름으로 살아있는 물로 세례를 베풀라. 만일 너에게 흐르는 물이 없으면, 다른 물로 세례를 베풀라. 찬물로 할 수 없으면 더운 물로 하라. 너에게 둘 다 없으면, 아버지와 아들과 성령의 이름으로 머리에 세 번 물을 부으라.'

안식일과 관련하여 사도 바울을 통한 하나님의 말씀입니다.

골로새서 2:16 그러므로 먹고 마시는 것과 절기나 초하루나 안식일을 이유로 누구든지 너희를 비판하지 못하게 하라.

그리스도로 인하여 하나님의 자녀된 크리스천들이 복음이 이루어진 날이며 그리스도의 부활의 날인 주일을 지키며 하나님께 영광을 돌리는 것은 너무나도 감격스러운 것입니다. 이를 흔드는 행위는 분명 사탄의 궤계일 수밖에 없습니다.

3. 사도신경

예배와 공적인 모임에 약방의 감초처럼 빠지지 않고 등장하는 것이 있는데 바로 사도신경 신앙고백입니다. 일부에서는 그럽니다. 사도신경은 성경에 나오는 것이 아닌데 예배에 왜 포함을 시키는가? 따라서 하지 않는 교회도 있습니다. 그렇지만 이 사도신경은 매우 중요한 의미를 지니고 있습니다. 그러면 어떤 연유로 사도신경을 하게 되었고 이것이 그토록 중요시 되었을까요?

사도 요한을 끝으로 모든 사도들이 주의 품에 안긴 이후 성경(정경)은 아직 확정되지 않은 상태에서 이단들(특히 영지주의: 물질적인 것과 육체적인 것은 모두 악하고 영적인 것만 순수하다고 여겨 예수님의 성육신도 거부했으며 예수님이 영이었다고 주장함)이 폭넓게 활동하고 있었습니다. 2세기 중반 이단 중에 말시온이라는 영지주의자가 로마교회를 혼란에 빠뜨렸고 이후 교회는 그를 출교시켜버리게 됩니다. 그런 이후 로마교회는 교회의 신앙이 말시온의 주장과 다르다는 것을 성도들에게 알리는 것이 매우 시급함을 느꼈습니다. 그래서 사도신경의 전신인 '신앙의 규칙'(The Rule of Faith)이란 것을 만들게 되었습니다.

> 만물의 통치자가 되시는 하나님을 믿습니까? 성령을 통해 동정녀 마리아에게서 나신 하나님의 아들 예수 그리스도께서 본디오 빌라도에 의해 십자가에 못 박혀 죽었고 장사 지냈다가 죽은지 사흘 만에 부활하여 하늘에 오르사 하나님 우편에 앉아 계시며, 또한 산 자와 죽은 자를 심판하기 위해 다시 오시리라는 것을 믿습니까? 성령과 교회와 육체의 부활을 믿습니까?
>
> 신앙의 규칙

이후 몇 번의 변화를 거쳐 현재의 사도신경으로 발전하여 정착하게 됩니다. 그런데 사도신경의 내용은 참으로 중요한 의미를 나타내고 있습니다. 사도신경을 한마디로 정리하면 '내가 복음을 믿습니다'라는 뜻입니다. 이 말은 사도신경이 복음으로 되어 있다는 것입니다. 크리스천들이 이단이나 그 밖의 어떠한 혼돈스러운 환경 속에서도 사도신경의 내용을 붙들고 있으면 걱정할 것이 없다는 의미이기도 합니다.

> 나는 전능하신 아버지 하나님, 천지의 창조주를 믿습니다.
> 나는 그의 유일하신 아들, 우리 주 예수 그리스도를 믿습니다.
> 그는 성령으로 잉태되어 동정녀 마리아에게서 나시고,
> 본디오 빌라도에게 고난을 받아 십자가에 못 박혀 죽으시고,
> 장사된 지 사흘 만에 죽은 자 가운데서 다시 살아나셨으며,
> 하늘에 오르시어 전능하신 아버지 하나님 우편에 앉아 계시다가,

거기로부터 살아 있는 자와 죽은 자를 심판하러 오십니다.
나는 성령을 믿으며, 거룩한 공교회와 성도의 교제와 죄를 용서받는 것과
몸의 부활과 영생을 믿습니다. 아멘.

사도신경

우리는 진실로 '전능하신 아버지 하나님, 천지의 창조주를 믿습니다.' 이것이 복음입니다.

우리는 진실로 '그의 유일하신 아들, 우리 주 예수 그리스도를 믿습니다.' 이것이 복음입니다.

우리는 진실로 '예수님이 성령으로 잉태되어 동정녀 마리아에게서 나셨음을 믿습니다.' 이것이 복음입니다.

우리는 진실로 '예수님이 본디오 빌라도에게 고난을 받아 십자가에 못 박혀 죽으시고, 장사된 지 사흘 만에 죽은 자 가운데서 다시 살아나셨음을 믿습니다.' 이것이 복음입니다.

우리는 진실로 '예수님이 하늘에 오르시어 전능하신 아버지 하나님 우편에 앉아 계시다가, 거기로부터 살아 있는 자와 죽은 자를 심판하러 오심을 믿습니다.' 이것이 복음입니다.

우리는 진실로 '성령을 믿습니다.' 이것이 복음입니다.

우리는 진실로 '거룩한 공교회와 성도의 교제와 죄를 용서받는 것을 믿습니다.' 이것이 복음입니다.

우리는 진실로 '몸의 부활과 영생을 믿습니다.' 이것이 복음입니다.

바로 사도신경은 복음으로 이루어져 있습니다. 그래서 중요한 것이고 우리는 항상 이를 묵상하고 고백해야 하는 것입니다.

Marvellous

and Immense Work of God,

Everlasting Christians

제7장

십자가와 부활 그 이후

1. 하나님의 말씀인 성경의 완성이 갖는 의미
2. 성령의 계시와 은사
3. 성령의 역사와 은사의 주의점
4. 미혹의 영
5. 승리하는 교회

그리스도의 십자가와 부활 이후 하나님은 성령으로 교회시대를 여셨습니다. 이제 영원한 크리스천들은 본격적인 열매로 맺히게 되었습니다. 그러나 기독교사에 준비된 일은 결코 만만한 것이 아니었습니다. 그 이유는 하나님이 얻으시려는 영원한 크리스천들은 공장에서 빵을 찍어내듯 만들어지는 것이 아닌 성령으로 일일이 섬세하게 다듬어져야 하기 때문입니다. 이들은 전능하신 하나님의 자녀들이 되어야 하기 때문입니다.

우리는 여기서 한 번 정리를 해볼 것이 있습니다. 그 내용 중의 일부는 거론하기에 편치 않은 것들이며 특히나 글로써 표현하기에 부담스러운 내용도 있습니다. 그러나 특별히 성경과 계시와 은사 등에 대해서 정리할 필요가 있습니다. 이는 우리의 신앙생활에 너무나 밀접한 것들이고 매우 큰 영향을 미치고 있기 때문입니다. 우리는 하나님의 말씀에 비추어 분명 알고 기준을 세워야 합니다. 이는 크리스천으로서 당연한 의무입니다. 그렇지 않다면 사탄의 미혹으로부터 결코 자유롭지 못할 것입니다. 특히 우리의 직접적인 신앙생활에 영향을 미치는 것들로부터 바른 방향을 잡기 위해서는 성경말씀과 성령님에 대해서 바르게 인식할 필요가 있습니다. 이는 절대적입니다.

하나님의 창조 전(前) 거대한 계획 하에 비춰볼 때 예수 그리스도의 복음의 완성 이후 하나님이 진행하고 계신 일들에 절대적인 영향을 미치는 것이 성경말씀과 성령님이십니다.

우리가 예수 믿고 난 이후 항상 함께 하고 있는 성경에 대해서 생각해 보신 적이 있습니까? 지금도 하나님의 크신 일을 직접 이루고 계신 성령님에 대해서 어떻게 바라보십니까? 복음의 바탕 위에 선 기독교는 다시 오실 주님을 바라보며 달려갑니다. 당신은 크리스천으로서 무엇을 위해 달려가고 계십니까?

1. 하나님의 말씀인 성경의 완성이 갖는 의미

예수 그리스도께서 십자가와 부활로 복음을 완성하신 후 승천하셨습니다. 이후 열두 사도들과 제자들은 예수 그리스도께서 알려주신 말씀과 직접 행하신 이적들 그리고 구약의 증거와 함께 십자가와 부활의 그리스도에 대해서 복음을 전했습니다. 그러한 복음전파의 여정 가운데 사도들 중에서도 한두 명씩 순교로 인해 하나님의 품으로 올라갔습니다. 직접 예수님으로부터 배우고 함께 생활했던 사도들이 있을 때는 그들의 입을 통해서 복음이 증거 되는 데 전혀 부족함이 없었습니다. 그러나 사도들이 한두 명씩 순교를 당하자 복음을 기록으로 전해야 될 필요성이 대두되었습니다. 인간은 죽지만 기록된 성경은 남습니다. 사람의 입을 통해 전해지는 것보다 기록으로 전하는 것이 정확히 멀리 또한 오래 후대에까지 왜곡됨이 없이 전할 수 있을 것입니다. 이러한 성경은 하나님의 감동으로 특별한 기록자들에 의해 쓰여 졌습니다.

사도시대와 속사도시대에 수많은 기록들(정경, 외경, 위경을 포함한)이 있었습니다. 수많은 기록들의 혼란을 아셨지만 하나님이 하신 초기 교회시대의 중요한 일 중의 하나는 성경의 기록과 정경의 확정이었습니다.

하나님은 왜 먼저 성경을 확정하셨을까요? 그것이 하나님의 계획과 실행에 그렇게 중요한 일이었을까요?

성경에는 우리가 주목해야 할 위대함이 있습니다. 그것은 하나님이 자신의 모든 것을 우리가 알기에 충분한 만큼 성경에 계시해 주셨다는 것입니다. 성경 단 한 권의 위력은 하나님을 알기에, 하나님을 사랑하기에 그리고 자신이 구원받기에 너무나도 충분하다는 사실입니다.

그리고 하나님은 이 성경으로 이제 예수님이 이 땅에 육신으로 계시지 않고 주님과 함께 생활했던 제자들이 없는 가운데서도 예수님이 전하신 동일한 말씀을 변함없이 2,000여 년이 지난 지금도 누구든지 생생히 읽고 듣게 만드셨다는 것입니다.

이 정도로 충분하다고 느끼십니까? 무엇이 더 있지 않을까요? 굳이 왜 이 초기 기독교시대에 성경을 확정해야 하셨을까요? 다시 한 번 묻습니다. 왜 하나님은 먼저 성경을 확정하셨을까요? 이것을 아는 것은 너무도 중요합니다.

한 번 생각을 해 보시기 바랍니다. 성경을 확정했다는 의미는 이제는 더 이상 이 확정된 성경의 말씀들 이외에는 추가의 계획이 없으시다는 것입니다. 이 확정된 성경에 기록된 이대로만 행하시겠다는 것입니다. 이 확정된 성경의 기록이면 우리에게 충분하다는 것입니다. 하나님의 창세 전 모든 계획이 이 한권의 성경대로 진행된다는 것입니다.

그리고 중요한 점은 이것입니다. 성경의 기록이 최초 주전 2150년경부터 시작하여 주후 100년경 요한계시록을 끝으로 완성이 되었습니다. 예수 그리스도와 그의 제자들 시대에 완성이 되었습니다. 수천 년의 세월동안 조금씩 더 해지던 성경기록이 예수 그리스도께서 십자가와 부활을 이루시자 곧 이어 기록이 종결되었습니다. 이 의미는 그리스도께서 십자가와 부활로 완성한 복음이 성경의 말씀하고자하는 바의 중심이요, 성경 전체의 열쇠라는 사실입니다. 진실로 그리스도의 복음은 인류의 역사와 우주와 지식과 삶을 덮고도 남습니다.

그렇다면 이제는 우리에게 신앙을 분별하는 절대적인 기준이 하나 생겨야 하고 또 생겼습니다. 이에 동의하실 것입니다. 우리의 주변에 성경의 권위와 동일하다고 하는 다른 기록, 책들로 주장하는 모든 부류는 이단이라 해도 무방하다는 것입니다. 그리고 성경에서 말씀하는 오직 구원은 예수 그리스도(행 4:12)라는 진리에 반하는 다른 모든 세력 또한 예수 그리스도에 속해 있지 않다는 사실입니다.

이제 성경이 확정되고 난 이후 추가로 성령에 의한 계시가 있을 수 있을까요? 당연히 있을 수 없습니다. 있을 수 있다는 말은 성경의 권위와 같은 책이 있다는 것과 같은 뜻을 내포합니다. 이러한 주장은 성경이외의 또 다른 진리가 있을 수도 있고, 제2, 제3의 성경이 나올 수도 있다는 의미입니다. 실로 심각한 주장입니다. 이러한 주장은 기독교의 뿌리 자체를 뒤흔드는 것입니다. 이제 좀 더 성령에 의한 계시와 은사들에 대한 부분을 다뤄보고자 합니다.

2. 성령의 계시와 은사

앞서 언급했던 성경의 확정이 갖는 의미의 중요성에 대해서 공감하실 것입니다. 그렇다면 이제 성령의 계시와 은사들에 대해서 좀 더 깊이 다뤄보고자 합니다.

계시(啓示)는 우리 인간을 위해서 하나님이 자신과 자신의 목적과 진리를 신중히 밝혀 보이시는 것을 말합니다. 하나님은 이러한 계시를 그리스도를 통해서 성령의 감동으로 성경에 보이셨고 확정하셨습니다. 그런데 참으로 우리가 혼동하기 쉬운 부분이 있습니다. 그것은 성령께서 지금은 무엇을 어떠한 방법으로 일하시는가하는 것입니다. 성령께서 성경에 하나님의 모든 것을 밝히 다 드러내 보이셨으니 성경을 통해서 보고 알고 믿고 그대로 우리가 살고 행하면 되는 것이라고 생각할 수 있습니다. 이러한 생각은 현재는 성령께서 별로 하실 일이 없지 않는가하는 의구심을 갖게 합니다. 그러나 결코 그렇지 않습니다. 성경은 성령께서 우리를 위하여 쉼 없이 일하시며 간구하시고 계시다고 말씀합니다(롬 8:26).

성경을 보면서 우리는 삼위일체 하나님이 성경 속에서 삼위격으로 일하시는 것을 보게 됩니다. 특별히 시드니 그레이다누스(S. Greidanus)가 잘 설명한 대로 구약시대에는 주로 성부 하나님이 전면에 나서서 일하시는 것을 보게 됩니다. 시내산에서 모세에게 율법을 주시는 장면은 대표적인 것입니다.

다음으로 구약시대에서 신약으로 들어오는 때에 그리스도께서 성육신하여 이루신 복음사역은 그 전면에 예수 그리스도께서 나와 일하셨습니다. 이후 다른 보혜사로 오신 성령께서 교회의 시작과 함께 지금도 전면에서 일하고 계십니다. 우리는 이 시대를 성령의 시대라고 이름을 짓기도 합니다. 성령께서는 지금도 쉼 없이 일하고 계십니다.

그러면 성령께서는 무엇을 어떤 방법으로 일하고 계십니까? 성령께서는 우리로 죄를 깨닫게 하시고 회개로 인도하십니다(행 5:31-32). 구원의 진리를 깨닫고 믿게 하시고(요 14:26), 우리의 연약함을 도우시며 기쁨과 평안과 소망을 주십니다(롬 14:17). 우리로 그리스도를 전하게 하시고 열심과 능력을 주십니다(행 1:8). 그리고 영원토록 우리 안에 거하십니다(요 4:16-17).

사실상 크리스천의 신앙생활에 성령께서 관여하시고 실질적으로 이끄십니다. 그런데 이렇게 성령께서 하시는 모든 일들과 관련하여 우리는 중요한 사실을 알아야 합니다. 그것은 성령께서 우리를 위해, 또한 우리를 이끄시는 모든 일들은 특별한 기준 하에서 일하신다는 점입니다. 그 특별한 기준은 성경입니다. 성령께서는 철저히 성경 안에서 크리스천을 인도하십니다. 그리고 크리스천은 항상 말씀으로 인도됩니다. 바로 말씀을 믿게 되고 알게 되고 행하게 되고 크리스천이 크리스천 되게 합니다.

이렇게 성령께서 우리를 위해 일하시는 방법 중에는 다양한 것을 사용합니다. 그러한 방법 중에는 우리가 살아가는 이 땅의 모든 것이 동원됩니다. 과학, 역사, 인간관계, 질병, 개인의 성품, 정치, 자연, 문화 등등으로 이러한 것들은 하나님께로, 말씀으로 인도하는 도구가 됩니다. 그와 함께 특별한 방법을 사용하기도 합니다. 그것은 이 땅에 없는 신비한 것들입니다. 일례로 많은 사람들이 꿈을 꿉니다. 불신자든 거의 모두가 그렇습니다. 그런데 성령께서는 그러한 방법을 통해서도 우리를 깨닫게 하십니다. 이것은 새로운 계시를 주신다는 의미가 아닙니다. 철저히 말씀으로 인도하는 도구로 사용됩니다.

필자의 예를 한 가지 들겠습니다. 주의 종이 되기 전의 일입니다. 어느 주일새벽 꿈을 꾸었습니다. 그런데 평소에도 이따금 꿈을 꾸지만 이 꿈은 전혀 달랐습니다. 짧았지만 너무나도 생생한 꿈이었습니다. 제가 서 있었습니다. 그런데 뒤에서 당시의 교회 담임목사님이 걸어왔습니다. 저는 "목사님이시네!"하며 깜짝 놀랐습니다. 그런데 목사님은 저를 본 척도 대꾸도 없으시고 단지 자신 양손의 등을 펴 보였습니다.

제가 손등을 보니 마디마디에 굳은살이 보였습니다. 제가 매우 놀라며 이렇게 말을 했습니다. "목사님 손등에 굳은살이 있네요!" 이후 목사님은 또 아무런 말씀도 없이 앞으로 걸어 사라졌습니다. 이것이 꿈의 전체였습니다. 그런 후 제가 꿈에서 깨었을 때 이런 생각이 들었습니다. "얼마나 무릎 꿇고 주먹 쥐고 기도를 많이 하면 손등에 굳은살까지 생겼을까?" 물론 실제로 목사님의 손등에 굳은살이 있다는 말은 아닙니다. 그리고 그날 주일 예배가 시작되었습니다. 말씀의 주제는 기도에 대한 것이었습니다. 말씀을 선포하시는 중에 목사님의 간증이 나왔습니다. 매일 몇 시간씩 무릎 꿇고 기도하신다는 내용이었습니다. 당시만 해도 저는 기도를 많이도, 오래도, 깊이도 하지 않았었습니다. 사실 기도를 많이 해야 하고 중요하다는 인식이 별로 없을 때였습니다. 그런데 그 주일새벽의 꿈과 말씀이 저를 변화시켰습니다. 그 일로 기도가 먼저는 양적으로 계속 늘어나는 계기가 되었습니다.

이처럼 성령께서는 때로는 꿈이라고 하는 특별한 방법을 사용하실 때도 있습니다. 그러나 그 목적은 반드시 성경 안으로 말씀으로 인도해서 하나님이 기뻐하시는 크리스천이 되게 하는데 있습니다. 결코 또 다른 계시를 주거나 사사로운 목적으로 사용하지는 않습니다. 그리고 성령께서 사용하시는 특별한 방법 중에는 성령의 은사가 있습니다. 성경에는 성령의 은사를 성령의 나타내심이라고 표현합니다(고전 12:7). 성령의 은사는 성령께서 자신의 일을 하실 때 사용하시는 한 방법입니다.

성령의 은사는 지금도 교계에 논란의 여지로 남아있습니다. 성경이 확정되기 전인 초기 교회시대에는 있었지만 지금은 중지되었다고 보는 견해도 있습니다.

예전에 총신대학원장을 지냈고 지금은 은퇴하셨지만 활발히 저작활동과 복음증거를 하고 있는 신성종 목사님은 과거에 은사는 중지되었다고 가르쳤습니다. 그런데 이후 자신의 제자들을 모아놓은 목회자 세미나를 하면서 자신이 가르쳤던 것 중에 한 가지 수정할 것이 있다고 밝혔습니다. 그것은 지금도 은사는 계속된다는 것이었습니다. 학자로서 자신의 주장을 돌이킨다는 것은 참으로 힘든 일입니다. 그러나 자신의 제자들 앞에 당당히 밝혔습니다. 그러면서 이런 말을 덧붙였습니다. 기도 중에 방언의 은사를 받게 되었고 성령의 일하심을 체험했다는 것이었습니다.

그리고 마틴 로이드존스(D. M. Lloyd-Jones)는 『성령 하나님』이란 자신의 저서에서 '사도직에 대한 은사'는 초기 교회시대에 열두 사도를 세우기 위한 일시적인 은사로 주신 것으로 끝이 났으나, 나머지 대다수의 은사는 지금도 계속되고 있음을 언급했습니다. 그리고 은사들이 역사적으로 그리고 지금도 증명되고 있다고 기록하고 있습니다. 이는 분명 맞는 말입니다. 사도 바울을 통해 고린도서를 쓰게 하신 하나님은 이렇게 말씀하십니다.

> 고린도전서 12:1 형제들아 신령한 것에 대하여 나는 너희가 알지 못하기를 원하지 아니하노니.

위의 말씀을 하시면서 은사들에 대해서 기록하고 있습니다. 그리고 은사는 성령께서 각 사람들에게 나누어 주셔서 하나님의 일에 유익하게 사용키 위함이라고 하십니다(고전 12:4-11).

물론 고린도전서에서 은사들에 대한 언급은 당시 고린도교회의 상당수 성도들이 성령께서 주신 은사를 오해하여 은사의 크기가 마치 개인의 신앙과 믿음의 크기인 것으로 잘못 알고 있었고 또한 교회가 은사 문제로 나뉘어 싸우고 있는 상황을 바로 잡기 위함이었습니다.

그러나 그렇다할지라도 하나님은 당시의 고린도교회의 문제를 해결함과 함께 모든 시대의 교회들에게 알리시는 것은 성령께서 은사를 통하여 일하고 계시며 우리들 또한 바르게 은사를 알고 사용하기를 바라신다는 것입니다.

무엇보다도 중요한 점은 우리는 성령의 시대를 살아가고 있습니다. 성령께서 중심에서 일하시고 계신 시대입니다. 그 성령께서 자신의 도구인 성령의 은사를 사용치 않고 자신의 일을 하신다는 것은 분명 상상할 수 없는 일입니다.

특별히 사도 바울은 고린도전서에서 방언에 대해서 많은 언급을 하고 있습니다. 공적인 자리에서 방언으로 기도하는 것은 아무런 도움이 되지 못한다고 말씀합니다(고전 14:2-12). 예를 들어 예배 중에 대표기도를 하는데 방언으로 기도한다면 아무도 알아듣지를 못할 것입니다(고전 14:26-28). 그리고 다른 사람에게 축복 기도를 하는데 방언으로 하면 알아듣지를 못해서 아멘으로 화답을 못한다고 말씀합니다(고전 14:16-17).

그러나 방언은 우리 영이 하나님께 기도하는 것입니다(고전 14:2). 성령께서 거하시는 크리스천들의 영은 당연히 하나님이 원하시는 것을 기도합니다. 그래서 사도 바울은 자신이 방언으로 기도를 많이 하므로 하나님께 감사하다고 말씀합니다(고전 14:18). 그리고 방언으로 기도하는 것을 금하지 말라고 말씀합니다(고전 14:39). 방언만을 놓고 보아도 은사를 사용함에는 신중을 기해서 적절히 사용해야 됨을 알 수 있습니다.

개인적으로 저는 방언으로 많이 기도하려고 노력하고 있습니다. 특히 이런 경우가 있습니다. 어느 때는 개인 기도를 하려해도 잘 되지 않고 기도하기가 매우 힘든 때가 있습니다. 이런 때 방언으로 기도하면 얼마 뒤 마음의 평안과 기도가 회복되고 때로는 내 영이 탄식하므로 알지는 못하나 눈물이 흐를 때도 있습니다. 이렇게 영의 기도이든 모든 기도는 회복이 있습니다.

> 고린도전서 14:15 그러면 어떻게 할까 내가 영으로 기도하고 또 마음으로 기도하며 내가 영으로 찬송하고 또 마음으로 찬송하리라

성령의 은사는 이 세상에서의 영적 전쟁에서 귀히 사용되어 집니다. 그러나 우리가 알아야 할 중요한 점이 있습니다. 그것은 은사가 각 개인의

믿음의 크기나 상급의 척도가 아니라는 것입니다. 단지 그러한 것들을 이루기 위한 도구로 주어지는 것입니다.

존 스토트(John Stott) 목사님은 한 성도가 하나님으로 충만한지 하나님이 기뻐하는 성도인지를 아는 것은 성령의 은사가 아닌 성령의 열매(갈 5:22-23)에 있다는 말을 했습니다. 참으로 중요한 지적입니다. 그리고 반드시 알아야 하는 것은 성령의 은사가 새로운 계시의 도구로 주어진 것이 아니라는 점입니다. 은사 또한 성경이 말씀하는 범주 안에서 사용되어지는 것입니다.

3. 성령의 역사와 은사의 주의점

크리스천들에게는 성령께서 주인으로 그 안에 거하십니다. 그리고 성령께서는 크리스천들을 하나님의 귀한 도구로 사용하길 원합니다. 그래서 성령께서는 각 사람에게 은사를 나누어 주시고 사용하십니다. 또한 성령께서는 능력으로 하나님의 크신 일인 부흥을 이루십니다. 지금도 세계 도처에서는 수많은 기적적인 일들로 부흥이 일어나고 있으며 각종 은사와 이적들을 이야기합니다.

그러나 한 가지 고민해 봐야 할 점이 있습니다. 최근 1세기 동안 세계 교회사에 일어난 성령으로 인한 부흥과 역사라며 언급하는 모든 일들을 보면 마치 지금은 사탄은 없거나 거의 활동을 접은 것 같습니다.

과연 사탄은 역사하지 않고 있을까요? 물론 그럴 리 없습니다. 교회가 성령에 의해 부흥하려 하면 사탄은 더욱 우는 사자처럼 삼킬 자를 찾기 마련입니다. 이런 말씀을 드리는 것은 분명 사탄도 우리가 알게 모르게 역사를 하고 있다는 사실입니다. 따라서 우리에게 절실한 것은 영의 분별입니다. 지금 드리려는 말씀이 실제 성령의 역사를 훼손하려는 것이 아닙니다. 성경에 예수님은 이렇게 말씀을 하셨습니다.

> 요한복음 14:12 내가 진실로 진실로 너희에게 이르노니 나를 믿는 자는 내가 하는 일을 그도 할 것이요 또한 그보다 큰 일도 하리니 이는 내가 아버지께로 감이라.

우리는 예수님이 하신 말씀을 믿습니다. 믿는다는 것은 단순한 지적(知的) 동의가 아님을 압니다. 믿는다는 것은 단순히 보고 아는 사실에 대한 동의가 아니라 우리의 삶에 대한 절대적인 결단이며 그리스도께 대한 온전한 헌신과 순종을 의미합니다. 따라서 성도들이 예수님이 하신 일이나 그보다 더 큰 일을 할 수 있다는 것은 예수님의 영인 성령께서 성도들 안에서 행하시기 때문임도 압니다. 그렇기에 더더욱 성령의 역사를 방해하는 사탄의 세력의 궤계를 알고 분별을 해야 하는 것입니다. 그런 측면에서 아래의 말씀은 우리에게 강력한 경고를 주고 있습니다.

> 요한일서 4:1 사랑하는 자들아 영을 다 믿지 말고 오직 영들이 하나님께 속하였나 분별하라 많은 거짓 선지자가 세상에 나왔음이라.

> 요한일서 4:5-6 ⁵그들은 세상에 속한 고로 세상에 속한 말을 하매 세상이 그들의 말을 듣느니라 ⁶우리는 하나님께 속하였으니 하나님을 아는 자는 우리의 말을 듣고 하나님께 속하지 아니한 자는 우리의 말을 듣지 아니하나니 진리의 영과 미혹의 영을 이로써 아느니라.

기독교계 안에는 지금도 수많은 기적들과 은사들이 넘쳐나고 있습니다. 그리고 가깝게는 우리의 주변과 혹은 자신에게도 그러한 신비스런 체험과 은사가 있습니다.

그러나 그 중의 일부는 아닌 것일 수도 있습니다. 우리가 속고 있을 수도 있습니다. 왜냐하면 사탄은 거짓의 아비이기 때문입니다(요 8:44). 가짜가 있을 수 있다는 말입니다. 성령에 의한 부흥과 능력의 역사가 있다면 그곳에는 악령의 훼방과 그들에 의한 혼돈 또한 반드시 있게 됩니다.

요즘 상품들이 한 번 히트를 치면 어느새 세계적인 제품이 됩니다. 그러다보니 이를 모방한 일명 '짝퉁'이란 것들이 어느새 시장을 혼란스럽게 합니다. 별 볼일이 없는 제품이라면 짝퉁이 있을 리 없을 것입니다. 성령의 역사 또한 마찬가지입니다. 반드시 악령의 훼방이 있습니다.

예전에 중국에 단기선교를 간적이 있습니다. 다른 한 곳을 거친 후 여전도사님이 시무하는 조선족 교회에 도착하여 안에 딸린 방에서 잠을 자게 되었습니다. 한참 깊게 잠들어 있는데 소름을 돋게 하는 소리에 잠을 깼습니다. 들어보니 방언으로 기도하는 소리 같았습니다. 나가보니 여전도사님과 한 자매가 방언으로 기도를 하는데 마치 곡하는 소리 같았습니다. 참으로 듣기에 너무도 불편한 방언이었습니다.

우리가 조심을 해야 할 것은 방언이라고 다 성령의 방언은 아니라는 것입니다. 악령의 방언도 있습니다. 성령의 방언은 하나님을 높이지만 악령의 방언은 하나님을 훼방하고 하나님의 일을 저주하고 지금 악령의 방언을 하는 사람을 저주합니다.

성령의 방언을 받게 되는 대개의 경우는 이렇습니다. 진정으로 회개하고 예수님을 믿는 사람이 참으로 하나님을 위해 살기를 원하고 하나님을 높이고 간절히 기도하는 중에 방언을 받는 것을 여럿 보았습니다.

그러면 왜 악령의 방언을 받게 되는 것일까요? 그것은 하나님보다도 은사를 받는 자체가 목적이고 자신을 드러내고 높이기 위한 생각이 강할 때 사탄에게 틈을 주게 되는 것이라 봅니다.

　다른 한 가지를 더 예로 들어 보겠습니다. 20세기 미국을 중심으로 많은 성령의 부흥운동들이 있었고 지금도 일어나고 있습니다. 직접 그 이름은 언급하지 않겠습니다. 그러나 일부 나타났던 현상 중에 주의를 요하는 것들이 있었습니다. 대표적인 것이 짐승의 울음소리를 내고 일부는 그 짐승처럼 기어 다니면서 울부짖었습니다. 그러면서 이를 성령의 표적이라고 주장을 했습니다. 우리는 우리에게 나타나는 모든 현상을 다 성령의 역사로 볼 수 없습니다. 성령은 거룩하십니다. 이러한 짐승의 울음소리와 땅을 기어 다니는 것은 영적 분별을 요하는 위험한 현상입니다.

　오히려 이와 동일한 현상은 현재 힌두교의 쿤달리니(사람의 단전에는 우주적인 어떤 기운이 있다고 하는 것) 숭배에서 발견됩니다. 이들의 의식 중에 지도자가 신자들의 머리에 손을 대면 경련을 일으키고 몸을 흔들고 동물의 울음소리를 내면서 특이한 행동을 보입니다.

　영적 분별과 관련해서 타종교에 나타나는 유사 방언이나 병고침, 기적 등은 우리가 쉽게 분별을 합니다. 왜냐하면 하나님의 것을 모방하고 흉내 내서 혼란시키려는 사탄의 술책임과 그러한 사술로 사람들을 현혹하여 더욱 멸망의 길로 인도하려는 간계임을 잘 알기 때문입니다.

　그런데 문제는 기독교 영역 주변에서 활동하는 이단과 교회 안에서 나타나는 사탄의 활동입니다. 성령의 역사와 사탄의 속임을 어떻게 분별하느냐하는 것입니다. 이 문제는 실제 너무나도 많은 이들이 혼돈을 겪고 있고, 알게 모르게 교회의 문제가 되고 있습니다. 이러한 영적인 역사에 대해서 이단의 교주들의 사례를 살펴보았으면 합니다.

　먼저 몰몬교의 교주였던 조셉 스미스 2세의 경우입니다. 그는 믿음의 가정에서 태어났습니다. 그러던 중 집이 이사를 하게 되었는데 교회의 등록과 관련해서 자신은 이왕이면 하나님이 기뻐하는 교파를 들어가기 위해 기도를 하게 됩니다. 그러면서 환상을 보게 되는데 그때 자신에게 하나님이 정통 기독교는 다 그릇된 길로 가고 있으니 어느 교파에도 절대 속하지 말라고 했다는 것입니다. 그리고 3년 뒤 두 번째 환상을 보게 되는데 한 천사가 흰 옷을 입고 공중에 뜬 채로 있는데 모습이 말로 표현할 수 없을 만큼 영화로웠다고 말합니다. 그 천사가 말하길 기독교의 모든 교리는 인간의 교리를 가르칠 뿐이고 겉으로 경건의 모습을 꾸미고 있으나 그 속에 참 능력이 없다고 했다는 것입니다. 그리고 천사가 말하길 스미스 자신이 모든 나라와 민족에게서 혹은 좋게 혹은 나쁘게 전해 질 것이지만 하나님이 사용키 위해서 황금판을 줄 것이니 이를 번역하여 몰몬경을 만들라 했다는 것입니다.

다음으로 통일교 교주인 문선명의 경우입니다. 문선명이 15세 때 그의 집안이 기독교로 개종하게 됩니다. 이후 문선명은 16세 때 부활절에 기도하는 중에 환상을 체험하게 되는데 예수님이 나타나서는 자신의 십자가 구속은 실패를 했으니 육의 구원을 이룩하여 인류의 구원을 완성해 달라 했다는 것입니다. 그런 이후 그의 행적들은 점점 광신적으로 변해 갑니다.

지금 간략히 언급한 두 사례를 보면 이들이 처음부터 기독교를 대적한 것이 아니라 이들도 교회 안에서 보통의 신자들과 같은 모습으로 출발했다는 것입니다. 물론 성경을 제대로 조금만 아는 사람들은 이들의 신비체험에 나타난 내용이 성경의 말씀에 전혀 부합되지 않는다는 것을 바로 알 수 있을 것이고 사탄이 미혹하고 있음을 알 것입니다. 성경을 근거로 한 분별력이 없을 경우에 경험하게 되는 신비체험은 영적 분별력을 상실케 하고 신비주의로만 빠져들게 하고 맙니다. 이들의 경우가 그렇습니다.

조셉 스미스는 성경보다도 자신이 만든 몰몬경을 더 중요시 했으며 자신을 믿어야 구원이 있고 그의 승낙이 없으면 하나님의 왕국에 들어갈 수 없다고 가르쳤습니다.

통일교의 문선명은 예수님은 실패를 했고 자신이 그리스도라 주장하고 있으며, 또한 성경을 부인하고 『원리강론』이란 책을 만들어 지금도 이단 사술을 조장하고 있습니다.

이단의 교주들의 일례를 들어보았습니다. 일부에서는 이러한 일들이 이단의 교주이니 그런 것이 아니냐고 할지 모르지만 그렇게 간단한 것이 아닙니다. 교회 안의 성도들에게도 사탄은 쉼 없이 미혹의 손길을 뻗치고 있습니다. 그렇다고 사탄의 미혹을 차단하기 위해서 기독교의 신비와 성령의 모든 은사들을 터부시한다면 이는 사탄이 오히려 바라던 바가 될 것입니다.

그러면 중요한 점은 교회와 성도들이 어찌 영을 분별할 수 있는가하는 것입니다. 우리나라는 1907년 평양 대부흥을 경험했습니다. 성령의 기적적인 능력을 체험했습니다. 기독교는 체험의 종교요 기적의 종교입니다. 함부로 우리가 성령을 제한하거나 비판을 가할 수는 없습니다.

기독교사에는 많은 대부흥들이 있었고 이중에는 검증된 성령의 역사들이 있었습니다. 그리고 그 검증 과정에서는 당연히 치열한 영적 전쟁도 있었습니다. 그 중 하나를 영의 판단 기준으로 제시하고자 합니다.

1800년대 미국에서는 1차 대각성운동이라는 대부흥이 있었습니다. 성령께서 일으킨 부흥의 시작에 사역한 사람은 영국인 조지 횟필드(G. Whitefield)였습니다. 그가 집회를 인도한 후 영국으로 돌아가고 대부흥의 중심에 선 사람은 조나단 에드워즈(J. Edwards)였습니다. 조나단 에드워즈는 대부흥의 중심에서 성령께서 일으키는 역사를 목도했습니다. 많은 이들이 기적과 신비를 체험했습니다. 그와 함께 사탄의 방해와 각종 혼돈의 상황을 또한 겪었습니다.

그런데 중요한 점은 조나단 에드워즈가 그러한 나타난 현상들을 분석하여 성령의 행하심인지 아닌지를 분별하는 법을 『성령의 역사 분별 방법』(Distinguishing Marks of a Work of the Spirit of God)이란 글로 남겼다는 것입니다. 우리는 이러한 검증된 자료를 통하여 영의 분별에 대한 도움을 받았으면 합니다.

조나단 에드워즈는 자신의 대부흥의 경험을 토대로 먼저 나타난 현상 중에 성령의 역사일수도 있고 아닐 수도 있는 것을 정리했습니다. 직접 그 현장에 있었지만 함부로 속단할 수 없는 경우를 말하는 것입니다.

먼저는 특이하고 기적적인 현상들입니다. 사도시대에도 성령께서는 사람들이 경험하지 못한 특이한 방법으로 역사하셨기 때문에 지금 나타나는 현상을 속단할 수 없다는 것입니다. 그리고 신체에 나타나는 특이한 동작이나 현상들도 함부로 단정할 수 없다고 말합니다. 또한 엄청난 소동 현상입니다. 사도시대에도 성령의 역사에 온 도시가 소동했다고 기록하고 있습니다(행 2:6). 이밖에도 은혜와 부패가 혼동하고, 심지어는 일부 사람들의 비정상적인 행동이나 이단에 빠지는 등의 것으로는 바로 속단할 수 없다고 말합니다.

반면에 분명 성령의 역사임을 알 수 있는 증거를 제시합니다. 먼저는 그 나타난 역사로 주님에 대한 바른 신앙고백이 따른다면 분명 성령의 역사가 맞다는 것입니다. 왜냐하면 그리스도에 대한 신앙고백은 성령으로만 가능하기 때문입니다(고전 12:3). 그리고 죄에 대한 각성과 회개가 따른다면 이 또한 성령의 역사가 맞다는 것입니다. 사탄은 결코 사람의 죄와 양심을 깨우는 일은 하지 않기 때문입니다(마 12:25-26).

또한 그 나타난 역사로 인해서 성경에 대한 높은 관심이 생겼다면 분명 성령의 역사라 말합니다. 미혹의 영은 결코 사람을 말씀으로 인도하지 않습니다. 말씀은 성령의 검이기 때문입니다(엡 6:17).

다음으로 건전한 교리가 세워지고 신학이 활발히 연구되는 결과를 보인다면 이는 분명 성령의 역사라 말합니다. 왜냐하면 성령은 진리의 영임으로 바른 진리를 드러내고 세우고 깨닫게 해 준다면 성령의 역사가 분명 맞다는 것입니다(요일 5:7).

그리고 끝으로 그 나타난 역사로 하나님과 사람에 대한 사랑이 생기고 깊어진다면 이는 분명 성령의 역사라는 것입니다. 특별히 사랑은 사탄의 특징에 반대되는 가장 분명한 현상이라고 말합니다(요일 4:7-11). 조나단 에드워즈의 이러한 지적은 매우 귀중한 정보를 제공합니다.

우리 또한 함부로 판단하는 것이 아니라 그 열매를 보면서 말씀에 의지하여 신중히 분별해야 할 것입니다. 기독교는 분명 신비의 종교입니다. 많은 크리스천들이 독특한 체험을 합니다. 많은 분들의 간증을 들어 보면 참으로 신비한 경우를 접하게 될 때가 많습니다. 저의 경우에 있었던 체험중의 하나를 간증하려 합니다. 이것이 체험의 분별에 도움이 되었으면 합니다.

제가 평신도 때 갑자기 울산에서 인천으로 발령이 났습니다. 그래서 회사의 숙소에서 생활하면서 어느 날 이런저런 생각 중에 하나님이 기뻐하시는 무엇을 할 수 없을까하고 생각을 하다가 하나님께 시간을 드려보자고 결정을 했습니다. 마침 며칠 뒤면 삼일절로 쉬는 날이라 아침 6시부터 저녁 6시까지 열두 시간을 쉬지 않고 기도와 찬송과 말씀을 보며 하나님을 기쁘시게 해 드리기로 정했습니다. 장소는 차로 5분 거리의 협력업체 사무실 옆에 빈방이 하나 있었는데 그곳으로 정하고 양해를 구했습니다.

저는 아침에 한 30분정도 일찍 일어나면 충분하겠지 생각하고 그렇게 일어나 준비를 하고 차로 향했습니다. 당시는 3월 1일이지만 주변에 눈이 쌓여 있었고 날씨는 아직 영하였습니다. 차에 가보니 모든 유리에 하얗게 성에가 끼어 있었습니다. 차에 앉아 와이퍼를 작동하자 앞이 닦였습니다. 그리고 출발하여 목적지에 도착할 때였습니다.

그런데 그때 이상한 점을 발견했습니다. 와이퍼의 조수석 쪽은 닦이지를 않았던 것입니다. 하얀 성에가 그대로였습니다. 저는 생각하기를 조수석 쪽의 와이퍼가 약간 들려서 닦이지 않았구나하고 생각을 했습니다. 그리고 차의 문을 열고 나오는데 바닥에 고인 물이 얼어 있는 것이 보였습니다. 급히 차의 성에를 만져보았습니다. 얼어있었습니다. 운전석의 와이퍼만 닦인 것입니다. 그런데 또 특이한 것이 발견되었습니다. 원래 와이퍼의 운전석과 조수석은 닦이면서 약간 겹쳐지게 되어있습니다. 그런데 전면 유리의 정 가운데를 딱 잘라서 운전석만 닦인 것이었습니다. 어찌 이런 일이 있나하고 놀라면서 방으로 들어가 시작하려 할 때 시계를 보니 5시 59분쯤이었습니다. 12시간을 온전히 마치자 기분이 너무도 좋았습니다. 그러면서 아침의 상황을 생각해 보았습니다. 그때 한 가지 생각이 스쳐갔습니다.

저는 당연히 30분쯤 전에 일어나면 되겠거니 하고 준비를 했습니다. 그런데 차의 유리는 성에로 얼어 있었습니다. 만약에 차를 예열을 하고 얼은 것을 녹여서 출발을 하거나 유리를 무엇으로 긁어내고 출발을 했다면 아침 6시 시작 시간에 늦고 말았을 것입니다. 하나님은 아침 6시부터 시작되는 12시간의 드림을 온전히 기뻐 받으시고 싶으셨던 것입니다. 그리고 저의 마음에 6시 좀 늦으면 늦는 대로 하지라는 생각이 있었다면 그런 신비한 체험은 주시지 않았을지도 모릅니다. 이런 생각이 들자 하나님께 참으로 감사한 마음도 들고 한편으로는 나의 이런 것 하나하나를 하나님이 큰 관심으로 지켜보고 계신다는 생각에 앞으로 좀 더 분발해야겠다는 마음도 들고 참으로 중요한 것을 깨닫는 하루였습니다.

모든 크리스천들의 체험은 결과적으로 하나님의 영광을 위한 일로 주어집니다. 앞선 신앙의 선각자인 조나단 에드워즈의 '말씀에 의한 영적 분별'에 대한 지적은 좋은 영분별의 기준을 제시합니다.

영원한 크리스천들은 반드시 성령께서 의로운 길로 인도합니다. 왜냐하면 하나님 스스로 받으시기로 기뻐하신 자들로부터 항상 영광과 찬송을 받으시길 원하시기 때문입니다. 혹여나 그래도 영적인 부분으로 고민이 되실 때는 말씀과 기도로 주께 나아가기를 바랍니다. 분명 선한 길로 인도하실 것입니다.

로마서 8:28 우리가 알거니와 하나님을 사랑하는 자 곧 그의 뜻대로 부르심을 입은 자들에게는 모든 것이 합력하여 선을 이루느니라.

4. 미혹의 영

앞서 간략히 언급은 했지만 조금 더 미혹의 영인 사탄의 간계에 대해 다뤘으면 합니다.

우리가 특별히 주의해야 할 점은 사탄은 교회나 성도를 공격할 때 결코 성급하지 않다는 사실입니다. 그리고 우리가 생각했을 때 이런 것은 사탄과는 관계가 없겠지 라고 생각하는 것도 사실은 사탄이 관여하는 경우가 많을 때가 있습니다.

20여 년 전 한분의 선물로 받아 읽은 책이 있는데『대중문화 최후의 유혹』이란 것입니다. 당시에 참으로 충격을 주었던 책이었습니다. 주요 요지는 사탄은 뉴에이지 음악, 영화, 요가, 프리메이슨, 심지어 당시에 인기 있었던 연속극 등등을 무기로 사용한다는 내용이었습니다.

사탄은 열심히 신앙생활하며 충성하는 크리스천을 바로 영적인 게으름뱅이로 만들 수 없습니다. 사탄은 크리스천이 거의 짐작할 수 없는 아주 사소한 것에서부터 미혹합니다. 하나님께 100% 충성하는 사람은 이제 99%만 충성하게끔 미혹합니다. 하나님만을 바라보고 기뻐하던 사람을 잠시 다른 것으로 만족하고 기뻐하게 합니다. 사탄은 단 1%를 줄이는데 1년으로도 모자란다면 2년, 3년 계속 지침도 없이 꿋꿋이 해 나갑니다. 이러한 사탄의 특징을 알고 대처하는 것은 참으로 중요합니다. 그리고 이러한 사탄의 미혹은 그리스도의 몸인 교회에도 마찬가지로 적용됩니다.

교회는 하나님의 말씀을 근거로 바른 교리를 세웠습니다. 그러한 교리들은 조금 더 효과적으로 하나님을 알고 섬기고 바른 신앙생활을 하는 데 도움을 줍니다. 물론 교리는 성경이 말씀하는 범주 안에서 항상 존재해야 함은 당연합니다. 그런데 이렇게 교회에 세워진 교리들을 사탄이 그냥 두고만 볼 리 없습니다. 당연히 무너뜨리려 할 것입니다. 왜냐하면 교리가 흔들리기 시작하면 당연히 교회는 혼란 속에 빠져들 것입니다. 성경말씀을 근거로 세워진 교리가 흔들렸다면 이후 말씀 또한 갖가지 그릇된 주장과 주석들로 넘쳐날 것입니다. 이는 사탄이 바라던 바입니다.

한 가지 예를 들어 보겠습니다. 우리나라는 과거 절대적인 유교의 문화권에 있었습니다. 그러다보니 조상에게 제사를 지냈습니다. 그리고 나라 안의 모든 사람들은 제사를 지낼 때 죽은 조상이 귀신이 되어 와서 음식을 먹고 간다고 생각했습니다. 이러한 생각은 자연스럽게 모든 이들의 의식을 점령했습니다. 이후 기독교가 전해졌습니다. 성경에 근거하여 교리에는 불신자의 영혼은 죽어 귀신이 되는 것이 아니라 심판 뒤에 갈 지옥의 임시 감옥인 음부에 갇혀있다고 말합니다. 그리고 귀신은 마귀의 졸개들인 악한 영들(타락한 천사들)이라고 말합니다. 악한 영들인 귀신이 사람을 미혹하기 위해서 조상들로 속여 나타난다고 말합니다.

그런데 기독교의 이러한 바른 교리를 사탄이 두고 볼 리 없습니다. 당연히 무너뜨리려할 것입니다. 특히나 우리나라는 과거 유교의 영향 하에 있었기 때문에 거의 모든 사람의 의식 속에는 귀신은 죽은 조상들이란 생각이 은연중에 보편화되어 있으니 참으로 쉽게 기독교의 교리를 무너뜨릴 수 있다고 여길 것입니다.

실제 이 문제만 하더라도 교회 안에 일부는 헷갈려합니다. 이단들도 귀신은 죽은 조상이라고 목소리를 높입니다. 사탄은 하나님의 교회에 혼란을 주었고 일부에서는 자중지란에 빠뜨렸다고 박수를 칠 것입니다.

그렇다면 이와 관련된 교리에 대하여 성경은 무엇이라고 말씀하고 있을까요? 우리는 성경에 기록된 두 군데의 말씀을 통해서 교리의 정확성을 확인할 수 있습니다.

먼저 사무엘상 28장을 보면 사무엘이 죽은 후 블레셋이 이스라엘을 침공하게 됩니다. 이에 놀란 사울왕은 하나님께 기도하지만 전혀 응답이 없자 신접한 무당을 찾아가서는 죽은 사무엘을 불러올리라고 말합니다. 무당은 곧 사무엘의 영혼을 불러올리게 되고 무당의 입을 통해 사울왕과 대화하는 내용이 나옵니다.

우리가 바른 성경관을 가지고 있다면 성경 전체에서 말씀하는바에 근거하여 하나님이 크고 귀하게 사용했던 사사인 사무엘이 마지막 심판 뒤에 가게 될 천국의 예비처소인 낙원에 가서 안식하고 있음을 의심할 수 없습니다. 따라서 사무엘상 28장에서 무당이 불러올린 것은 사무엘을 가장한 악한 영이 사울을 속인 것을 쉽게 알아차릴 것입니다. 또한 중요한 사실은 사울왕이 바른 신앙의 사람이라면 잠시 기도에 대한 응답이 없다고 바로 무당을 찾을 리는 없는 것입니다.

다음으로 누가복음 16장에 보면 예수님이 부자와 거지 나사로에 대해서 하신 말씀이 이를 증거 합니다. 말씀을 보면 거지 나사로는 아브라함의 품인 낙원에 가 있는 것을 보게 됩니다. 그리고 부자는 음부에서 고통을 당하고 있는 중입니다. 고통 가운데서 부자는 아직 살아있는 자신의 다섯 형제가 음부에 오지 않기를 바랍니다. 그러면서 아브라함에게 나사로를 다시 살려서 보내면 믿지 않는 자신의 형제들이 나사로의 복음을 듣고 믿으리라 말합니다. 이에 대해 아브라함은 복음 전도자들의 전도를 믿지 않는 자는 죽은 자가 살아나도 안 믿는다고 말합니다.

우리는 예수님의 이 말씀에서 우리가 원하는 내용을 알 수 있습니다. 죽어 음부에 간 부자는 음부를 벗어나지를 못하고 있습니다. 만약 죽은 불신자가 귀신이 되어 마음껏 활동할 수 있다면 간절히 부탁할 필요가 없는 것입니다. 본인이 귀신이 되어 믿게끔 유도를 하면 되는 것입니다. 그러나 그럴 수 없는 상태입니다. 음부를 벗어날 수 없기 때문입니다.

그리고 중요한 사실은 믿지 않고 죽은 부자는 죽어보니 천국과 지옥이 있음을 알았고 자신의 형제들만은 음부에 오지 않기를 바랐습니다. 그런데 우리는 예수님의 사역 중에 귀신들려 고통당했던 많은 이들의 이야기를 성경을 통해서 접합니다(마 8:16). 귀신들은 사람을 복음으로 인도하는 것이 아니라 오히려 고통과 질병과 죽음으로 인도했습니다. 이는 음부에 있는 부자의 바람과는 완전히 상반된 것입니다. 귀신은 바로 사람들을 미혹키 위해 죽은 사람을 가장한 악한 영(타락한 천사)들이기 때문입니다.

미혹의 영인 사탄은 쉼 없이 미혹합니다. 10년에 안되면 100년을 시도 합니다. 그냥 안 되면 하나의 이단을 만들어서 미혹합니다. 그래도 안 되면 1,000년을 미혹합니다. 사탄은 주님이 다시 오셔서 심판하시는 그날까지 결코 미혹을 멈추지 않을 것입니다. 크리스천들이 이에 대처하는 방법은 성경과 바른 교리로 무장하는 것입니다.

디모데후서 3:16-17 [16]모든 성경은 하나님의 감동으로 된 것으로 교훈과 책망과 바르게 함과 의로 교육하기에 유익하니 [17]이는 하나님의 사람으로 온전하게 하며 모든 선한 일을 행할 능력을 갖추게 하려 함이라.

5. 승리하는 교회

그리스도의 십자가와 부활 이후 성령으로 시작된 교회는 지금까지 2,000여 년의 세월을 지나왔습니다. 대략적으로나마 지나온 기독교의 역사를 되짚어 보는 것은 그리스도의 승리를 이해하는 데 큰 도움을 주는 것이며, 하나님이 창세 전 계획을 어떻게 실제 기독교의 역사에서 적용하시고 계신지를 볼 수 있는 매우 귀한 일일 것입니다.

사도시대 교회는 당시 로마제국의 전 지역으로 뻗어나가고 있었습니다. 반면에 사도들의 생각처럼 그리스도의 재림이 자신들의 세대에 이루어지는 것이 아님을 깨달았습니다. 그와 함께 많은 기록들이 쓰이게 되었고 그 중에는 성령의 감동으로 신약성경도 기록되었습니다. 그즈음 복음 전파에 큰 암초가 나타나기 시작했는데, 주후 64년 네로황제의 기독교 박해로 교회의 중요 인물인 베드로와 바울 등이 순교를 하게 되고 맙니다.

이러한 박해는 디오클레디안 황제까지 250여년에 걸쳐 10차례의 대박해로 이어졌습니다. 그리고 주후 70년에는 로마의 디도장군에 의한 예루살렘의 성전파괴와 대학살이 자행되었습니다. 이러한 박해의 상황 속에서도 기독교는 위축되거나 사라진 것이 아니라 더욱 그리스도의 재림과 복음을 붙들며 다져 나갔습니다. 특별히 당시의 크리스천들은 '예수 그리스도 하나님의 아들 구세주'란 글자의 첫 글자들을 모은 익투스(물고기, ΙΧΘΥΣ)를 믿음의 상징으로 여기고 있었습니다.

모든 사도들이 주의 품에 안기고 사도들의 제자들인 속사도시대가 진행되는 중에도 폴리갑, 이그나티우스 등 속사도의 순교와 함께 기독교의 등불은 계속해서 빛났고, 주후 313년 로마의 콘스탄틴 황제의 밀라노 칙령으로 기독교가 공인되기에 이르렀습니다. 이후 계속해서 일어나는 이단들의 준동으로 사도적 신앙이 위태로울 때에도 성령께서는 아다나시우스 같은 교부들을 통하여 신앙의 순수성을 지켰고, 기독교 공인 이후 로마제국의 세상적인 향락문화가 교회를 오염시키려 할 때에도 성령께서는 크리소스톰과 경건한 사막의 수도사들을 통해서 바른 신앙을 지키게 했습니다. 기독교 안에서 아직 바른 교리가 정립되지 않아 교리적인 논쟁으로 혼란한 때에는 어거스틴이란 인물을 통해 교리를 바른 방향으로 인도했습니다.

그러나 우리로 고민하고 안타까워해야 할 일들이 사탄에 의해서 오랜 시간에 걸쳐서 진행되고 있었습니다. 로마제국 내에는 주요 도시 5곳의 교회(로마, 콘스탄티노플, 안디옥, 예루살렘, 알렉산드리아)와 그곳의 감독의 영향력이 컸으나, 수도였던 로마의 주교의 영향력은 상대적으로 우월했습니다. 이후 로마제국의 동서 분열(주후 395년)과 함께 교회 또한 동방 교회와 서방교회로 나뉘게 되었습니다.

그런데 매우 특징적인 것은 정치, 군사적으로 동로마제국이 월등했음에도 불구하고, 종교적으로는 서로마제국의 로마교회(가톨릭)가 기독교의 질서를 계속해서 주도하고 있었습니다. 그렇게 된 이유는 첫째, 동로마제국이 수도를 콘스탄티노플로 이전해 갔지만, 동로마제국의 왕은 이전에 로마에서 따르던 로마교회(가톨릭)을 여전히 종교적으로는 신봉하고 있었기 때문입니다(물론 이후 시간이 지나면서 시대와 왕에 따라서 경쟁과 협력의 상반된 모습이 정치적, 종교적 측면에서 나타나기는 했지만 말입니다). 둘째, 서로마제국의 멸망(주후 476년)이후 게르만족 이교도들에 의해 프랑크왕국이 세워졌지만 나라와 왕권강화를 위해 왕이 기독교를 받아들였기 때문이며, 거기다 점점 더 유럽 전역으로 기독교가 확산되어 갔는데 그들 왕국 모두가 로마교회(가톨릭)의 영향력 아래 귀속되었기 때문이었습니다.

그 즈음 로마교회(가톨릭)를 중심으로 비성경적인 교리들이 하나, 둘 만들어져 갔습니다. 에베소 공의회(주후 431년)에서 마리아를 '하나님의 어머니'라고 발표하게 됩니다. 이후 마리아는 평생 동정녀였다고 제2차 콘스탄티노플 공의회(주후 553년)에서 제정되는 등 점점 성경에서 멀어져 갔습니다. 끝내는 주후 590년 그레고리 1세가 최초의 교황의 자리에 오르게 됩니다. 물론 1대 교황의 자리에는 사도 베드로를 올려놓았으며 자신은 64번째 교황이 되었습니다.

이러한 가톨릭의 모습을 보면서 우리는 성경이 말씀하는 진리를 되새겨 보아야 합니다. 우리가 아는 변할 수 없는 진리가 있습니다. 바로 교회의 머리요, 왕은 오직 예수 그리스도 한분이라는 것입니다. 결코 인간이 교황이 될 수는 없다는 사실입니다.

서방교회(가톨릭)에 대립하던 동방교회(정교회)는 7세기 중엽 이슬람교의 팽창으로 점점 힘을 잃어가게 되고 기독교의 축은 더욱 로마 가톨릭으로 굳어갔습니다.

그레고리 1세에 의해 연옥교리가 만들어지고, 주후 800년에는 마리아와 죽은 성도에게도 기도하라고 가르치게 되었습니다. 주후 1546년 트렌트 공의회에서는 외경을 성경(정경)에 포함시켰습니다. 그리고 주후 1854년 교황 피우스 9세는 마리아 무원죄 잉태설을 발표했고 이후 그는 교황 무오설을 주장했습니다. 현재 가톨릭은 행위구원을 교리로 채택하고 있으며, 모든 종교는 참되며 구원이 있다는 종교다원주의를 주장하고 있습니다.

로마 가톨릭은 중세시대를 지나면서 극심한 타락으로 치닫고 있었습니다. 종교재판과 면죄부, 배금사상으로 인한 극심한 타락이 만연해 있었고 이러한 기독교 역사의 흐름 속에서 성령에 의한 종교개혁은 당연한 일이었습니다.

성령께서는 먼저 종교개혁의 토양을 다지셨습니다. 14세기 영국 옥스퍼드 대학의 철학교수였던 존 위클리프(J. Wycliffe)는 모든 교회의 교인들은 성경을 깨닫기 위해 노력해야 한다고 가르쳤습니다. 당시 로마 가톨릭은 참된 교회(교황, 성직자)만이 성경을 올바로 이해할 수 있다고 주장하고 있었습니다. 15세기 교수요, 성직자였던 얀 후스(J. Hus)는 위클리프의 사상을 외쳤고, 당시 성찬식에 평신도들은 분잔을 돌리지 않던 것이 잘못이라며 모두에게 분잔을 하도록 했습니다. 이로 인해 순교를 당하면서도 그는 뜻을 굽히지 않았습니다.

성령께서는 수도사 마틴 루터(M. Luther) 한 사람을 종교개혁의 기수로 세우셨고 전 유럽을 뒤흔들게 했습니다. 루터는 '하나님은 의로우신 분일 뿐 아니라 죄인들에게 의를 주실 수 있는 분이시다. 이 의(義)는 예수 그리스도를 믿는 모든 신자들에게 주시는 하나님의 선물이다'는 것을 깨달았습니다. 돈을 주고 면죄부를 산다고 죄가 없어지지 않음을 알았고, 1517

년 10월 31일 비텐베르크 대학 예배당 정문에 면죄부에 대한 95개조의 반박문을 붙였습니다.

이렇게 시작된 종교개혁은 이후 츠빙글리(U. Zwingli), 칼빈(J. Calvin)등을 거치면서 개혁교회로 확립되어 갔습니다. 당시 가톨릭의 성직자들 중에는 개혁이 필요하지만 가톨릭의 범주 안에서 개혁할 것을 주장하는 부류도 있었지만 성령께서는 그것을 허락지 않으셨습니다.

우리는 여기서 한 번 생각을 정리해 볼 필요가 있습니다. 기독교사의 상당기간의 역사를 주도했던 가톨릭을 통해서 하나님은 우리로 알게 하시려는 것이 무엇이겠습니까?

지금도 가톨릭은 건재하면서 교황을 중심으로 자신들의 존재를 과시하고 있습니다. 그러나 분명한 것은 가톨릭은 기독교의 범주를 너무도 벗어났다는 사실입니다. 루터와 칼빈은 마지막 때에 나타날 적그리스도는 분명 교황이라고 단언을 했습니다. 우리는 방심의 끈을 놓지 말고 주시할 필요가 있습니다.

그리고 우리는 가톨릭이 점점 하나님으로부터 멀어져 간 내용들에 관심을 가질 필요가 있습니다. 가톨릭이 1,500여 년 동안 하나님으로부터 멀어져 간 내용은 곧 성경의 말씀에서 멀어져 간 것으로 비성경적인 것으로 꽉 차 있습니다.

18세기 말 우리나라의 천주교인들은 제사를 드리지 않는다는 이유로 조선 조정으로부터 순교를 당했습니다. 그러나 200여 년이 지난 지금은 성당 안에 제사상을 차려놓고 합동 제사를 드리는 지경에 이르렀습니다.

이것은 사탄이 긴 세월동안 가톨릭을 하나님의 말씀에서 어떻게 서서히 멀어지게 했는가를 단적으로 보여주는 것입니다. 우리가 신앙생활을 하면서 범할 수 있는 실수를 가톨릭이 반면교사의 역할로 보여주고 있는 것입니다. 실제 가톨릭의 이러한 모습은 우리로 많은 혼돈을 분별할 수 있게 합니다.

기독교 안에서도 일부 일고 있는 행위 구원론적 주장들이나 종교 다원주의적 주장들에 대해서 성령께서 깨닫게 하시는 좋은 가르침일 것입니다. 이러한 역사적, 시대적, 기독교적 상황 속에서도 교회는 지금도 쉼 없이 예수 그리스도께서 말씀하신 마태복음 28:18-20을 묵묵히 이루어 나아가고 있습니다.

> 마태복음 28:18-20 [18]예수께서 나아와 말씀하여 이르시되 하늘과 땅의 모든 권세를 내게 주셨으니 [19]그러므로 너희는 가서 모든 민족을 제자로 삼아 아버지와 아들과 성령의 이름으로 세례를 베풀고 [20]내가 너희에게 분부한 모든 것을 가르쳐 지키게 하라 볼지어다 내가 세상 끝날까지 너희와 항상 함께 있으리라 하시니라.

무엇 때문에 이러한 일이 가능하겠습니까? 그것은 그리스도께서 이미 십자가와 부활로 승리하셨기 때문입니다. 그런데 한 번 묻고 싶습니다. 그리스도께서 이미 승리하셨으니 선교든 전도든 신앙생활이든 술술 잘 풀리던가요?

우리 크리스천들이 실제 신앙생활에서 느끼는 것은 그리스도의 나라 확장이 결코 쉬운 일은 아니라는 사실입니다. 그러나 우리가 붙들어야 하는 한 가지 변치 않는 진리가 있습니다. 그것은 그럼에도 불구하고 성령께서 우리 안에서 일하면 된다는 사실입니다.

1996년 북한에서 아들과 함께 탈북해서 새터민이 된 이순옥씨가 북한의 정치범 수용소에서 겪었던 간증을 말씀드립니다.

저는 북한 함경북도 청진에서 태어나 근 50여년을 북한에서 살았습니다. 북한에서 태어나 그곳에서 성장했기 때문에 저는 하나님을 전혀 모르고 살았습니다. 어느 날 제가 영문도 모른 채 모진 고문과 함께 사형선고를 언도받았습니다. 이후 극적으로 사형집행을 취소한다는 통지를 받게 되기는 했지만 정치범 수용소에 그만 보내지고 말았습니다. 그때 수용소 안에서 겪은 북한 성도들의 모습을 말씀드리고자 합니다. 저는 김일성대학 경제학부를 졸업했기 때문에 6,000여 명이 수용된 정치범 수용소에서 비록 죄수의 신분이었지만 유일하게 그곳의 모든 수감자들에게 일을 시키는 생산지휘와 모든 재정업무를 맡아 보았습니다. 그때문에 저는 많은 사람들이 일하는 작업장들을 이곳저곳 마음대로 갈 수 있었습니다. 어느 날, 저를 담당하는 재정부장 교도관이 저를 불러놓고는 단단히 교육을 시켰습니다.

"너는 오늘부터 매일 어떤 공장으로 나가야 하는데 그 공장에는 미친 정신병자 놈들만 모여 있다. 그 미친 정신병자 놈들은 당과 수령님을 믿지 않고 하늘을 믿는 미친 자들이니 너는 정신을 바짝 차리고 그곳에 가야 한다. 그리고 그 미친 자들 하고는 절대 눈길 한 번 마주치지 마라. 그렇지 않고 네가 그 자들이 믿는 하늘을 믿게 되면 네 목숨은 여기서 끝나게 되는 줄 알아라."

그런데 거기 가서 그 사람들을 보는 순간 나는 너무 놀랐습니다. 그들은 사람의 무리처럼 보이지를 않았습니다. 섭씨 1,500도 이상 시뻘겋게 타오르는 용광로의 고열 노동 작업장이었는데 그곳에서 많은 사람들이 움직이는 것을 보았을 때, 무슨 짐승의 무리 같기도 하고 외계인 같기도 하고 도무지 사람의 모습은 찾아볼 수가 없었습니다. 머리에 머리카락이 붙어있는 사람은 아무도 없었고, 얼굴은 해골 같고 이빨이 하나도 없었습니다. 키가 다 줄어들어서 120, 130센티 정도로 땅에 딱 붙은 난쟁이들만 움직였습니다. 나는 가까이에 가서 그들을 보았습니다.

그리고 전 너무나 놀랐습니다. 다들 잡혀 올 때는 정상인이었는데 그곳에서 하루 열여섯 시간, 열여덟 시간씩 먹지도 못하고 그 고열 속에서 노동하며 고문을 받다보니 그 사람들은 척추가 녹아 내려서 뒤 잔등에 혹이 되어 버렸고 몸이 다 휘어져서 앞가슴하고 배가 마주 붙어 있었습니다. 그 사람들은 한결같이 모두 그렇게 육체가 망가져 기형이 되어 있었습니다. 아마 프레스 기계로 찍어도 한 판에 그렇게 똑같은 모습으로 찍기는 힘들 것이라 생각합니다.

그 사람들이 일하는 작업장에는 교도관들이 수시로 드나들었는데 교도관들은 말로 일을 시키지 않았습니다. 소가죽 채찍을 윙윙 휘두르고 다니면서 묵묵히 일을 하는 사람들을 사정없이 내리쳤습니다. 예수님을 믿는 그 사람들의 몸에는 옷이 입혀져 있지 않았습니다. 저는 처음에 그 사람들을 멀리서 보았을 때 모두가 꺼먼 옷을 입고 있는 줄 알았습니다. 그런데 가까이 가서 찬찬히 보니 그 사람들은 맨 살가죽에다 앞에 시커먼 고무 앞치마 하나만 걸치고 있었습니다.

용광로의 뜨거운 불꽃이 앙상하게 말라붙은 살가죽에 튀고 또 튀고 딱지가 앉고 그 자리에 쇳물이 떨어지고 또 떨어져서 타버리고 해서 그 사람들의 피부는 한 곳도 성한 곳이 없었고 마치 들짐승의 가죽과 같았습니다. 그러던 어느 날 저는 그 곳에서 정말 말로 전하기 힘든 너무나 끔찍하고 참혹한 광경을 목격하게 되었습니다.

그날 오후, 제가 공장문을 열고 들어서는데 공장안이 쥐 죽은 듯 고요했습니다. 작업장 한 가운데 수백 명의 죄수 아닌 죄수들을 모아놓고 담당 교도관 두 명이 눈에 핏발을 세우고 미친 듯이 고함을 치며 날뛰고 있었습니다. 저는 너무나 무서워서 문 옆 한쪽에 비켜 서 있었습니다. 교도관들은 수령님을 믿지 않고 하늘을 믿는 미친 정신병자 놈들이라고 소리소리 지르면서 그 사람들을 차고 때리면서 인간이하의 취급을 하고 있었습니다. 교도관들은 "너희들 가운데서 단 한 사람이라도 좋으니 대열 앞에 나서라. 하늘을 믿지 않고 수령님을 믿겠다고 하면 자유세상으로 보내서 잘 살 수 있게 해 주겠다"고 하면서 그 사람들을 윽박지르며 하늘을 거부하라고 채찍으로 때리고 발로 차고 있었습니다.

그런데 너무나도 이상했습니다. 수백 명의 그 사람들은 아무런 대답도 없이 그렇게 매를 맞으면서도 침묵하고 있었습니다. 저는 너무나 무서워서 "빨리 한 사람이라도 나서야 되는데, 그래야 오늘 누가 맞아죽지 않을 텐데 왜 계속 저렇게 입을 다물고 있나…"이런 생각으로 애를 태웠습니다. 저러고 있으면 또 누구를 끌어내다가 밟아 죽일지 모르는 일이었습니다. 그렇게 마음속으로 다급하게 생각하며 문 옆에 서서 무서움과 공포 속에서 떨고 있는데 예수님을 믿는 그 사람들은 계속해서 침묵으로 대응했습니다.

이윽고 독이 오른 교도관이 그 사람들에게 달려가서 닥치는 대로 아무나 여덟 명을 끌어내다가 땅바닥에 엎어놓았습니다. 그리고는 구둣발로 내리밟고 짓이겼습니다. 순식간에 피투성이가 되고 허리며 팔과 다리뼈가 부러졌습니다. 그런데 그 사람들은 고통 중에 몸을 뒤틀면서 짓밟힐 때마다 이상한 신음소리를 냈는데 그 신음소리는 '주님'이란 말이었습니다. 저는 그때까지 주님이 누군지, 하나님이 누군지 전혀 몰랐습니다. 저는 그 사람들이 당했던 고통의 천 만분의 일도 제대로 여러분에게 전해주지 못합니다. 미쳐 날뛰던 교도관들은 "수령님과 당을 믿는 우리가 사는가, 아니면 하나님을 믿는 너희가 사는가 보자" 하면서 달려가더니 펄펄 끓는 쇳물통을 끌어왔 습니다.

그리고는 피투성이가 된 그 신자들 위에 부었습니다. 그 사람들은 순식간에 살이 녹고 뼈가 타면서 숯덩이가 되어 버렸습니다.

저는 난생 처음으로 내 눈앞에서 사람이 숯덩이로 변해가는 것을 보았습니다. 얼마나 그 충격이 컸던지, 그 곳을 어떻게 튀어나왔는지 기억에도 없습니다. 그리고 얼마동안 도무지 눈을 감을 수가 없었습니다.

저는 그 일을 목격하기 전까지는 그래도 마음 한구석에 실오라기만큼이라도 수령님과 당에 대해 믿고 있었습니다. 그러나 저는 그때 깨달았습니다. 무엇을 믿어야 하는가를 말입니다. 인간은 오직 주님을 꽉 붙들어야 된다는 것을 저는 그때 뼈저리게 깨달았습니다. 저는 그때부터 다시 우리 어머니가 평생을 하늘에 기도했다는 그 하늘을 찾기 시작했습니다. 저는 너무나도 간절하게 하늘을 찾았습니다.

정치범 수용소는 한 달이 멀다하고 공개처형이 있었는데, 어느 날 누구를 또 공개처형 시키려는지 6천 명이나 되는 수용소 사람들을 한자리에 다 모이게 했습니다. 공개처형 때는 반드시 하늘을 믿는 사람들을 맨 앞줄에 앉힙니다. 그런데 하늘을 믿는 자들은 살아서나 죽어서나 하늘을 보지 못하게 하라는 김일성의 특별지시와 규정이 있어서 이 사람들을 앉힐 때에는 무릎사이에 목을 끼우고 땅에 얼굴을 대고 엎드리게 했습니다.

심지어 죽어서도 하늘을 보지 못하게 해야 한다면서 죽은 시체도 목을 꺾어 거적에 말아서 어두컴컴한 산골짜기 나무 밑에 파묻게 규정이 되어 있었습니다. 그날도 신자들은 하늘을 조금도 보지 못하도록 목을 무릎 사이에 끼우고 맨 앞줄에 앉아 있었고 그 뒤쪽으로 다른 사람들이 줄지어 앉아 있었습니다. '누구를 또 공개처형 하려는가?' 하고 생각하고 있는데 갑자기 큰 소리로 내 이름을 부르는 소리가 들렸습니다. 저는 너무 놀라 쇠몽둥이로 머리를 한 대 맞은 것처럼 정신이 아찔하여 대답을 할 수 없었고, 일어설 수도 없었습니다. 그러자 간수들이 나를 끌어다가 앞에 세웠습니다. 내가 군중들 앞에 섰을 때, 수용소 소장이 나에게 "고마운 수령님과 당의 은덕으로 너는 이 시각에 석방이다"라고 말했습니다.

그런데 바로 그 순간 목을 무릎에다 끼우고 맨 앞줄에 엎드려 있던 성도들이 내가 석방된다는 소리에 약속이나 한 듯이 동시에 고개를 번쩍 들었습니다. 그때 저는 그 분들의 눈빛을 보았습니다. 그분들은 눈빛으로 간절히 말하고 있었습니다. 밖에 나가거든 자기들의 실상을 세상에 알려 달라고, 지금도 제 가슴에는 그 분들의 간절한 눈빛이 남아 있습니다. 저는 그분들이 이 시대의 순교자라고 봅니다.

같은 시대를 살아가는 크리스쳔으로서 이 간증을 읽으면서 저는 말할 수 없는 무거움을 느낍니다. 아마 다들 그러실 것입니다. 우리는 이 간증에 나오는 정치범 수용소의 성도들을 보면서 "크리스쳔이란 이런 사람들이구나! 예수를 믿는다는 것이 이런 의미였구나! 성령께서는 성도들 안에서 저렇게 일을 하셨구나!" 이 모든 것을 직접 느끼게 해주는 것 같습니다. 교회는 반드시 승리한다는 의미가 무엇인지를 생생히 보여주는 고귀한 간증입니다. 교회는 반드시 승리합니다. 이들이 중인들입니다

에필로그

참으로 긴 시간여행을 한 것 같습니다.

창세 전으로부터 천지창조와 역사의 시간을 타고 하나님이 계획하시고 실행하신 웅장하고 거대한 계획을 살펴보았습니다. 물론 세세한 부분까지를 살펴보지는 못했습니다.

그러나 하나님이 양부모가 되셔서까지 받으시고 얻으시고자 했던 '은혜의 영광의 찬송'과 '영원한 크리스천들'에 대해서 분명히 이해가 되고 확신이 되었을 줄 압니다.

하나님의 웅장하고 거대한 계획인 영원한 크리스천들을 얻기 위한 창세 전의 계획과 천지창조, 흔들릴 수 없는 택정된 자녀의 과거와 현재와 미래의 구원, 죄와 율법의 이야기, (육적) 이스라엘의 의미, 거대한 계획의 중심 십자가와 부활의 복음, 성경의 중요성, 성령의 역사와 사탄의 훼방, 지금도 계속되고 있는 역사 속에 일하시는 성령과 교회를 기억하시면서 이 책을 다시금 음미해 보셨으면 합니다.

이제 밝히 하나님의 세계와 영원한 크리스천에 대해 이해되어지고, 신앙관이 최소한 한두 단계는 성장했다고 스스로 느껴지신다면 이 책은 소기의 목적을 다한 것입니다.

그리고 이 책을 마무리하면서 다시금 강조할 분이 계십니다. 그 어떤 언어로도 다 표현을 할 수 없지만, 우리의 영원한 구주가 되시는 예수 그리스도, 하나님의 거대한 계획에 생명을 불어넣으신 예수님, 복음 자체이신 주님께 우리 모두는 두 팔 들어 영광을 돌려드려야 됨에 다들 동의하실 것입니다.

제가 아는 장로님 한분은 '예수'란 이름만 말하면 눈에 눈물이 고이는 분이 계십니다. 왜냐하면, 주님의 은혜가 너무나도 크고 커서 그렇다고 말합니다. 이 책의 제목이 '영원한 크리스천들'이지만 실제 책의 제목이요 주인은 '예수 그리스도'이십니다. 그리고 한 가지 바람이 있다면 이 책이 주님께서 기뻐하시는 책이 되었으면 합니다. 그리고 읽으신 모든 분들이 하나님의 이 모든 계획하심이 밝히 환히 보여 졌으면 합니다. 아니 분명 선명히 정리가 되었으리라 확신합니다. 할렐루야!

우리는 크리스천들입니다. 크리스천들이란 그리스도의 사람들이란 말입니다. 이 이름에서도 느껴지듯이 우리는 그리스도가 아니었으면 존재 자체가 있을 수 없는 사람들이었습니다. 이 땅에 사는 동안에 수많은 거짓과 혼돈과 방해와 박해가 있다 해도 우리는 어둠에 속한 자가 아닙니다. 빛에 속해 있습니다. 고로 우리는 그리스도의 향기를 드러내며 선한 싸움을 경주해야 될 줄 압니다. 크리스천들은 연단은 있겠지만 분명 주님이 원하시는 길로 가게 될 것이고 열매를 맺어 하나님을 영화롭게 할 것입니다. 우리는 크리스천들이기 때문에 반드시 그럴 것입니다.

이 책에서 언급을 안했지만 꼭 한 가지 거론하고 싶은 것이 있습니다. 왜냐하면 지금의 시대를 살아가는 크리스천들에게는 매우 중요한 것이기 때문입니다. 약간 황당한 것 같지만 그것은 외계인, 미확인 비행물체(UFO)에 관한 것입니다.

지금은 인터넷과 정보매체가 매우 발달해 있습니다. 그런데 문제는 추측성 기사들이 너무나 많고, 그중에는 성도들의 신앙을 흔드는 내용들이 상당수 포함되어 있습니다. 그 대표적인 것이 외계인, 미확인 비행물체 (UFO)에 대한 것입니다. 공중에 던진 접시를 찍은 사진이나 인공위성의 반짝이는 빛이 미확인 비행물체(UFO)라고 인터넷을 달구기도 하고, 특이한 것만 보이면 외계인이라고 합니다. 요즘은 인터넷에 2-3일이 멀다하고 외계인, 미확인 비행물체(UFO)에 대한 기사가 나옵니다. 또한 외계인 시신을 발견했고 이를 해부하는 사진을 인터넷에서는 쉽게 볼 수도 있습니다. 지금까지 이런 것들을 접했을 때 어떤 생각이 드셨습니까? 이런 기사를 보면 신앙이 흔들리지는 않으셨습니까? 아니면 애써 모른 척 넘기셨는지요? 우리가 크리스천으로서 본질적인 진리를 붙들고 있다면 전혀 혼돈되거나 고민될 것이 없습니다.

외계인의 시신을 해부했다느니, 아프리카에서 러시아에서 외계인의 뼈로 추측되는 것이 발견되었다느니 물론 추측일 뿐이거나 일부의 거짓된 장난이지만 우리가 상기할 것이 있습니다. 이것들은 모두 죽었다는 것입니다. 죽은 피조물이라는 것입니다. 이 세상에 속한 것들은 모두가 죽음의 굴레를 벗어날 수 없습니다. 그러나 하나님은 죽음이라는 하찮은 존재의 단계에 머무시지를 않습니다. 죽음을 초월하시며 영원토록 영존하시는 하나님이십니다. 예수님은 죽었어도 부활하셨습니다. 부활은 하나님께만 속한 속성이기 때문에 위대한 것입니다. 죽은 시신의 존재로 하나님을 모독할 수 없고, 기독교를 결코 흔들 수 없습니다.

우리가 이러한 농간에 흔들린다면 하나님 보시기에 참으로 창피한 일인 것입니다. 앞으로의 시대는 주님께서 다시 오실 때까지 더욱 과학은 발전을 할 것이고, 더욱 놀랄 정도의 미혹이 있을 것입니다. 이런 때가 될수록 더욱 교회를 중심으로 모이기에 힘쓰고 기도에 힘쓰고 신앙과 말씀에 거하시기를 바랍니다.

　삶은 계란을 깨서 먹어 보셨습니까? 한쪽에 약간 움푹 들어간 곳이 있지요? 그리고 그곳에 흰 비늘 같은 것이 있습니다. 그것은 바로 공기 주머니입니다. 계란 속의 병아리가 부화되어 숨을 쉬기 시작을 하고 안에서 부리로 껍질을 쪼아서 깨고 밖으로 나옵니다. 그런데 만약에 이 공기 주머니가 없다면 안에서 폐와 심장이 살아 움직이는 병아리가 껍질을 깨지도 못하고 다들 죽고 말 것입니다. 그 몇 십 초간의 시간에 필요한 공기가 그 공기 주머니 속에 들어 있습니다. 이런 것이 진화로 만들어 지겠습니까? 이런 것이 그냥 있겠습니까? 하나님의 놀라운 하나하나의 섬세한 섭리가 아니고는 설명할 수 없는 일입니다.

　우리는 크리스천으로서 오직 진리의 말씀과 믿음에 서 있어야 합니다. 우리는 하나님 아버지께서 그토록 소원하셨던 영원한 크리스천들입니다. 이 땅의 차원이 아닌 하나님을 알고 그에 속한 사람들입니다. 하나님의 웅장하고 거대한 계획의 열매들입니다. 이제 이 책을 덮으면서 한 번 '은혜의 영광의 찬송'을 하나님께 올려 드렸으면 합니다. 감사합니다.

하나님의 웅장하고 거대한 계획 **영원한 크리스천들**
Marvellous and Immense Work of God Everlasting Christians

2012년 5월 20일 초판 발행

지은이 | 나동원

펴낸곳 | 사)기독교문서선교회
등록 | 제16-25호(1980. 1. 18)
주소 | 서울시 서초구 방배동 983-2
전화 | 02) 586-8761~3(본사)   031) 923-8762~3(영업부)
팩스 | 02) 523-0131(본사)   031) 923-8761(영업부)
홈페이지 | www.clcbook.com
이메일 | clckor@gmail.com
온라인 | 국민은행 043-01-0379-646, 기업은행 073-000308-04-020
            예금주: 사)기독교문서선교회

ISBN 978-89-341-1200-6(03230)

낙장·파본은 교환해 드립니다.